"十三五"国家重点出版物出版规划项目·重大出版工程规划
5G关键技术与应用丛书

轨道交通5G关键技术

艾 渤 钟章队 沈 超 王方刚 何睿斯 倪旻明 著

科学出版社
北 京

内 容 简 介

本书是一部面向高速铁路等轨道交通场景和业务的 5G 关键技术研究与应用的学术著作。本书结合作者所在研究团队的最新成果,详细介绍高速铁路 5G 业务模型和网络架构、毫米波与大规模天线阵列信道建模、非正交多址、超可靠低时延、移动性网络等适用于高速铁路场景的 5G 关键技术。

本书适用于高等院校及科研院所通信、交通等专业高年级研究生,以及从事轨道交通移动通信专业的研究人员和铁路等相关行业的工程师。

图书在版编目(CIP)数据

轨道交通 5G 关键技术 / 艾渤等著. — 北京:科学出版社,2020.12
(5G 关键技术与应用丛书)

"十三五"国家重点出版物出版规划项目·重大出版工程规划
国家出版基金项目
ISBN 978-7-03-066083-1

Ⅰ. ①轨… Ⅱ. ①艾… Ⅲ. ①无线通信-移动通信-通信技术-应用-轨道交通 Ⅳ. ①U-39

中国版本图书馆 CIP 数据核字(2020)第 172300 号

责任编辑:赵艳春 / 责任校对:杨 然
责任印制:师艳茹 / 封面设计:迷底书装

科学出版社 出版
北京东黄城根北街 16 号
邮政编码:100717
http://www.sciencep.com

三河市春园印刷有限公司 印刷
科学出版社发行 各地新华书店经销
*
2020 年 12 月第 一 版 开本:720×1000 B5
2020 年 12 月第一次印刷 印张:13 插页:3
字数:260 000
定价:118.00 元
(如有印装质量问题,我社负责调换)

"5G 关键技术与应用丛书"编委会

名誉顾问：

邬贺铨　陈俊亮　刘韵洁

顾问委员：

何　友　于　全　吴建平　邬江兴　尹　浩　陆建华　余少华
陆　军　尤肖虎　李少谦　王　京　张文军　王文博　李建东

主　编：

张　平

副主编：

焦秉立　隆克平　高西奇　季新生　陈前斌　陶小峰

编　委（按姓氏拼音排序）：

艾　渤　程　翔　段晓辉　冯志勇　黄　韬　冷甦鹏　李云洲
刘彩霞　刘　江　吕铁军　石晶林　粟　欣　田　霖　王光宇
王　莉　魏　然　文　红　邢成文　许晓东　杨　鲲　张　川
张海君　张中山　钟章队　朱义君

秘　书：

许晓东　张中山

序

由科学出版社出版的"5G关键技术与应用丛书"经过各编委长时间的准备和各位顾问委员的大力支持与指导,今天终于和广大读者见面了。这是贯彻落实习近平同志在2016年全国科技创新大会、两院院士大会和中国科学技术协会第九次全国代表大会上提出的广大科技工作者要把论文写在祖国的大地上指示要求的一项具体举措,将为从事无线移动通信领域科技创新与产业服务的科技工作者提供一套有关基础理论、关键技术、标准化进展、研究热点、产品研发等全面叙述的丛书。

自19世纪进入工业时代以来,人类社会发生了翻天覆地的变化。人类社会100多年来经历了三次工业革命:以蒸汽机的使用为代表的蒸汽时代、以电力广泛应用为特征的电气时代、以计算机应用为主的计算机时代。如今,人类社会正在进入第四次工业革命阶段,就是以信息技术为代表的信息社会时代。其中信息通信技术(information communication technologies,ICT)是当今世界创新速度最快、通用性最广、渗透性最强的高科技领域之一,而无线移动通信技术由于便利性和市场应用广阔又最具代表性。经过几十年的发展,无线通信网络已是人类社会的重要基础设施之一,是移动互联网、物联网、智能制造等新兴产业的载体,成为各国竞争的制高点和重要战略资源。随着"网络强国"、"一带一路"、"中国制造2025"以及"互联网+"行动计划等的提出,无线通信网络一方面成为联系陆、海、空、天各区域的纽带,是实现国家"走出去"的基石;另一方面为经济转型提供关键支撑,是推动我国经济、文化等多个领域实现信息化、智能化的核心基础。

随着经济、文化、安全等对无线通信网络需求的快速增长,第五代移动通信系统(5G)的关键技术研发、标准化及试验验证工作正在全球范围内深入展开。5G发展将呈现"海量数据、移动性、虚拟化、异构融合、服务质量保障"的趋势,需要满足"高通量、巨连接、低时延、低能耗、泛应用"的需求。与之前经历的1G~4G移动通信系统不同,5G明确提出了三大应用场景,拓展了移动通信的服务范围,从支持人与人的通信扩展到万物互联,并且对垂直行业的支撑作用逐步显现。可以预见,5G将给社会各个行业带来新一轮的变革与发展机遇。

我国移动通信产业经历了2G追赶、3G突破、4G并行发展历程,在全球5G研发、标准化制定和产业规模应用等方面实现突破性的领先。5G对移动通信系统进行了多项深入的变革,包括网络架构、网络切片、高频段、超密集异构组网、新空口技术等,无一不在发生着革命性的技术创新。而且5G不是一个封闭的系统,它充分利用了目前互联网技术的重要变革,融合了软件定义网络、内容分发网络、网络功能虚拟化、云计算和大数据等技术，为网络的开放性及未来应用奠定了良好的基础。

为了更好地促进移动通信事业的发展、为 5G 后续推进奠定基础，我们在 5G 标准化制定阶段组织策划了这套丛书，由移动通信及网络技术领域的多位院士、专家组成丛书编委会，针对 5G 系统从传输到组网、信道建模、网络架构、垂直行业应用等多个层面邀请业内专家进行各方向专著的撰写。这套丛书涵盖的技术方向全面，各项技术内容均为当前最新进展及研究成果，并在理论基础上进一步突出了 5G 的行业应用，具有鲜明的特点。

在国家科技重大专项、国家科技支撑计划、国家自然科学基金等项目的支持下，丛书的各位作者基于无线通信理论的创新，完成了大量关键工程技术研究及产业化应用的工作。这套丛书包含了作者多年研究开发经验的总结，是他们心血的结晶。他们牺牲了大量的闲暇时间，在其亲人的支持下，克服重重困难，为各位读者展现出这么一套信息量极大的科研型丛书。开卷有益，各位读者不论是出于何种目的阅读此丛书，都能与作者分享 5G 的知识成果。衷心希望这套丛书能为大家呈现 5G 的美妙之处，预祝读者朋友在未来的工作中收获丰硕。

中国工程院院士
网络与交换技术国家重点实验室主任
北京邮电大学 教授
2019 年 12 月

前　言

截止到 2018 年底，我国铁路运营里程已达到 13.1 万 km，其中，高速铁路运营里程已突破 2.7 万 km，占全球高速铁路总运营里程的 67%。国家《中长期铁路网规划》中指出，到 2030 年将打造以沿海、京沪等"八纵"通道和陆桥、沿江等"八横"通道为主干，京津冀等城际铁路为补充的高速铁路网，实现相邻大中城市间 1~4 小时交通圈、城市群内 0.5~2 小时交通圈。作为最具可持续性的交通运输模式，高速铁路已成为国民经济的大动脉、大众化交通工具和现代城市运行的骨架，是国家关键基础设施和重要的基础产业，对我国经济社会发展、民生改善和国家安全起着不可替代的全局性支撑作用。

随着中国、德国、法国、西班牙、日本等国家高速铁路网的迅猛发展，世界范围内的铁路服务需求持续增长，未来高速铁路将向着客运服务网络化、运输组织智能化、安全监控自动化方向发展。一方面，为进一步强化高速铁路运行安全，提高运营效率，改善服务质量，铁路多媒体调度、高清晰度视频安全监控等新的铁路业务和应用不断涌现；另一方面，云计算、大数据、物联网、人工智能等新技术的广泛应用，催生了高速铁路自动驾驶、基于空天地一体化和大规模传感器的物联网应用以及设备设施服役状态检测监控等大量新业务与应用需求，发展智能铁路已成为当前世界铁路的重要发展方向。英国《2012 年轨道交通发展报告》中指出了未来轨道交通发展的安全、绿色、舒适、人性化的建设目标；欧盟于 2015 年全面启动"构建未来铁路系统联合行动计划(Shift2Rail)"，提倡智能铁路设施、智能移动管理、智能铁路服务等概念，强调更透彻的感知以及更全面的互联。

铁路新业务和应用的大量涌现以及智能铁路建设目标的提出，对高速铁路移动通信网络提出了大带宽、高容量、高可靠传输的要求，这是目前基于第二代(2G)移动通信系统、只有 4 MHz 带宽的铁路数字移动通信(global system of mobile communication for railway，GSM-R)系统，以及基于第四代(4G)移动通信系统、带宽为 5MHz 的宽带铁路数字移动通信(long term evolution for railway，LTE-R)系统所无法满足的。而第五代(5G)移动通信系统具有高频谱效率、高传输速率以及高传输可靠性的特征。将 5G 理论与核心技术应用于铁路移动通信系统，是提升其网络容量和传输可靠性以及实现未来轨道交通安全、绿色、舒适、人性化建设目标的有效途径。多场景、多目标、多技术融合是 5G 区别于其他几代移动通信系统的重要特征。我国 5G 标准推进组 IMT-2020、欧盟 5G 研究组织下一代移动通信网络(next generation mobile network，NGMN)以及 METIS (Mobile and wireless communications

Enablers for the Twenty-twenty Information Society）都将高速铁路和列车作为 5G 的重要场景；高速移动场景下的超高可靠通信也被国际电信联盟无线电通信部门（International Telecommunication Union Radio Communications，ITU-R）确定为 5G 主要的应用场景之一。然而，高速铁路传播场景的复杂性、高速移动性、严苛的系统指标要求等也为 5G 技术的应用带来诸多技术挑战和难点问题。本书结合本团队的最新研究成果，详细介绍高速铁路 5G 业务模型和网络架构、毫米波与大规模天线阵列信道建模、非正交多址、超可靠低时延、移动性网络等适用于高速铁路场景的 5G 关键技术。

本书的撰写受到了国家重点研发计划战略性国际合作专项（2016YFE0200900）、国家自然科学基金杰出青年基金（61725101）、国家自然科学基金高铁联合基金（U1834210）、国家自然科学基金委员会与英国皇家学会牛顿高级研究学者基金（6181101396）、北京市自然科学基金-海淀原始创新联合基金（L172020）、北京市科学技术委员会重大专项（Z181100003218010）的资助，在此表示衷心感谢！同时，本书在撰写过程中的资料查找、仿真等工作也得到了博士研究生高美琳、马国玉、陈亚丽、刘翼如、杨靖雅、苏珍香、李健之、杨泪、李广恺、王龙河、许佳龙、徐建鹏、马张枫、吴丽娜等的大力支持和帮助，在此也向他们表示衷心的感谢！

由于作者水平有限，本书难免存在不足之处，敬请各位读者斧正！

作　者
2019 年 5 月 4 日于北京交通大学思源楼

目　　录

序

前言

第1章　世界高速铁路发展概述 ··········· 1
1.1　高速铁路概述及发展历程 ··········· 1
1.2　主要国家高速铁路发展概述 ··········· 2
1.2.1　日本 ··········· 2
1.2.2　法国 ··········· 5
1.2.3　德国 ··········· 7
1.2.4　意大利 ··········· 9
1.2.5　西班牙 ··········· 10
1.2.6　世界其他地区 ··········· 10
1.2.7　中国 ··········· 12
1.3　未来的智能高速铁路 ··········· 19
参考文献 ··········· 22

第2章　高速铁路专用移动通信 ··········· 23
2.1　列控及铁路专用通信系统 ··········· 23
2.2　高速铁路移动通信场景划分 ··········· 27
2.3　GSM-R ··········· 30
2.3.1　GSM-R 的发展和标准化历程 ··········· 30
2.3.2　GSM-R 的应用和业务 ··········· 32
2.3.3　影响 GSM-R 系统性能的主要因素 ··········· 33
2.4　LTE-R ··········· 34
2.4.1　当前铁路移动通信系统现状及不足 ··········· 34
2.4.2　基于 LTE 的新一代铁路移动通信系统 ··········· 35
2.4.3　LTE-R 与 GSM-R 系统互联互通网络结构 ··········· 36
2.5　5G-R ··········· 36
2.5.1　高速铁路场景对移动通信的新需求 ··········· 36
2.5.2　高速铁路场景新的业务应用 ··········· 37
参考文献 ··········· 38

第3章　高速铁路5G业务模型 ·· 40
3.1　高速铁路信息化现状 ·· 40
3.2　国内外研究进展 ·· 41
3.3　面向高速铁路交通场景的5G承载业务分析 ···················· 43
3.3.1　业务需求挖掘、定义与分类 ···························· 43
3.3.2　5G-R业务分类 ·· 51
3.3.3　分析带宽需求，建立业务模型 ·························· 53
3.4　潜在问题 ·· 54
参考文献 ·· 55

第4章　高速铁路5G网络架构 ······································ 56
4.1　高速铁路网络架构演进 ······································ 56
4.2　国内外研究进展 ·· 56
4.3　现有的高速铁路通信网络研究 ································ 58
4.3.1　基于毫米波的高铁移动通信系统 ························ 58
4.3.2　多天线技术 ·· 59
4.3.3　分布式天线系统 ······································ 61
4.3.4　控制层与用户层分离的铁路通信异构网络 ················ 61
4.4　5G-R场景中的新型网络架构 ································· 62
4.4.1　5G-R系统设计：逻辑视图 ····························· 63
4.4.2　5G-R系统设计：功能视图 ····························· 64
4.4.3　5G-R组网设计：平台视图 ····························· 65
4.4.4　5G-R关键性能指标分析 ······························· 66
4.5　轨道交通场景下基于网络切片的系统架构设计 ·················· 67
4.5.1　网络切片 ·· 67
4.5.2　轨道交通网络切片 ···································· 68
参考文献 ·· 69

第5章　高速铁路高频信道建模 ···································· 72
5.1　轨道交通高频信道建模综述 ·································· 72
5.1.1　研究背景 ·· 72
5.1.2　相关研究 ·· 73
5.2　测量系统与测量环境 ·· 75
5.2.1　测量系统 ·· 75
5.2.2　测量环境 ·· 77
5.3　测量结果与分析 ·· 80
5.3.1　基本信道参数 ·· 80

5.3.2　传播机制探讨 ··· 93
　参考文献 ··· 97

第6章　大规模天线信道建模 ·· 101
6.1　大规模天线信道建模研究综述 ·· 101
6.1.1　大规模天线信道建模研究现状 ·· 101
6.1.2　轨道交通场景大规模天线信道建模研究的意义 ······························· 102
6.2　大规模天线信道与天线测量 ·· 103
6.2.1　信道测量系统 ··· 103
6.2.2　信道测量环境 ··· 105
6.2.3　天线校准 ··· 106
6.3　多径分量估计与多径簇萃取 ·· 107
6.3.1　多径分量的估计 ··· 107
6.3.2　多径分量的跟踪与识别 ·· 108
6.3.3　多径分量的分簇与多径簇的划分 ·· 109
6.4　基于多径簇的三维信道特性分析与建模 ··· 111
6.4.1　散射体识别 ··· 111
6.4.2　总体角度分布 ··· 112
6.4.3　角度扩展统计 ··· 113
6.4.4　多径簇内参数建模 ·· 115
6.4.5　多径簇间参数建模 ·· 118
　参考文献 ··· 122

第7章　高速铁路场景5G非正交多址技术 ·················· 128
7.1　5G非正交多址技术 ·· 128
7.1.1　PNOMA技术 ··· 128
7.1.2　SCMA技术 ··· 133
7.1.3　图样分割多址技术 ·· 138
7.1.4　多用户共享接入技术 ·· 140
7.1.5　串联扩频多址技术 ·· 141
7.2　5G非正交多址技术在高速铁路场景中的应用 ·································· 147
　参考文献 ··· 151

第8章　高速铁路场景5G超可靠低时延技术 ··············· 153
8.1　概述 ··· 153
8.2　高速铁路场景的URLLC帧结构设计 ··· 153
8.2.1　灵活可变的子载波间隔 ·· 154
8.2.2　灵活可变的每帧时隙数 ·· 157
8.2.3　灵活可变的上下行时隙配置 ·· 159

8.2.4　灵活可变的参数集复用 ……………………………………… 162
　　8.2.5　适配于低时延业务的 mini-slot 帧结构 ……………………… 163
8.3　高速铁路场景的 URLLC 控制信道设计 ………………………………… 164
　　8.3.1　上行传输的控制信道设计 ………………………………… 165
　　8.3.2　下行传输的控制信道设计 ………………………………… 166
8.4　高速铁路场景的半静态 URLLC 包调度 ………………………………… 169
8.5　本章小结 ………………………………………………………………… 171
参考文献 ………………………………………………………………………… 171

第 9 章　高速铁路移动性网络技术 ………………………………………… 173
9.1　概述 ……………………………………………………………………… 173
9.2　国内外研究现状概述 …………………………………………………… 174
9.3　系统模型与问题构建 …………………………………………………… 175
　　9.3.1　系统模型 ……………………………………………………… 175
　　9.3.2　问题描述 ……………………………………………………… 177
9.4　基于移动网络的数据迁移机制设计 …………………………………… 179
　　9.4.1　移动云服务器相遇预测阶段 ………………………………… 179
　　9.4.2　无线传输速率估计阶段 ……………………………………… 180
　　9.4.3　动态时隙调度分配阶段 ……………………………………… 182
9.5　仿真结果与分析 ………………………………………………………… 183
　　9.5.1　仿真设置 ……………………………………………………… 183
　　9.5.2　用户车辆密度对数据迁移性能的影响 ……………………… 184
　　9.5.3　权重因子对数据迁移性能的影响 …………………………… 185
　　9.5.4　用户车辆平均速度对数据迁移性能的影响 ………………… 186
9.6　本章小结 ………………………………………………………………… 188
参考文献 ………………………………………………………………………… 188

第 10 章　总结与展望 ………………………………………………………… 190
10.1　智能铁路 D2D ………………………………………………………… 190
10.2　智能铁路空天地一体化网络 ………………………………………… 190
10.3　智能铁路物联网 ……………………………………………………… 191
10.4　智能铁路移动网络 …………………………………………………… 191
10.5　智能铁路安全 ………………………………………………………… 191
10.6　智能铁路人工智能 …………………………………………………… 192
参考文献 ………………………………………………………………………… 192

索引 ……………………………………………………………………………… 193

彩图

第1章　世界高速铁路发展概述

轨道交通是指运营机车在特定轨道上行驶的一类交通运输系统。完整的轨道交通系统包括轨道、车站建筑、车辆、车辆段、结构工程、供电、通信、信号、环控、给排水系统等设施[1]。近年来，轨道交通得到了迅猛的发展。轨道交通由于具有运量大、速度快、环保、节能等特点，被世界各国视为解决交通问题的根本出路。全球范围内，轨道交通一直是国民生产的重要组成部分，也是资源配置和宏观调控的重要工具。

随着高速铁路(high-speed rail，HSR)的蓬勃发展，全球掀起了建设高速铁路的热潮。针对我国国土面积大、人口密度高的现状，合理地建设高速铁路和改进现有的铁路系统，成为国家缓解运输压力、解决交通问题的重要举措。进入21世纪以来，我国在轨道交通领域的技术的蓬勃发展，中国交通系统的发展正逐渐走向世界前列[2]。在《国家中长期科学和技术发展规划纲要》中将"高速轨道交通系统"列为优先发展主题。到2020年，铁路网规模达到15万公里，其中高速铁路3万公里，覆盖80%以上的大城市。目前，中国已经成为世界上高速铁路建成和在建里程最多的国家[3]。高速铁路系统的蓬勃发展将有效地改善国家的交通状况。高速铁路与其他铁路共同构成的快速客运网可基本覆盖50万以上人口城市。规模化的高速铁路网络将对现有交通运输格局产生根本影响，对于国计民生和现代化建设具有重要的战略意义。

1.1　高速铁路概述及发展历程

高速铁路，简称高铁，是一种行驶速度较快，且使用专用的机车车辆与轨道的铁路运输系统。广义的高速铁路还包括磁悬浮，但大部分情况下(包括本书中)，高速铁路专指高速轮轨运输系统。高速铁路是综合概念，包括路轨、供电网、高速列车、通信、班车调度等。

高速铁路已经过了几十年的发展。日本是全世界首个将高速铁路投入营运的国家。日本首条也是全球首条高速铁路路线东海道新干线在1959年动工，并于1964年通车。经过近50年的发展，日本路网已经扩展至近3000km；同时建设中的中央新干线(东京—名古屋)预计将于2027年投入运行[4]。

法国是全世界第二个拥有高速铁路系统的国家。法国的首条高速铁路东南线于1981年部分通车。法国曾屡次刷新高速铁路速度纪录，2007年4月3日，经过改装的TGV-V150列车曾驶出轮轨高速铁路的最高速度——每小时574.8km[5]。

意大利首条高速铁路(罗马—佛罗伦萨)在 1970 年动工,全线在 1992 年通车。其首种高铁列车为 ETR450 型,目前已退出高速铁路路线,改为城际铁路[4]。

由于德国对高速铁路采用磁悬浮或轮轨的争议,加上德国于 1990 年才完成统一,因此德国的高速铁路起步相对于法国和意大利较晚。在 1991 年,德国推出 ICE-1 列车,是德国第一代高速铁路[4]。在 2000 年,德国推出 ICE-3 列车,速度可达 320km/h,成为多国高速铁路的技术参考,如中国的 CRH3、西班牙的 AVES/103 及俄罗斯的 Velaro RUS 等。

西班牙首条高速铁路(马德里—西维尔)于 1992 年通车,其引进了法国、德国及意大利等国的技术,以此为基础开发出了自主的高速铁路系统。西班牙高速铁路已可连接法国,并计划建设超过 10000km,届时全国各地来往马德里只需 4 小时。然而,西班牙高速铁路在 2013 年 8 月发生严重的脱轨事故,令西班牙高速铁路建设速度有所放缓。

中国于 1998 年从瑞典引入一列速度为 200km/h 的高速列车运营于广深线,并在之后的数年里先后研制出"蓝箭"、"中华之星"、"先锋号"、"奥星"、"天梭"和"长白山"等用于探索高速铁路技术的列车,其中"蓝箭"和"中华之星"分别于 2001 年和 2005 年在广深线和秦沈客运专线上投入试验性商业运营。秦沈客运专线于 1999 年开工建设,2003 年通车,设计速度为 200km/h,运营速度为 160km/h,基础设施预留了提速至 250km/h 的条件。2007 年中国铁路第六次大提速后,通过技术转让,可大规模实用化的"和谐号"动车组开始正式投入运营。2008 年,中国第一条高速铁路专用线路京津城际铁路开通运营。在经过 8 年的大规模建设和对既有铁路的高速化改造后,截至 2016 年中国已经拥有世界上最大规模(约 20000km)的高速铁路网。中国的高速铁路系统吸收了数个国家的技术,因此在中国可以看到不同国家技术制造的高速铁路列车。中国正在兴建和即将兴建的高速铁路客运专线和城际铁路里程达到 17000 余 km。根据《中长期铁路网规划》方案,到 2020 年中国速度在 200km/h 以上的高速铁路里程将会达到 50000km。

1.2 主要国家高速铁路发展概述

1.2.1 日本

新干线是日本的高速铁路系统,也是全世界第一个投入商业运营的高速铁路系统,采用标准规矩,并只开展客运业务。

第二次世界大战后至 20 世纪 50 年代末,日本经济迅速恢复并发展迅速,商业和物流业发达的京滨、中京、阪神地区成了带动整个日本经济发展的火车头。连接这些地区的东海道铁路线虽只占日本铁路总长的 3%,却承担全国客运总量的 24%

和货运总量的23%，运输能力已达到极限。因此，连接这三大工商业地带及周围地区铁路线的运输能力成为制约日本经济发展的关键因素。为此，日本运输省于1957年设立了由众多专家组成的"日本国有铁路干线调查会"，就如何增强东海道铁路线运输能力问题进行探讨；并在1958年12月，日本内阁会议批准了修建东海道新干线的设想[6]。

东海道新干线于1964年东京奥运会前夕开始运营。东海道新干线的建设给日本经济的发展和技术的进步带来了巨大影响，极大地促进了冶金、机械制造、电子、土木以及与之相关的服务行业的发展。新干线可在4小时之内将京滨、中京、阪神工商业地带及中间城市连接起来，人员和物资的流通条件大幅度改善，因而大大促进了新干线沿线地带新产业的形成。

日本新干线经过多年发展，目前共开通了9条线路，其中包含7条常规线路和2条线路较短的"迷你新干线"，如表1-1所示。这些线路组成的高速铁路网将日本大多数重要城市连接了起来。新干线最初由日本国有铁道运营，在日本国有铁道私有化后由JR（Japanese Railways）集团运营；目前共有JR北海道、JR东日本、JR东海、JR西日本和JR九州等5家公司开展运营。除了"迷你新干线"外，列车的运行速度可达到240~320km/h；在进行速度测试时，在1996年创下443km/h的速度纪录。

表1-1　日本新干线已开通线路

常规线路				
名称	线路	长度/km	开通日期	运营单位
北海道新干线	青森—函馆	148.8	2016年	JR北海道
东北新干线	东京—青森	713.7	1982年：大宫—盛冈 1985年：上野—大宫 1991年：东京—上野 2002年：盛冈—八户 2010年：八户—青森	JR东日本
上越新干线	大宫—新潟	303.6	1982年	JR东日本
北陆新干线	高崎—金泽	345.4	1997年：高崎—长野 2015年：长野—金泽	JR东日本 JR西日本
东海道新干线	东京—大阪	552.6	1964年	JR东海
山阳新干线	大阪—博多	622.3	1972年：大阪—冈山 1975年：冈山—博多	JR西日本
九州新干线	博多—鹿儿岛	288.9	2004年：八代—鹿儿岛 2011年：博多—八代	JR九州
"迷你新干线"				
秋田新干线	盛冈—秋田	127.3	1997年	JR东日本
山形新干线	福岛—新庄	148.6	1992年：福岛—山形 1999年：山形—新庄	JR东日本

新干线列车均采用分散式驱动方式,行车时晃动较小,运行稳定性高。最早投入运行的新干线列车是0系。0系新干线列车自1964年开始运行已超过30年,于1999年退出东海道新干线,只少量服务于山阳新干线上,并于2008年全面退役。0系列车的运行速度为220km/h。1972年,E951系列车跑出了286km/h的速度。1980年首列200系新干线投入试车阶段,速度达到210km/h。1985年首列混编双层车厢的100系列车投入运行。1986年一列有十二节车厢的200系列车跑出了271km/h的速度。1989年200系新干线创造了276.2km/h的速度纪录。1992年3月14日,首列300系新干线在东海道新干线正式投入运营,同年7月1日,400系新干线投入山形新干线试运行。1991年,300系列车达到325.7km/h的最高速度,而400系列车速度达到了336km/h。1997年E3系新干线投入试验,同年500系列车开始在山阳新干线的 段投入运行,最高速度为300km/h。1999年700系新干线部分投入运行。2000年3月,700系列车正式投入运营。2003年,100系列车退出东海道新干线运营。2007年7月1日,新型列车N700系投入东海道新干线运营,同时,原本的主力车型300系与500系逐步退役。2013年3月26日,200系列车退役。2017年3月4日,东海道新干线的700系列车全面撤出定期班次[7]。常见的新干线列车见表1-2和图1-1。

表1-2 常见的新干线列车

型号	0系	100系	400系	300系	500系	700系	800系	N700系
编组	12/16辆	16辆	6辆	16辆	16辆	8/16辆	6辆	8/16辆
最高速度/(km/h)	220	230	240	270	300	285	260	300
材质	普通钢			铝合金				
输出功率/kW	11840	11040	5040	12000	17600	13200	6600	17080
建造年份	1964	1985	1990	1992	1997	1999	2004	2007
数量/辆	3216	1056	84	1120	144	1328	54	2977*
型号	E1系	200系	E2系	E3系	E4系	E5/H5系	E6系	E7/W7系
编组	12辆	12辆	8/10辆	5~7辆	8辆	10辆	7辆	12辆
最高速度/(km/h)	240	275	275	275	240	320	320	260
材质	普通钢			铝合金				
输出功率/kW	9840	12880	9600	6000	6720	9600	6000	12000
建造年份	1994	1980	1995	1995	1997	2009	2010	2013
数量/辆	72	700	502	261	208	630*	168	492*

*仍在生产中,此为预计产量。

日本新干线除了是全世界第一个投入商业运营的高速铁路系统,同样引以为傲的是其优秀的安全记录。新干线运行超过50年,并未发生行车事故导致的乘客死亡

图 1-1 常见的新干线列车

事件。比较严重的列车事故为两起脱轨事件。第一个是在 2004 年 10 月 23 日，在上越新干线行驶的 325 次列车在即将抵达新潟车站时，遭遇新潟地震，造成该次车十节车厢中有八个出轨，但 154 名乘客没有伤亡。第二个是在 2013 年 3 月 2 日，在秋田新干线上行驶的 25 次列车由于遭遇暴雪而发生出轨事故，但同样也没有造成乘客人员伤亡。

1.2.2 法国

法国是世界上研究高速列车较早的国家，1955 年即利用电力机车牵引创造了 331km/h 的世界纪录，在日本建成东海道新干线之后，法国也开始着手研究开发高速铁路。目标是要研制一种高性能的新型列车，向旅客提供一种舒适快速的出行方式，解决铁路干线运输能力饱和的问题。基于上述考虑，1976 年法国开始了东南线高速铁路的建设，从此以后，法国的高速铁路系统走上了迅速发展的道路，在技术和经济方面都取得了巨大成功[8]。

法国高速铁路称为 TGV(法文为 Train à Grande Vitesse 的缩写)，是由阿尔斯通公司和法国国家铁路公司设计建造并由后者负责运营的高速铁路系统。按照建造时间顺序，法国 TGV 高速铁路网主要包括东南线、大西洋线、北方线、东南延伸线(或称罗纳河—阿尔卑斯高速线)、巴黎地区联络线、地中海线和欧洲东部线等 7 个组成部分[9]。

(1) 东南线。

巴黎和里昂是法国最大的两个城市，自 20 世纪 60 年代起，连接巴黎和里昂的铁路线路运量就已达到饱和状态，当时曾考虑过加修复线等多种方案，但经详细的技术和经济分析后最终选择了新建一条高速客运专线的方案。

该线包括联络线在内全长 417km，南段 275km 于 1981 年 9 月投入运营，北段 115km 于 1983 年 9 月投入运营。东南线上运行的 TGV—PSE 型动车组设计最高速度为 270km/h，超过了当时日本东海道新干线最高速度 220km/h。

东南线 TGV 高速铁路自运营之日起，就以其安全、快速、便捷和舒适的特性吸引了众多旅客，成为一种极具竞争力的公共交通工具。高速列车的开行使巴黎和里昂间的旅行时间只需 2 小时，这比过去缩短了一半，客运量也大幅增长。同时，新建高速铁路与既有铁路网也具有良好的兼容性，这使得在高速线上行驶的高速动车组也能够在既有线上以既有线允许的较低速度行驶，这大大扩展了铁路网的通达区域。

(2) 大西洋线。

东南线的成功激发了法国修建高速新线的积极性，从东南线部分投入运行的 1981 年起就加紧了对修建大西洋线 TGV 的研究。1989 年 9 月，大西洋的西部支线巴黎到勒芒开通，1990 年 10 月，西南部支线也投入了使用；该线全长 282km，全部投入运营后，从巴黎向全国各个城市延伸的高速铁路达到 2440km。大西洋线 TGV-A 型高速动车组允许的最高速度达到 300km/h，从巴黎到勒芒的旅行速度为 220km/h，从巴黎到图尔的旅行速度为 236km/h。该线采用的高速动车组被称为第二代 TGV，与在东南线使用的第一代 TGV 相比，在多项关键技术上都有改进，因此使高速列车性能和旅客舒适程度都有了明显的提高。最高行车速度从 270km/h 提高到 300km/h。同时第二代 TGV 的运营成本比第一代 TGV 还降低了接近 20%。

与东南线一样，大西洋线自投入运营以后，客运量呈持续增长势头。从经营效果来看，大西洋钱 TGV 在完全开通后第一年就有盈余，1991 年纯收益为 7.94 亿法郎，获得了与东南线类似的效果。在 2000 年，大西洋线运营收入的盈余就已经可以偿还线路建设与车辆购置的费用。

(3) 北方线。

北方线是法国第一条国际性的高速铁路，涉及法国、英国、比利时、荷兰、德国等 5 个国家，是连接巴黎—伦敦—布鲁塞尔—阿姆斯特丹—科隆—法兰克福的北部欧洲高速铁路的法国部分。1987 年，法国政府批准法国国有铁路公司提出的修建北方线 TGV 的计划。1989 年 9 月，英吉利海峡隧道同时开始兴建。该线全长 333km，从巴黎以北的喀内斯到里尔；在里尔分为两条支线，一条向西穿越英吉利海峡隧道到达英国，另一条通向比利时边界。该线路采用 TGV-R 型高速动车组，列车最高速度为 300km/h。1993 年 9 月，北方线 TGV 全线开通，从巴黎到里尔仅需 1 小时即可到达。1994 年 11 月，从巴黎到伦敦的运营正式开始，为了满足海底隧道的要求并与英国铁路接轨,采用了新研制的欧洲之星 TGV-TMST 型高速动车组,该型动车组在高速线上的最高行车速度为 300km/h,在海底隧道则以 160km/h 的速度运行。北方线自开通以来也显示出良好的应用前景,欧洲之星高速动车组在运营后的第一年,即 1995 年客运量就达到 300 万人次。

(4) 东南延伸线(或罗纳河—阿尔卑斯高速线)。

罗纳河—阿尔卑斯高速线位于东南线的延长线上,从里昂到瓦朗斯,全长 148km,于 1994 年开通。至此,从巴黎到马赛的运行时间只需 4 小时 10 分钟,高速铁路新线的通达范围也达到了 3215km。

(5) 巴黎地区联络线。

巴黎地区联络线全长 128km,从东部环绕巴黎,将北方线和东南线、大西洋线连接起来,途经法国最大的戴高乐国际机场和欧洲迪士尼乐园并设立车站,使空运、地铁和著名景点与高速铁路连接起来。同时向西通过既有线和联络线使北方线和大西洋线连成一体。

(6) 地中海线。

地中海线自瓦朗斯向南延伸,在阿维尼翁分为两支,东南分支到达马赛,西南分支至尼姆以西的蒙彼利埃,全长约 295km,最高运行速度为 350km/h。地中海线自 1995 年开始动工修建,2001 年上半年全部开通。由巴黎至马赛 800km 行程只需 3 小时,采用 TGV-2N 型第三代双层高速动车组。

(7) 欧洲东部线。

为了加强巴黎地区及法国北部、西部及西南地区与法国东北部之间的联系,还有法国与德国、瑞士及卢森堡等国之间的联系,欧洲东部线首段 300km 铁路线于 2007 年 3 月 15 日建成,并于 6 月 10 日投入商用。

法国 TGV 高速列车如图 1-2 所示。

图 1-2 法国 TGV 高速列车

1.2.3 德国

德国高速铁路称为 ICE(inter city express),即城际高速铁路。ICE 连接了德国国内 130 余个城市,对经济建设发挥了极其重要的作用[10]。

一直以来，德国政府比较重视相对于轮轨技术更为先进的磁悬浮技术，但由于磁悬浮铁路造价昂贵，并与现有铁路无法连接，因此德国政府一直没把磁悬浮高速铁路投入商业运营中。而使用传统轮轨技术的ICE-V列车也一直处于试验阶段，直到1981年法国的TGV列车用事实证明了高速火车在商业上的成功，德国才开始准备把这种列车投入高速列车的研究和运营中。虽然德国在全面掌握高速铁路技术方面比日、法两国要晚，但在高速铁路技术上德国同样有其先进之处。作为一向注重节能环保的国家，德国的高速铁路ICE也承继了这一理念。据德国联邦铁路公司计算，ICE3系列列车在载客率为50%的情况下，每人每百公里消耗的能源折合成汽油不到2L。以汉堡到柏林为例，乘火车需要1.5小时，比乘坐汽车的时间缩短一半；火车在半满员的情况下，每位乘客整个旅程消耗的能源平均不到8L汽油，而汽车则平均需要至少27L。

1991年，首个ICE列车正式运营。开通了从下萨克森州的首府汉诺威直达巴伐利亚州城市维尔茨堡的铁路线，全长327km。还有一条是从曼海姆至斯图加特的线路，其全长为99km。此后，德国高速铁路迅速发展，分别在1998年、2002年、2006年和2007年开通了4条高速铁路线。德国新建和改建的高速铁路线总长至少已达1560km。ICE高速列车在长途旅客运输领域中起到了重要的作用。据2000年的数据统计，乘坐ICE列车的旅客运送量占整个德国铁路长途旅客运输总量的42%。随着ICE高速新线的逐步建成与通车，德国高速铁路的旅客运量还在继续攀升。

德国高速铁路曾出现过几次重大的安全事故，最为严重的两起是埃舍德列车出轨事故和兰德吕肯隧道列车事故。埃舍德列车出轨事故：1998年6月3日在德国下萨克森州策勒区埃舍德附近发生了严重的铁路安全事故，造成101人死亡，88人受伤，为世界上伤亡最严重的高速铁路事故，也是德国境内伤亡最惨重的铁路事故[11]。事故是由一个老化和有缺陷的轮箍所触发的。该轮箍在断裂后插入其中一节车厢，并破坏了所途经的第一个道岔的护轨。在反弹力的作用下，车厢左侧的车轮又触动了第二个道岔的尖轨，使得原本在主线上行驶的后方车厢冲入旁侧的轨道后出轨，并撞向一条300t重的立交桥梁柱，导致桥体坍塌。所有后续车厢都被挤成废墟。兰德吕肯隧道列车事故：2008年4月26日，一列ICE-1在从汉堡经由汉诺威—维尔茨堡高速铁路前往慕尼黑的途中，于20时58分在兰德吕肯隧道入口撞向一群误入轨道的羊群。两端动力车头以及12节车厢中的10节出轨。列车在驶入隧道入口后约500m处停止。148名乘客中有17人受伤。由列车、线路和隧道造成的损失高达1000万欧元。而富尔达至布尔格辛之间的路段也被迫关闭了约两个半星期。德国出现的两起高速铁路事故如图1-3所示。

(a) 埃舍德高速铁路事故后的列车残骸

(b) 兰德吕肯隧道事故中出轨的一节车厢

图 1-3　德国出现的两起高速铁路事故

1.2.4　意大利

意大利第一条高速铁路是 1992 年修建的罗马至佛罗伦萨线。此外意大利还于 1998 年开始对米兰—博洛尼亚段 180km 铁路进行改造升级，使得车速提高到 300km/h。另外都灵—博洛尼亚高速铁路于 2000 年完工；米兰—威尼斯高速铁路于 2001 年完工；米兰—热那亚高速铁路已于 2003 年完工。目前意大利高速铁路总长度达到 1525km。意大利的高速铁路较为特殊，除了 TAV（Treno Alta Velocita）公司（本身由意大利国家铁路公司运营），尚有一家民营高速铁路企业，名为新旅客交通（Nuovo Trasporto Viaggiatorti，NTV）。意大利高速铁路使用的高速列车如图 1-4 所示，包括 TAV 公司运营的 ETR 系列，NTV 公司运营的 AGV 575 Italo 型号等。

(a) AGV 575 Italo——NTV 公司

(b) ETR 500 红箭——TAV公司

(c) ETR 600 Frecciargento——TAV公司

图 1-4　意大利高速列车

意大利正在营运中的高速铁路路线见表 1-3。

表 1-3 意大利正在营运中的高速铁路路线

线路	长度/km	建成时间/年	行车时间	最高速度/(km/h)
佛罗伦萨—罗马	254	1978/1992	1:18	250
罗马—那不勒斯	205	2005/2009	1:08	300
米兰—都灵	125	2006/2009	0:44	300
帕多瓦—威尼斯	25	2007	0:14	250
米兰—特雷维格里奥	27	2007	—	250
那不勒斯—萨莱诺	29	2008	0:30	250
米兰—博洛尼亚	215	2008	0:53	300
博洛尼亚—佛罗伦萨	79	2009	0:35	300

1.2.5 西班牙

西班牙高速铁路，简称 AVE（Alta Velocidad Española），是由西班牙国家铁路运营的最高速度为 300km/h 的高速铁路系统。与西班牙其他铁路系统采用宽轨不同，AVE 使用标准轨距，这是为了使得 AVE 可以和其他地区的铁路相连接。

20 世纪 80 年代末，西班牙政府构思新建一条铁路线，连接西班牙中部的卡斯蒂亚与南部的安达卢西亚。考虑多个方案后，西班牙政府认为应建造一条标准轨高速铁路，并将新计划命名为 N.A.F.A.（连接安达卢西亚的新铁路），这条新线于 1992 年 4 月 16 日投入运营[12]。

1993 年 1 月，来往马德里至马拉加的 Talgo 200 启用，于马德里至科尔多瓦段使用高速标准轨道，然后在西班牙传统的宽轨上驶至马拉加。1994 年，西班牙高速铁道开始以 300km/h 的速度运行，全段 471km 只需两个半小时完成，时间减少了 40 分钟。2007 年，来往马德里至马拉加的高速铁路最后一段建成，并于 12 月 24 日投入运营。马德里—塞哥维亚—巴利亚多利德线于 2007 年 12 月 22 日投入运营。这使得巴利亚多利德成为连接西班牙西北部及北部的枢纽。马德里至巴塞罗那线于 2008 年 2 月 20 日投入运营。

根据西班牙公共工程部推出的交通基建策略计划，预计于 2020 年西班牙将有 10000km 高速铁路，并设有数个连接点，接驳法国及葡萄牙境内高速铁路。这是目前为止欧盟中规模最大的高速铁路规划。

1.2.6 世界其他地区

1. 韩国

韩国高速铁道，简称 KTX，由韩国铁道（Korail）运营，线路总长度为 420km[13]。

KTX采用了法国的TGV技术,最高速度可达300km。首尔—大邱—釜山轴线是韩国的主要交通干线。由于京釜高速公路和京釜铁路线于20世纪70年代末出现严重挤塞,政府开始寻找新的交通形式。一项由法国及日本的研究提出的建设第二条首尔—釜山铁路(京釜高速铁路线)的计划进入了视野。1992年3月,韩国高速铁路建设协会正式成立,该会自1992年6月30日开始建设天安至大田共57km的路线做试验线。

京釜高速线共分两期通车。经过12年的建设,首尔至大邱第一期于2004年3月31日通车并于翌日正式开始营运。而大邱至釜山段于2002年6月开始建设并于2010年11月1日正式通车。京釜高速线在首尔至大邱间区段速度可达300km/h,相对于普速铁路,使得首尔到釜山的车程从260分钟缩短至160分钟。而在2010年京釜线全线改用高速轮轨后,其车程再缩减至118分钟。车辆方面,韩国高速铁路现有46组动力集中式高速列车,其中12组由法国阿尔斯通公司制造,其余34组由韩国在法国国有铁路公司技术人员协助下在韩国制造。

2. 土耳其

土耳其自2003年起开始建设高速铁路。一条从土耳其最大的城市伊斯坦布尔经过埃斯基谢希尔到首都安卡拉全长553km的线路于2007年开始运营,使得旅行时间从6～7小时缩短至3小时10分钟。另一条从安卡拉至科尼亚的线路于2006年开工。全程旅行时间预计在70分钟。

2005年,由中国铁建股份有限公司牵头并联合中国机械进出口公司以及土耳其两家公司共同组成的合包集团成功中标二期主要路段。中标路段全长158km,合同金额为12.7亿美元,设计速度为250km/h。这是中国企业在海外组织承揽实施的第一个电气化高速铁路项目,对推动中国高速铁路"走出去"具有重要战略意义。2013年12月27日,土耳其总理埃尔多安视察了由中国铁建股份有限公司总承包建设的安卡拉至伊斯坦布尔高速铁路二期工程,并参加了萨帕加至科兹卡伊路段的通车测试。2014年1月17日土耳其安卡拉至伊斯坦布尔高速铁路二期主体工程完工。

3. 印度尼西亚

雅加达—万隆高速铁路(以下简称雅万高铁)连接人口916万的首都雅加达和人口170万的第四大城市万隆,两城相距120km,海拔落差700m左右。此段高速铁路修成后,还可能由万隆延伸至570km外人口达360万的第二大城市泗水。雅万高铁若以300km/h的速度运行,将使得雅加达和万隆之间的通行时间由2～3小时缩短到36分钟。这一项目建成后,将有效地缓解雅加达至万隆的交通压力,优化当地投资环境,带动沿线商业开发和旅游产业发展,加快形成高速铁路经济走廊,造福印度尼西亚人民。

2015年12月21日，印度尼西亚雅加达至万隆高速铁路开工仪式在西爪哇省瓦利尼举行，这意味着印度尼西亚历史上第一条高速铁路建设正式启动[14]。2018年6月，雅万高铁22处控制性工程取得突破。这标志着雅万高铁项目建设进入全面实施推进新阶段。雅万高铁全线预计将于2021年通车。雅万高铁是中国高速铁路第一次全系统、全要素、全产业链走出国门、走向世界。

1.2.7 中国

1. 中国高速铁路现状

中国高速铁路是目前世界上最大规模的高速铁路网，截止到2020年，铁路网规模达到15万公里，其中高速铁路3万公里。中国目前已开通运行的高速铁路（设计速度200km/h及以上的铁路和客运专线）如表1-4所示。

表1-4 中国已开通运行的高速铁路

序号	线路	起止点	长度/km	设计速度/(km/h)	开通时间
1	秦沈城际	秦皇岛—沈阳北	404	250	2003.10
2	合宁铁路	合肥南—南京南	157	250	2008.04
3	京津城际	北京南—天津	119	350	2008.08
4	胶济客专	青岛—济南	363	250	2008.12
5	石太铁路	石家庄—太原	225	250	2009.04
6	合武客专	合肥—武汉	359	250	2009.04
7	达成铁路	达州—成都	374	200	2009.07
8	甬台温铁路	宁波—台州—温州	282	250	2009.09
9	温福铁路	温州—福州	302	250	2009.09
10	武广高铁	武汉—广州	1069	350	2009.12
11	郑西高铁	郑州—西安	523	350	2012.09
12	福厦高铁	福州—厦门	273	250	2010.04
13	成灌城际	成都—青城山	65	200	2010.05
14	沪宁城际	上海—南京	301	350	2010.07
15	昌九城际	九江—南昌西	132	250	2010.09
16	沪杭城际	上海—杭州	160	350	2010.10
17	宜万铁路	宜昌东—万州	377	250	2010.12
18	长吉城际	长春—吉林	96	250	2010.12
19	海南东环铁路	海口—三亚	308	250	2010.12
20	京沪高铁	北京—上海	1318	350	2011.06
21	广深高铁	广州南—深圳北	102	350	2011.12
22	龙厦铁路	龙岩—厦门	171	200	2012.06
23	汉宜铁路	武汉—宜昌	293	200	2012.07
24	郑武高铁	郑州东—武汉	536	350	2012.09

续表

序号	线路	起止点	长度/km	设计速度/(km/h)	开通时间
25	合蚌高铁	合肥—蚌埠	131	350	2012.10
26	哈大高铁	哈尔滨—大连	921	350	2012.12
27	京石郑高铁	北京西—郑州	693	350	2012.12
28	广珠城际	广州南—珠海	144	200	2012.12
29	宁杭高铁	南京—杭州	249	350	2013.07
30	杭甬高铁	杭州—宁波	150	350	2013.07
31	盘营铁路	盘锦—营口	90	350	2013.09
32	向莆铁路	向塘—莆田	632	200	2013.09
33	津秦高铁	天津—秦皇岛	257	350	2013.12
34	厦深高铁	厦门—深圳	502	250	2013.12
35	西宝高铁	西安—宝鸡	138	350	2013.12
36	渝利铁路	重庆—利川	264	200	2013.12
37	茂湛铁路	茂名—湛江	103	200	2013.12
38	柳南客运专线	柳州—南宁	227	200	2013.12
39	衡柳铁路	衡阳—柳州	498	200	2013.12
40	广西沿海高铁	南宁—钦州—北海	262	250	2013.12
41	武咸城际	武汉—咸宁	90	200	2013.12
42	成灌铁路彭州支线	郫县西—彭州	21	200	2014.04
43	武黄城际	武汉—大冶北	97	250	2014.06
44	武冈城际	武汉—黄冈东	65	200	2014.06
45	大西高铁太西段	太原南—西安北	570	250	2014.07
46	合肥铁路南环线	肥东—长安集	40	250	2014.11
47	杭长高铁	杭州东—长沙南	933	350	2014.12
48	成绵乐客运专线	江油—峨眉山	313	250	2014.12
49	兰新铁路第二双线	兰州西—乌鲁木齐	1776	250	2014.12
50	贵广铁路	贵阳北—广州南	857	250	2014.12
51	南广铁路	南宁—广州南	577	250	2014.12
52	郑开城际	郑州东—宋城路	50	250	2014.12
53	青荣城际	青岛—荣城	299	250	2014.12
54	兰渝重庆至渭沱段	重庆北—渭沱	71	200	2015.01
55	沪昆新晃至贵阳段	新晃西—贵阳北	286	300	2015.06
56	郑焦铁路	郑州—焦作	78	250	2015.06
57	合福高铁	合肥南—福州	850	350	2015.06
58	哈齐高铁	哈尔滨—齐齐哈尔南	282	250	2015.08
59	沈丹高铁	沈阳南—丹东	208	250	2015.09
60	吉图珲高铁	吉林—图们—珲春	361	250	2015.09
61	京津城际延伸线	天津—于家堡	45	350	2015.09
62	宁安高铁	南京南—安庆	258	250	2015.12
63	南昆客专南百段	南宁—百色	223	250	2015.12

续表

序号	线路	起止点	长度/km	设计速度/(km/h)	开通时间
64	丹大快速铁路	丹东—大连	292	200	2015.12
65	成渝高铁	成都东—重庆	308	350	2015.12
66	金丽温铁路	金华—温州南	188	200	2015.12
67	赣瑞龙铁路	赣州—龙岩	273	200	2015.12
68	津保铁路	天津—保定	158	250	2015.12
69	牡绥铁路改造	牡丹江—绥芬河	139	200	2016.01
70	海南西环高铁	海口—三亚	345	200	2015.12
71	郑机城际	郑州东—新郑机场	43	200	2015.12
72	娄邵快速铁路	娄底—邵阳	93	200	2016.01
73	佛肇城际	肇庆—佛山西	83	200	2016.03
74	莞惠城际	望洪站—小金口站	100	200	2016.03
75	宁启铁路复线	林场—南通	268	200	2016.05
76	郑徐高铁	郑州东—徐州北	362	350	2016.09
77	渝万铁路	重庆北—万州北	247	250	2016.11
78	武孝城际	汉口—孝感东	62	250	2016.12
79	长株潭城际	长沙—湘潭	104	200	2016.12
80	兰渝岷县至广元段	岷县—广元	293	200	2016.12
81	南昆客专百昆段	百色—昆明南	487	250	2016.12
82	沪昆高铁云南段	贵阳北—昆明南	529	350	2016.12
83	宝兰高铁	宝鸡—兰州	401	250	2017.07
84	张呼高铁乌呼段	乌兰察布—呼和浩特东	126	250	2017.08
85	武九客运专线	武汉—九江	224	250	2017.09
86	兰渝铁路	兰州—重庆	886	250	2017.09
87	西成高铁	西安北—成都东	658	250	2017.12
88	长株潭城际西线	开福寺—长沙西	22	200	2017.12
89	萧淮客运联络线	萧县—淮北	27	250	2017.12
90	九景衢铁路	九江—衢州	333	200	2017.12
91	莞惠城际	常平东—道滘	44	200	2017.12
92	石济高铁	石家庄东—济南东	323	250	2017.12

2. 中国高速铁路发展历程

中国铁路多年来一直面临着速度慢、运输能力严重不足的问题，而高速铁路相对具有运载能力大、运行速度快、运输效率高等特点，因此随着高速铁路在日本、法国等的成功，其在中国也逐步得到重视和研究。在中国第九个五年计划(1996～2000年)期间进行的三次铁路大提速的基础上，铁道部制定的《"十五"期间铁路提速规划》正式将建设高速铁路列入规划，该规划提出：到"十五"末期，初步建成以北京、上海、广州为中心，连接全国主要城市的快速客运网，总里程达16000km；客运专线旅客列车最高速度达到200km/h及以上，实现高速铁路、部分繁忙干线客货分线;而用于高速铁路车辆的交流电传动、动车组技术研究也同步进行,并开展速度270km/h高速动车组的研制。

中国在高速铁路的建设上进行了多方面的尝试[15]。最著名的案例为广深铁路的电气化提速改造。20世纪80年代末,铁道部决定从国情实际出发,以速度160km/h的准高速铁路作为突破口,选定试验区段对既有线路进行技术改造,以用较少的投资、较短的时间将既有线路改造成能够开行速度160km/h旅客列车的准高速铁路。当时的广深铁路具有其他铁路线所没有的优越条件,包括不断增长的运输需求、地形条件较好、长度适中等,使其成为首要的试验目标。1989年,铁道部成立了由中国铁道科学研究院和广州铁路局组成的联合专家组,对广深线旅客列车的最高速度提高到160km/h进行了前期可行性研究。但由于20世纪90年代初进行准高速改造时资金不足,故推迟了电气化的实施,在过渡阶段使用内燃机车牵引。1997年2月,总投资8亿元人民币的广深线高速电气化工程全面开工;1998年5月28日,广深线高速电气化工程竣工,同年8月28日正式投入运营。广深铁路率先使用的是来自瑞典、最高速度为200km/h的高速动车组。由于全线采用了众多达到当年国际先进水平的技术和设备,因此当时广深铁路被视为中国既有线改造踏入高速铁路的开端。1998年6月,韶山8型电力机车于京广铁路的区段试验中达到了240km/h的速度,创下了当时的中国铁路速度纪录。2007年4月18日,中国铁路开始实施第六次铁路提速,涉及京哈、京沪、京广、陇海、沪昆、胶济、广深、京九、兰新等铁路干线。提速后,线路允许速度达120km/h以上的线路延展里程达2.2万km,200km/h及以上的线路延展里程达6003km,250km/h的线路延展里程达846km。此次提速使中国铁路开始大规模投入使用动车组列车,也使中国铁路跨入高速时代。从2007年4月18日起,全国铁路陆续开行140对普通动车组列车,陆续使用158列CRH1、CRH2和CRH5电力动车组。

在高速铁路技术方面中国经历了长期的探索。中国自主开发的"中华之星"等电力动车组,由于当时的整体技术尚不成熟,距离商业运营还有较大距离。因此自主研发电力动车组的计划难以实现。于是,中国政府从2004年起尝试从国外引进成熟的高速铁路技术,并对铁路动车组进行公开招标。2004年6月17日,《人民铁道》和中国采购与招标网同时发布招标公告,中华人民共和国铁道部拟采购200km/h的动车组,共计10包200列。公告明确投标主体是国内企业,但它必须取得国外先进技术的支持。最初铁道部与拥有新干线700系及800系技术的日本车辆制造(简称日车)及日立制作所(简称日立)洽商,但日车及日立均表明拒绝向中国出售车辆及技术转移。其后中方改向川崎重工业株式会社(以下简称川崎重工)洽商,当时川崎重工销售业绩并不理想,便出售3组E2系动车组及其车辆技术予中国。此举最初仍遭到JR东日本、日车及日立反对,后经谈判,川崎重工在其他日本公司不反对的情况下,向中国出售E2系车辆及技术。2004年10月,川崎重工代表"日本企业联合体"与中华人民共和国铁道部签订出口铁路车辆、转让技术的合同。中国方面向日本川崎重工订购 60 列 200km/h 级别的动车组,总价值 93 亿元人民币。其中 3 列在日本完成,另有 6 列以散件形式付运,由中方负责组装,其余 51 列将通过技术转让,由中车青岛四方机车车辆股份有限公司(简称四方机车)建造。2005 年 8 月,铁道部向四方机车、川崎重工、三菱电机株式会社(以下简称三菱电机)、株洲电力机车研究所、南车株洲电机有限公司及石家庄国祥运输设备有限公司六方签订 51 列 CRH2A 型动车组机电产品技术转让合同。首列 CRH2A 于 2006 年 3 月 1 日从神户港装船,3 月 8 日运抵青岛。随后以类似的形式,通过招标和技术引进,开始在国内生产 CRH1、CRH3 和 CRH5。其中,西门子股份公司(简称西门子公司)向中车长春轨道客车股份有限公司招标,提出引进"维拉罗 E"的技术,但西门子公司因为提出高昂的转让技术、车辆造价费用而无法在第一轮招标获得任何订单。2005 年,西门子公司参加第二轮竞标。当时中方给出更严格的条件。最后西门子公司完全接受中方的技术转让方案和价格方案,和中车唐山机车车辆有限公司进行合作,生产出 CRH3 列车。这两次招标,使得中国高速铁路同时引进了四家的先进技术,为日后的国产化道路打下了基础[16]。中国 CRH 系列动车组如图 1-5 所示。

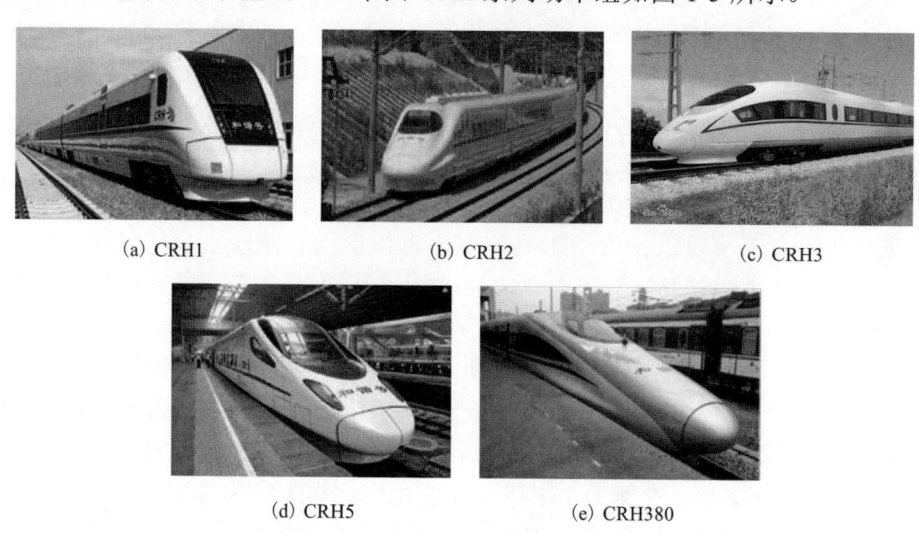

(a) CRH1   (b) CRH2   (c) CRH3

(d) CRH5   (e) CRH380

图 1-5 中国 CRH 系列动车组

2012 年开始,铁道部(2017 年 10 月 31 日改为中国铁路总公司)集合中国有关企业、高等院校、科研单位等展开研制中国标准动车组的工作[17]。2014 年 9 月,中国标准动车组方案设计完成;2015 年 6 月 30 日,中国标准动车组正式下线,并于当天在中国铁道科学研究院环形试验基地正式展开试验工作。2016 年 7 月起,两列中国标准动车组进行综合试验,在郑徐客运专线从 200km/h 逐级提速至 420km/h。2016 年 7 月 15 日,中国标准动车组成功实现了 420km/h 两车交会及重联运行的目标。

这是世界上首次实现拟运营高速铁路动车组列车 420km/h 交会和重联运行。该列车于 2016 年 8 月 15 日首次载客运行。

中国标准动车组的中文名称为复兴号动车组列车，英文代号为 CR，列车水平高于 CRH 系列。三个级别为 CR400/300/200，数字表示最高速度，而持续速度分别对应 350km/h、250km/h 和 160km/h，适应于高速铁路(简称高铁)、快速铁路(简称快铁)、城际铁路(简称城铁)。

在 350km/h 下复兴号与和谐号 CRH380 相比，总能耗下降了 10%。2018 年 7 月 1 日起，全国铁路实行新的列车运行图，16 辆长编组"复兴号"动车组首次投入运营；2018 年 8 月 1 日，京津城际铁路上运行的动车组列车已全部更换为"复兴号"。图 1-6 为"复兴号"中国标准动车组。

图 1-6　"复兴号"中国标准动车组

3. 中国高速铁路未来规划

自 2008 年 8 月 1 日中国第一条 350km/h 的高速铁路——京津城际铁路开通运营以来，高速铁路在中国迅猛发展。按照国家中长期铁路网规划和铁路"十一五""十二五"规划，以"四纵四横"快速客运网为主骨架的高速铁路建设全面加快推进，建成了京津、沪宁、京沪、京广、哈大等一批设计速度 350km/h、具有世界先进水平的高速铁路，并通过引进消化吸收再创新形成了比较完善的高速铁路技术体系。

2017 年 12 月 28 日，随着石济高速铁路的开通运营，"四纵四横"高速铁路网中的"四横"的最后一横也正式收官。未来，中国高速铁路将向"八纵八横"迈进。根据 2017 年 11 月发布的《铁路"十三五"发展规划》，到 2020 年，全国铁路营业里程达到 15 万 km，其中高速铁路 3 万 km[18]。具体规划路线如表 1-5 和表 1-6 所示。

表 1-5 中国高速铁路"八纵"规划线路

线路	开建日期	开通日期	具体线路
沿海通道	1999年(秦皇岛—沈阳段)	已部分开通	大连(丹东)—秦皇岛—天津—东营—潍坊—青岛(烟台)—连云港—盐城—南通—上海—宁波—福州—厦门—深圳—湛江—北海(防城港)高速铁路(其中青岛至连云港段利用青连铁路,连云港至盐城段利用连盐铁路,盐城至南通段利用盐通铁路,南通至上海段利用沪通铁路,上海至宁波段新建跨杭州湾铁路大桥)。连接东部沿海地区,贯通京津冀、辽中南、山东半岛、东陇海、长三角、海峡西岸、珠三角、北部湾等城市群
京沪通道	2008年	主线2011年已通车,复线(经扬州)待定	北京—天津—济南—南京—上海(杭州)高速铁路,包括南京—杭州、蚌埠—合肥—杭州高速铁路,同时通过北京—天津—东营—潍坊—临沂—淮安—扬州—南通—上海高速铁路。连接华北、华东地区,贯通京津冀、长三角等城市群
京港(台)通道	2007年	已部分开通	北京—衡水—菏泽—商丘—阜阳—合肥(黄冈)—九江—南昌—赣州—深圳—香港(九龙)高速铁路;另一支线为合肥—福州—台北高速铁路,包括南昌—福州(莆田)铁路。连接华北、华中、华东、华南地区,贯通京津冀、长江中游、海峡西岸、珠三角等城市群
京哈至京港澳通道	2005年(武汉—广州段)	主线2019年(北京—沈阳段),支线(至澳门)待定	哈尔滨—长春—沈阳—北京—石家庄—郑州—武汉—长沙—广州—深圳—香港高速铁路,包括广州—珠海—澳门高速铁路。连接东北、华北、华中、华南、港澳地区,贯通哈长、辽中南、京津冀、中原、长江中游、珠三角等城市群
呼南通道	2009年	已部分开通	呼和浩特—大同—太原—长治—晋城—焦作—郑州—襄阳—常德—益阳—娄底—邵阳—永州—桂林—南宁高速铁路。连接华北、中原、华中、华南地区,贯通呼包鄂榆、山西中部、中原、长江中游、北部湾等城市群
京昆通道	2017年	已部分开通	北京—石家庄—太原—西安—成都(重庆)—昆明高速铁路,包括北京—张家口—大同—太原高速铁路。连接华北、西北、西南地区,贯通京津冀、太原、关中平原、成渝、滇中等城市群
包(银)海通道	2016年	已部分开通	包头—延安—西安—重庆—贵阳—南宁—湛江—海口(三亚)高速铁路,包括银川—西安以及海南环岛高速铁路。连接西北、西南、华南地区,贯通呼包鄂、宁夏沿黄、关中平原、成渝、黔中、北部湾等城市群
兰(西)广通道	2008年(贵广高速铁路段)	已部分开通	兰州(西宁)—临夏市—合作市—绵阳市(安州区)—广汉市—成都市—眉山市—乐山市—宜宾市—毕节市—贵阳市—都匀市—桂林市—贺州市—佛山市—广州市高速铁路。连接西北、西南、华南地区,贯通兰西、成渝、黔中、珠三角等城市群

表 1-6 中国高速铁路"八横"规划线路

线路	开建日期	开通日期	具体线路
绥满通道	2015年(齐海满客专段)	已部分开通	绥芬河—牡丹江—哈尔滨—齐齐哈尔—海拉尔—满洲里高速铁路。连接黑龙江及蒙东地区

续表

线路	开建日期	开通日期	具体线路
京兰通道	2018年(包银高速铁路段)	已部分开通	北京—呼和浩特—银川—兰州高速铁路。连接华北、西北地区，贯通京津冀、呼包鄂、宁夏沿黄、兰西等城市群
青银通道	2005年	已部分开通	青岛—济南—石家庄—太原—银川高速铁路(其中绥德至银川段利用太中银铁路)。连接华东、华北、西北地区，贯通山东半岛、京津冀、太原、宁夏沿黄等城市群
陆桥通道	2005年	已部分开通	连云港—徐州—郑州—西安—兰州—西宁—乌鲁木齐高速铁路。连接华东、华中、西北地区，贯通东陇海、中原、关中平原、兰西、天山北坡等城市群
沿江通道	2018年	预计2023年	上海—南京—合肥—武汉—重庆—成都高速铁路，包括南京—安庆—九江—武汉—宜昌—重庆、万州—达州—遂宁—成都高速铁路(其中成都至遂宁段利用达成铁路)，连接华东、华中、西南地区，贯通长三角、长江中游、成渝等城市群
沪昆通道	2009年	2016年12月28日	上海—杭州—南昌—长沙—贵阳—昆明高速铁路。连接华东、华中、西南地区，贯通长三角、长江中游、黔中、滇中等城市群
厦渝通道	2017年	已部分开通	厦门—龙岩—赣州—长沙—常德—张家界—黔江—重庆高速铁路(其中厦门至赣州段利用龙厦铁路、赣龙铁路，常德至黔江段利用黔张常铁路)。连接海峡西岸、中南、西南地区，贯通海峡西岸、长江中游、成渝等城市群
广昆通道	2008年	已部分开通	广州—南宁—昆明高速铁路。连接华南、西南地区，贯通珠三角、北部湾、滇中等城市群

4. 中国台湾地区高速铁路

台湾高速铁路(简称台湾高铁)是连接台湾的台北市与高雄市之间的高速铁路系统。以南港为起点，经台北、板桥、桃园、新竹、台中、彰化、云林、嘉义、台南至左营(高雄市)，共11个车站，全长345km。采用日本新干线技术，最高营运速度为300km/h。往返台北高雄两市的时间仅需1.5h。

1998年，台湾启动台湾高速铁路兴建计划。2007年1月5日台湾高铁正式建成通车，其贯通了台湾西海岸的交通大动脉，建设总成本约4806亿元新台币，台湾高速铁路股份有限公司负责兴建、营运阶段的工作。台湾高铁自通车以来，因为它的快捷、舒适，其已经成为台湾西部民众往来的主要交通工具。

1.3 未来的智能高速铁路

中国已经建立了世界上规模最大的高速铁路网，同时中国也在不断推进高速铁路的智能化。智能化高速铁路主要包含以下几个方面：智能建造、智能装备、智能运营[19]。

1. 智能建造

智能建造技术已经在高速铁路的建设领域取得了部分应用。早在数年前沪昆客运专线建设期间，建设指挥部就利用铁路三维可视化技术开发了一套施工监控管理系统，通过云计算、物联网、互联网、大数据、人工智能等技术手段，对桥梁、路基、隧道等施工现场进行监控，管理人员不但能够直观看到施工的进度，还能及时发现并消除各类隐患，做到足不出户就对工程了然于心。

由于高速铁路动车组的运营速度高，对路基的压实度、稳定性和沉降量要求极高，以前在路基施工中，对路基压实度的监测是按频次抽点检测，一般每100m选择6个点检查，若全部合格，则压实度满足要求，若有一个点不合格，就必须补压。很明显这种按照概率法的检测技术存在成本高、检测不到位等缺点。而新开发应用的路基连续压实监控系统可以有效地解决这一问题，应用这套系统，在压路机碾压路基过程中，路基反作用力产生的波形反馈回监控系统中，再与压实目标值进行对比分析，是否合格就一目了然，施工质量可达到100%。除了这种智能路基压实监测系统，在某些高速铁路无砟轨道板的混凝土结构里还埋设芯片，并进行编码，当激活芯片并联网后，就可以实时监测轨道板的使用状况，方便检修查阅数据，又节省成本，芯片的使用寿命长达60年。

此外在高速铁路建设的过程中还可以采用先进技术与先进设备双管齐下的方式，建立智控中心，通过远程监控达到对现场作业的可视化管理；结合智能硬件对现场施工数据进行监测，实现施工现场重大危险源的数字化安全预警；利用大数据、云计算技术，通过数据采集、对比、分析，对重要工期的进度实现实时预警功能，达到施工管理高效化；应用二维码、建筑信息化模型（building information modeling，BIM）技术，做到信息技术与施工生产深度融合，实现管理形象化；采用手持个人数字助理（personal digital assistant，PDA）设备、智能安全帽、人脸识别等方式，掌握现场劳务用工考勤和机械台班效率，实现施工环节智能化。

2. 智能装备

智能装备中一项重要的技术就是高速铁路动车组的自动驾驶。高速铁路的无人驾驶与大型客机的自动驾驶类似，采用"无人驾驶，有人值守"的模式[20]。在此之前，中国已经在珠三角的佛肇和莞惠两条城际铁路上成功地应用了200km/h的自动驾驶的动车组。

2018年3月以来，中国国家铁路集团有限公司在在建的北京至沈阳高速铁路辽宁段全面展开"高速铁路智能关键技术综合试验"。截至5月底，28项试验或测试项目已完成13项，包括350km/h"复兴号"长编组动车组专项试验、高速动车组自主化主动控制受电弓试验、新型铁路金属声屏障试验等项目，综合试验已取得阶段性成果。这些成果将用于北京至张家口高速铁路、北京至雄安新区城际铁路的智能高速铁路建设。2018年6月7日，国家铁路集团有限公司启动高速动车组自动驾驶系统(CTCS3+ATO 列控系统)现场试验。这次现场试验，是智能高速铁路关键技术综合试验的重要内容，将为未来高速动车组实现在车站和线路区间自动停靠、启动、运行等自动驾驶提供基础。预计在2022年北京冬奥会期间京张高速铁路上将开行自动驾驶动车组，其可以做到工作状态自感知、运行故障自诊断、导向安全自决策，会填补300~350km/h 的自动驾驶动车组的世界空白。

3. 智能运营

智能高速铁路的第三大关键技术就是智能运营技术，也就是智能运输系统，包含很多内容，几乎涵盖了高速铁路供电、调度指挥、运营监测、客运服务、防灾系统、节能减排、故障诊断等全方位保障高速铁路运营安全的技术，能够实现动车组的健康管理，也为旅客舒适出行提供了技术支持[21]。

例如，在高速铁路供电领域，动车上面将配备智能供电系统，包括智能供电设备、智能供电调度、智能供电运行管理及通信网络，可实现智能故障诊断、预警、自愈重构等功能，还可以为供电系统提供健康评估服务。

作为高速铁路动车运营实时监控的总指挥，高速铁路智能调度指挥系统是基于人工智能构建的，可实现智能动态调度、智能协同控制、智能换乘调度、智能故障诊断等功能，还能站在整个路网的角度进行列车调度，使之达到效率最优，能够提升系统应急决策和处置能力。

未来我国大力推行的高速铁路智能动车组还可以实现对风级、雨量、雪深等自然环境的自动监测与报警，与防灾安全监控系统一起，及时快速地将大风、大雪、暴雨等数据实时传递到车上和防灾系统控制中心，做出应对处理方案。还能及时预警地震并自动应急处置，并对沿线非法侵入高速铁路的人或者异物开展自动报警防范。

在客运服务方面，智能技术更是无处不在，包括智能售票、刷脸进站及检票、站内智能导航、车站运营智能感知、车站设备智能监控与管理等。总之，智能运营技术既能保证高速铁路动车的运营安全，更能对乘客提供更加细致、周到的服务，以人为本，使乘客感到宾至如归。

综上所述，高速铁路的智能化已有一定基础，针对智能建造、智能装备和智能运营三个方面，可以重点关注以下5个方面，以全面提升高速铁路的智能化水平。

(1)旅客自决策技术。旅客只要输入目的地和时间，网上便会自动提供多个方案以供选择，且提供如何到站、进站、乘车的选择方案。

(2)环境感知技术。进出车站、进出动车均可通过手机引导，对候车环境自适应寻找。

(3)免检技术。进站不再排队安检，而是通过高精扫描、感应技术远距离、快速、无感觉的安检。

(4) 调度指挥自动化。应用人工智能技术，根据客流情况自动生成线路运行图。根据突发情况，自动调整运行图并提供救援方案。

(5) 智能动车。在自动驾驶的基础上，动车运行状态能自感知，故障自诊断，保证安全自决策。

参 考 文 献

[1] 彭华. 城市轨道交通. 北京：人民交通出版社，2013.
[2] 李学伟. 高速铁路概论. 北京：中国铁道出版社，2010.
[3] 余巧凤，梁栋. 中长期高速铁路网规划相关问题研究. 铁道经济研究，2017(1)：5-9.
[4] 曹竣凯. 高速铁路对沿线区域经济发展影响研究. 成都：西南交通大学，2014.
[5] 张超，谭克虎. 法国政府对高速铁路支持政策研究及启示. 铁道经济研究，2014(4)：36-42.
[6] 高津利次，甘霖. 日本高铁的历史与未来. 国际城市规划，2011，26(6)：6-15.
[7] 刘芷言. 日本高速铁路网络的发展历史. 国外铁道车辆，2018，55(5)：50.
[8] 蒋学飞. 从法国高速铁路发展史看CHR. 农家科技（下旬刊），2013(1)：154.
[9] 佟立本. 高速铁路概论. 北京：中国铁道出版社，2012.
[10] 汪鑫. 浅谈世界高速铁路发展概况. 城市建设理论研究（电子版），2013(23)：1.
[11] 李超，苏希杰. 德国高铁史上最惨事故的教训. 南方人物周刊，2011(26)：55.
[12] 谢贤良. 西班牙高速铁路现状及发展. 铁道知识，2006(3)：22-23.
[13] Kang G H，张茂帆. 韩国KTX高速动车组. 国外铁道机车与动车，2015(6)：5-7.
[14] 中国印尼铁路合作项目雅加达至万隆高速铁路正式开工. 中国铁路，2016(2)：80.
[15] 梁成谷. 聚焦中国铁路大提速. 中国铁路，2007(4)：35-38.
[16] 曹玉婉. 中国"市场换技术"战略的高铁模式研究. 北京：对外经济贸易大学，2011.
[17] 曹丹. 中国铁路总公司启动中国标准动车组研制工作. 中国铁路，2014(9)：93-94.
[18] 周锐. 《铁路"十三五"发展规划》发布. 城市轨道交通研究，2017(12)：43.
[19] 王麟. 智能高铁的奥秘是什么. [2018-03-28]. http://bjrb.bjd.com.cn/html/2018-03/28/content_233822.htm.
[20] 科技日报. 我国高铁自动驾驶技术即将进行试验验证. 技术与市场，2018，25(4)：5.
[21] 王同军. 智能铁路总体架构与发展展望. 铁路计算机应用，2018，27(7)：9-16.

第 2 章　高速铁路专用移动通信

铁路作为国家的重要基础设施、国民经济的大动脉和大众化的交通工具，是国家综合交通运输体系的骨干。近年来，高速铁路在全球范围得到了快速发展，中国已经成为世界高速铁路建设里程最长的国家。面向高速铁路的专用移动通信系统是保障高速铁路安全、有效运行的神经中枢，尤其在提供列车与地面间数据业务传输方面起到至关重要的作用。未来高速铁路移动通信系统不仅要为高速列车安全运行提供控制与监测业务，还要为旅客提供不同服务质量需求的多媒体业务[1]。

2.1　列控及铁路专用通信系统

在高速铁路场景中的移动通信系统可以分为两类，一类是面向列车控制与安全的专用移动通信系统，另一类是面向旅客信息服务的公共移动通信系统[2]。高速铁路移动通信系统承载业务分类如图 2-1 所示。根据用户的不同可以分为两类，高速铁路控制与监测业务和旅客信息业务。高速铁路控制与监测业务根据业务服务质量（quality of service，QoS）需求可分为三类：电路域话音业务、电路域数据业务以及分组域数据业务；而旅客信息业务根据业务 QoS 需求可分为四类：语音业务、流业务、交互类业务以及背景类业务。

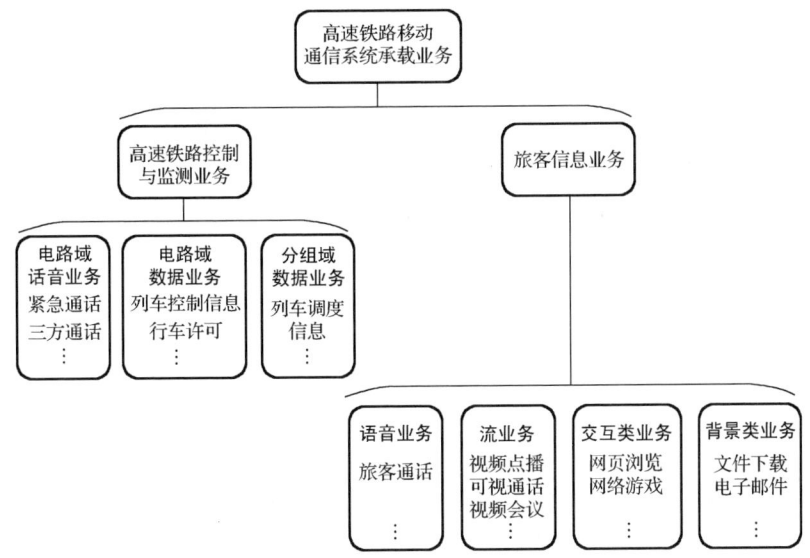

图 2-1　高速铁路移动通信系统承载业务分类

面向列车控制与调度的电路域语音业务除了包括基本的调度员、车站值班员以及司机的三方通话等需求,还包括一些铁路特色语音业务,如功能寻址、位置寻址、铁路紧急呼叫、调车、多驾驶员通信等。这些语音业务根据其紧要程度对端到端呼叫建立时间有明确的 QoS 要求。对于通话延迟、呼叫建立失败概率、越区切换中断时间等也有明确的要求。电路域数据业务包括列车控制系统轨边设备向车载列控设备传输列车控制信息(如线路数据信息、车站连锁信息以及行车曲线等),以及车载移动台向网络服务端传输车辆传感监测信息(如车载设备的运行状态、列车轴温信息等)。列控信息之所以要使用电路域进行传输是因为电路域业务是独立连续地占用信道,不与其他业务分享信道资源,这样可以最大化地保证业务的安全与可靠性,进一步地保证列车控制的可靠性。分组域数据业务目前在高速铁路中还没有广泛地应用,一般只是用来传输 QoS 要求较低的列车调度信息。

旅客信息业务中的语音业务相比起面向列车控制的语音业务简单很多,其 QoS 需求也下降了很多;流业务属于实时性业务,其对时延以及时延抖动没有语音业务的要求高,而且可以允许一定的误码产生,但是对于传输速率要求较高,典型的业务是旅客视频点播业务;交互类业务是指终端用户与远程设备进行在线数据交互的业务,这种业务对于丢包率要求较高,典型的业务如网页浏览等;背景类业务要求零误码,但是对时延没有要求,其 QoS 要求属于尽力而为的业务[3]。

在轨道交通专用移动通信系统方面,目前实际应用中主要有三大标准系统,分别是铁路综合数字移动通信系统(global system for mobile communications-railway,GSM-R)、基于通信的列车控制(communication based train control,CBTC)系统的车地通信系统以及地面中继式无线电(terrestrial trunked radio,前称跨欧陆中继式无线电(trans European trunked radio,TETRA))。

(1)GSM-R:为满足欧洲铁路系统互操作性的需求,国际铁路联盟(International Union of Railways,UIC)经与欧洲电信标准组织(European Telecommunications Standards Institute,ETSI)协商,提出了欧洲各国铁路无线通信以 GSM Phase2+为标准的 GSM-R 技术,并采用与系统相同的 900MHz 频段。作为欧洲轨道交通管理系统(European rail traffic management system,ERTM)的子系统,GSM-R 为列车控制提供无线移动接入[4]。

(2)CBTC 的车地通信系统:作为欧洲列控系统(European train control system,ETCS)的重要组成部分,CBTC 系统集成无线电通信技术和自动化控制技术,是基于列车和轨旁设备之间无线通信的列车自动控制系统[5]。CBTC 系统中的车地通信系统将车载和地面控制设备联系在一起,其系统性能对于保障列车高效、安全运行具有重要作用。通常 CBTC 系统的车地通信系统工作在 2.4GHz 频段。

(3)TETRA:作为 ETSI 的标准之一,TETRA 集双向无线电对讲机、数据传送等功能于一体,为列车控制提供车地无线传输链路[6]。TETRA 在地铁无线调度通信中具有良好的适用性，在部分国家和地区的高速铁路系统中也有应用。通常，TETRA工作在400MHz频段。

上述已标准化的轨道交通专用通信系统均为窄带通信系统。为了满足列车控制安全数据传输业务和安全监控数据业务的实时需求，以高数据速率为特征的宽带铁路数字移动通信（long term evolution for railway，LTE-R）系统于2010年在第七届世界高速铁路大会上被正式提出。对LTE-R的研究正在成为国际学术界的热点以及工业界推进的重点。近期，国际铁路联盟已经正式开始着手形成对LTE-R的具体需求。相应地，为了达到列控系统对安全性和可靠性的要求，国内外许多大学和研究机构都开始着手于列车通信系统的宽带信道研究。除了学术界的努力，许多企业也在积极推进LTE-R的标准化。图2-2为高速铁路移动通信系统演进。

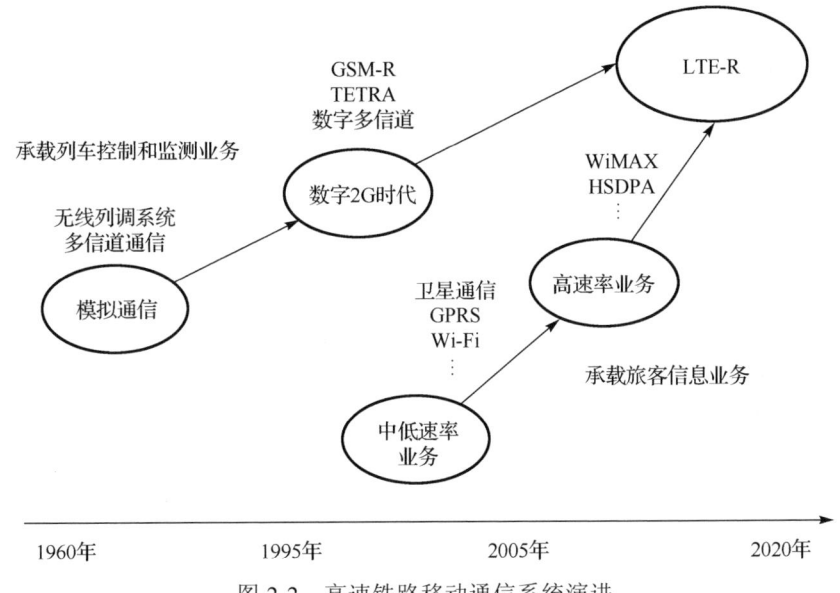

图2-2　高速铁路移动通信系统演进

与普通移动通信系统相比，高铁移动通信系统具有其固有特点，有些特点对通信系统设计带来困难，而有些特点则可简化通信系统的优化与设计。

1）无线网络覆盖特点

高速铁路移动通信场景与普通移动通信场景的无线覆盖方式不同。普通移动通信系统采用的是面状覆盖，而铁路移动通信场景则采用的是混合覆盖方式。编组站、车站等区域采用的是面状覆盖方式，而铁路沿线采用的是链状小区覆盖。考虑到高速列车运行速度快，从列车启动到其正常速度行驶需要较长的加速时间，为了保证列车能够在更长时间内高速行驶，高速铁路一般都设置了较少的车站，因此大部分高速铁路的覆盖方式都是链状覆盖。

2) 无线信道特点

(1) 信号穿透车厢损耗大。通常新型"和谐号"动车组列车车身为铝合金和不锈钢材料，车厢为全封闭式，与普通列车相比，动车组列车的车厢穿透损耗较高。车厢的穿透损耗会直接影响车厢内用户终端接收信号质量，同时会影响铁路沿线小区的覆盖范围[7]。

(2) 环境复杂多变，大尺度衰落主导。高速铁路沿线环境复杂，在大多数地段高速列车都是在高架桥上行驶，也存在地堑、平面水域、高山、隧道等各种电波传播场景。不同场景下电波传播的特性不尽相同。经过工程测量证实，在高架桥场景中基站到列车间直射径一直存在，且大尺度衰落影响比小尺度衰落影响显著得多。

(3) 多普勒频偏大且变化快。列车高速运动造成较大多普勒频移和较小信道相干时间，这严重影响车地间信息传输质量。当无线传输中心频率为2.4GHz，运动速度达到360km/h时，多普勒频偏将达到800Hz。此外，由于通信基站与铁轨间距较小，当列车高速驶过基站时，多普勒频偏将从最大快速变化到最小，这也会影响通信系统性能。

3) 车载用户运动特点

(1) 列车运动轨迹可预测性。普通移动通信用户的运动方向是随机的，而高速列车在已知轨道上行驶，其运行方向是确定的，运动速度是相对稳定的。因此高速铁路移动通信用户的运动方向具有确定性，运动轨迹具有可预测性。这些可预测的移动信息可以向高速铁路移动通信系统提供先验信息，为通信系统设计提供便利。

(2) 用户接入的集中性与运动的相对性。高速列车上用户无线接入可看作用户集中运动的集体接入，而在普通移动通信中用户终端接入是独立个体行为。此外，与普通移动通信网络无线接入不同，高速铁路通信中用户接入具有运动的相对性和绝对性特点，即用户相对于车厢内部是静止的而相对于地面是高速运动的。

(3) 频繁切换与用户群切换。在铁路移动通信系统中，列车运行速度的急剧增加导致切换越来越频繁。在小区半径为1.5km时，以360km/h运行的列车将每30s切换一次。由于列车上用户地理位置相对集中，当列车穿越小区边缘时，所有用户将发生群切换。

4) 业务服务质量需求特点

高速铁路移动通信系统承载的列车监控业务和旅客信息业务具有差异化业务质量需求。列车监控业务具有低时延和高可靠性等要求，而旅客信息业务对时延和可靠性要求相对较低。因此，高速铁路移动通信需要考虑差异化业务传输需求，既保证列控信息业务需求，又提高旅客信息业务传输质量。在进行资源管理与优化设计时，需着重考虑高速铁路移动通信中业务传输的实时性和可靠性。

2.2 高速铁路移动通信场景划分

在高速铁路系统中，由于列车的实际运行速度往往高于 300km/h，过大的铁轨坡度和曲率将会导致安全隐患。因此，为了保障高速铁路轨道的平顺性，铁路建设中不得不人为地改造铁轨沿线的物理环境，例如，在起伏的地面需要架设高架桥或铺设路堑，以保证铁轨的平顺性。此外，铁轨沿线的房屋等基础设施需要拉远，以满足沿线基站和电力设备的安置。上述高速铁路基础工程的建设，会产生大量不同于传统蜂窝网络环境的特色传播环境，其中，最具铁路特色的就是高架桥与路堑两类环境。特殊传播环境的出现加大了高速铁路中无线信号传播特性预测的难度[8]。

本节针对现阶段高速铁路传播模型研究的不足，给出了一套传播场景分类规范，以便为高速铁路场景下无线通信系统的研究和设计提供理论支持。

无线传播场景的分类工作大多基于无线传播机制的变化以及小区半径尺寸，例如，Hata 模型基于传播环境的差异划分了城区、郊区、平原 3 大类环境；WINNER Ⅱ 模型基于小区半径和应用环境划分了 18 个具体场景；COST 259 模型基于多径结构以及小区半径的差异划分了 13 个具体场景。高速铁路无线传播场景分类工作起步较晚，本书作者在中国 4 条高速铁路线路以及 8 个高速铁路车站站点进行实地考察，在文献[2]～[5]基础上首次提出高速铁路电波传播场景分类标准，并将高速铁路传播环境根据电波传播特性和用户需求划分为 18 类典型场景。场景的分类主要基于电波传播特性变化以及实际铁路无线业务需求的差异。然而，文献[9]没有提供各类场景下准确的传播模型。此外，文献[9]中的场景划分还存在两个问题：①部分传播场景(例如，沙漠、海域等)尚未出现在高速铁路环境中；②部分传播场景的划分是基于铁路控制系统的差异和用户需求的不同，而非基于无线通信链路的传输特性差异。这使得用文献[9]中的场景分类标准开展高速铁路无线信道建模的可行性降低。

为了更为有效地服务高速铁路无线传播模型的建立，满足高速铁路现阶段网络规划和优化的需求，本书在文献[9]工作的基础上，将高速铁路传播场景重新进行了筛选和定义，提出一套有针对性的、适用于现有高速铁路网络建设的场景划分标准。

在高速铁路传播场景的分类过程中，遵循以下四个原则。

(1) 传播场景的划分从电波传播的基本机制出发，主要基于各类场景下无线信号传播特性和多径结构分布的差异。

(2) 传播场景彼此之间具有排他性，即任意两类传播场景在物理空间上彼此互不重叠。这样可以有效地避免不同场景下信道模型使用的混乱。

(3) 场景划分暂不考虑复合场景。由于高速铁路沿线传播环境复杂多变，单个小区内常常出现多个不同传播环境的组合。在信道测量与建模的过程中，本书仅使用单一传播场景特征超过该小区面积80%的小区用于信道模型的开发。这样可以有效地提取出各类场景中最为纯净的电波传播特性，用于分析与建模。

(4)场景的分类基于铁轨径向有效区域内的地形地貌和散射体分布。铁轨径向有效区域是根据高速铁路基站天线水平3dB波瓣宽度计算出的天线主瓣在铁轨两侧纵向覆盖区域的等效平均距离。对于典型的高速铁路系统，铁轨径向有效区域约为铁轨两侧纵向500m的矩形区域。通过铁轨径向有效区域的定义，能够突显环境中主要反散射体对无线传播的影响，提升方向性天线系统下传播场景分类的科学性和准确性。

根据提出的高速铁路无线传播场景划分标准，本节将高速铁路移动通信的场景划分为7类，在标准化文稿[10-12]对于传播场景描述的基础上，7类高速铁路传播场景的具体定义如下所示。

(1)城区：该场景特指典型的大、中型市区，即人口较为稠密、工商业较为发达的地区。城区场景下铁路轨面可平行于地表，也可位于5~20m的高架桥上。轨面两侧径向有效区域、纵向80%的小区内有5~20层（高出轨面10~40m）的楼宇。城区场景中的高层楼宇会导致大量强反射、散射径的出现。此类反散射成分因为其二次发射点高，对任意障碍物的绕射损耗较小，所以对接收端信号强度影响较大。

(2)郊区：该场景特指典型的小型城市乡、镇、村落，以及非平坦、非开阔区域的郊野。郊区场景下铁路轨面大多平行于地表。轨面两侧径向有效区域、纵向的小区内有1~5层的楼宇和类似高度的植被。郊区场景内存在适量的，均匀分布的反散射体。直射径、地面反射径、环境反散射径都占据一定比重。

(3)乡村：该场景与Hata模型中的平原开阔地类似，特指典型平坦地表上开阔的郊野区域。乡村场景中轨面大多平行于地表。轨面两侧径向有效区域、纵向80%的小区内没有楼宇，仅有少量低矮（小于2m）农作物和植被。乡村场景内反散射体较少，直射波和地面反射波占主导地位。

(4)高架桥：该场景特指在非城区、非山区、非河流地带轨面置于10~30m高的高架桥之上的区域。高架桥场景中轨面两侧径向有效区域、纵向80%的小区内为低矮房屋，有部分树木、杆塔高于桥面0~10m。高架桥桥面会阻挡住大部分地表散射体的反散射波。而平整的桥面会产生较强的桥面反射波。高出桥面的树木、房屋会在接收端造成近端反散射，出现多径分簇现象。

(5)路堑：该场景特指在不平坦地带为保证轨面平整所开凿的U形槽区域。路堑两侧陡壁多为对称结构，倾斜坡度多为30°，深度为2~20m，表面多覆盖植被。路堑外多为郊区、乡村环境，存在零星小土坡。路堑的深沟状结构使得路堑外的反散射波难以到达接收端，而路堑两侧陡壁会在接收端造成大量的近端反散射波。

(6)车站：该场景特指铁路线中出现的大、中、小型客运站。车站上方有长400~800m，宽100~500m，高50~80m的雨棚。大、中型车站雨棚为封闭式，小型车站雨棚多为站台处的半封闭式雨棚。基站多立于雨棚外 100～500m 处。车站顶棚会对无线电波的传输造成额外的绕射损耗。其内部封闭式的结构会在部分区域导致密集反射效应。

(7)河流：该场景特指在铁轨两侧径向有效区域内有大片($1km^2$ 以上)湖泊水域，或有 50～200m 宽的河流从下方穿过铁轨(此时铁轨多置于高架桥上)。铁轨两侧多为典型郊区、乡村环境。水面会导致大量镜面反射的出现。同时由于水面的吸收损耗不同于地表，其反射系数较大，无线损耗受其影响较大。

图 2-3 为 7 类高速铁路典型场景，从图 2-3 中可以看出，高架桥、路堑、车站和河流场景与传统的蜂窝小区场景差异显著。图 2-4 显示了中国郑州—西安高速铁路各场景的分布比例，其中高速铁路特色场景，例如，高架桥、路堑、车站等，所占比重远高于蜂窝小区中的城区、乡村等场景。这也反映了高速铁路典型传播场景定义的必要性。需要指出的是，上述传播场景分类标准并未涵盖所有高速铁路环境中出现的场景，但是，它足以满足现今高速铁路网络设计的需求。

(a) 城区　　(b) 郊区　　(c) 乡村

(d) 高架桥　　(e) 路堑

(f) 车站　　(g) 河流

图 2-3　7 类高速铁路典型场景

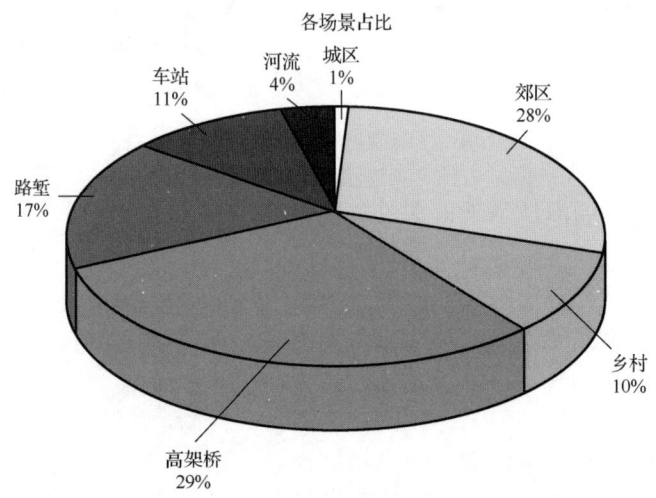

图 2-4 中国郑州—西安高速铁路各场景的分布比例

2.3 GSM-R

铁路数字移动通信 (GSM for railway, GSM-R) 系统是全球移动通信 (global system for mobile communication, GSM) 系统在铁路交通领域的应用, GSM-R 在 GSM 标准的基础上增加了铁路运输专用调度通信功能, 提供了功能寻址、位置寻址、调车作业模式通信、应急通信等面向铁路列控安全的语音和数据业务。在国际铁路联盟与欧洲电信标准化协会 (European Telecommunications Standards Institute, ETSI) 的共同推动下, GSM-R 逐渐从一个面向欧洲铁路通信的无线技术发展为全球化的铁路通信标准, 并广泛地应用于高速铁路无线通信系统。

2.3.1 GSM-R 的发展和标准化历程

早期高速铁路列车控制通信还以模拟无线列车调度系统为主, 可以提供调度员、司机以及车站间的三方通信。一般在铁路沿线采用基站覆盖, 用空间波构成, 而隧道内则全部采用漏泄同轴电缆, 所用频段为 400~470MHz。由于当时全球没有任何一个国家的高速铁路能够形成高速铁路网, 欧洲各国的高速铁路也没有相连, 因此无线列调系统已经能够满足当时的列车控制调度的需求; 而且列车更不需要跨国运行, 高速铁路通信系统也没有互联互通的需求, 因此也就没有必要研究全球适用的统一标准的高速铁路移动通信系统。自 20 世纪 90 年代开始, 随着各国掀起的建设高速铁路的热潮, 高速铁路移动通信系统也有了阶段性的发展。为了满足未来欧洲铁路系统互操作性的需求, 经国际铁路联盟与欧洲电信标准组织协商, 提出了欧洲各国铁路下一代无线通信以 GSM Phase2+ 为标准的 GSM-R 技术, 采用与 GSM 系统相同的 900MHz 频段,并在 1995 年得到国际铁路联盟的确认。标志着高速铁路通信系统从模拟时代走向了数字化时代。虽然在 20 世纪末移动通信已经进入了 3G 时代,但是第三代移动通信技术主要对分组域数据业务进行了性能优化,提高了频谱利用率,对于电路域以及语音业务性能并没有本质的提升,因此铁路部门并没有进行适用于高速铁路的第三代移动通信系统的相关研究,而是直接向基于 LTE 的高速铁路移动通信系统进发。

GSM-R 技术是为了满足新一代的列车控制系统的车地通信需求而设计的,并不能满足高速铁路旅客的移动信息服务的需求,因此世界各国采用了不同的方案解决高速铁路旅客信息服务的需求问题。接入网络一般为铁路沿线架设基站的方式,接入技术可以采用通用分组无线业务(general packet radio service,GPRS)、高速下行分组接入(high speed downlink packet access,HSDPA)、WiMAX、光无线通信 RoF、漏泄电缆、卫星通信以及高海拔通信平台方式、Wi-Fi 等。这些接入方案或多或少都存在一些问题,如 GPRS 受到带宽以及技术本身的限制,无法满足大容量多媒体业务传输的 QoS 保障;光无线通信 RoF 以及泄漏电缆接入方案由于造价较高而无法大范围铺设;卫星通信以及高海拔通信平台方式都受到视距通信要求的限制,无法推广到所有高速铁路系统上;Wi-Fi 技术提供给高速移动旅客的 QoS 不佳。因此目前只有 HSDPA 和 WiMAX 得到了较多的应用。

GSM-R 系统工作在 900MHz 频段,共 4MHz 带宽,885~889MHz 为移动台发、基站收,930~934MHz 为基站发、移动台收。双工收发频率间隔为 45MHz,相邻频道间隔为 200kHz。根据等间隔频道配置,共有 21 个载频,频道序号为 999~1019。扣除低端 999 和高端 1019 作为隔离保护,实际可用频道 19 个,频道序号为 1000~1018。

高速铁路场景 GSM-R 网络覆盖方式如图 2-5 所示。同一个基站一般有两个极化定向天线分别向铁轨的两个方向发射,以形成沿铁轨的椭圆形小区。定向天线距离铁轨通常为 10~30m。列车无线通信设备的天线通常架设在列车顶部,从而避免了无线电波穿透列车车厢的高损耗。GSM-R 系统一般采取链状的组网结构,即沿铁路

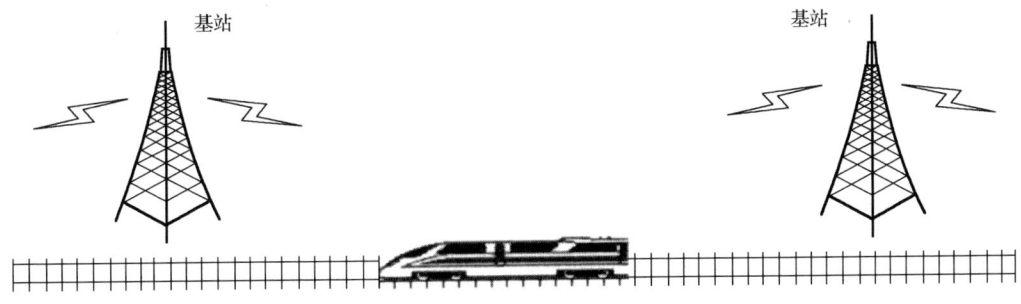

图 2-5　高速铁路场景 GSM-R 网络覆盖方式

方向每隔一定距离设立一个基站。相邻的基站通常采用不同的频点,因此当列车从一个基站的覆盖区进入另一个基站的覆盖区时,必须进行越区切换[13]。

2.3.2 GSM-R 的应用和业务

1. 列车无线通信

运行列车上的人员对地面的调度员或其他人员进行的通信。它包括列车无线调度电话和列车旅客无线电话。

2. 列车无线调度电话

调度员对沿线运行的机车进行调度指挥的无线电话。中国铁路的列车无线调度电话用于调度员、车站值班员对沿线行驶的列车司机、运转车长进行调度指挥。铁路沿线的车站以带状分布在全国各地,各车站设置小功率无线电台和转接装置,机车上配有无线电台和控制盒。调度员通过有线或无线电路与车站电台(或固定电台)接续,然后再由车站电台(或固定电台)与其场强覆盖区内机车电台用无线信道接通,从而构成调度员与司机之间和车站值班员与司机之间相互通话。

列车无线调度电话使用 150MHz 和 400MHz 频段,频道间隔为 25kHz,在运输业务不繁忙的区段采用单工通信方式,双方使用同一频率,交替地进行收发通话。这种制式具有组网灵活、设备简单等特点。在铁路运输日趋繁忙区段,无线电话使用量不断增多的情况下,为了迅速可靠地接续,现在世界各国陆续使用不同频率进行发射和接收的双工或半双工通信方式。采用音频组合式或数字编码式的选择呼叫,并附有紧急呼叫功能和发送调度命令及各种指令信息的功能。列车无线调度电话覆盖区域的划分有两种形式:一是用于车流密度小、运输不繁忙区段的大区域方式;二是用于车流密度大、运输繁忙区段的小区域方式。此外,由于超高频频段的电波难以在隧道内传播,因此,早期采用平行波导线感应传播方式,但这种方式传输场强不均匀,常因绝缘不良引起衰耗增加。特别是在电力牵引区段,会感应出很高的干扰电压,危及维修人员的安全。后来,许多国家使用漏泄同轴电缆,这种电缆是在同轴管外导体上开设一系列的槽孔或隙缝,使电缆中传输的电磁波的部分能量从槽孔中漏泄到沿线空间,场强衰减较均匀而无起伏,易为接收设备所接收。这种漏泄电缆传输频段较宽,既能通话,又能传输各种数据信息。在长隧道地区,由于漏泄电缆衰耗较大,需要在隧道内装设中继器,用以补偿传输损耗,中继器需远距离供给电源[14]。

3. 列车旅客无线电话

旅客利用列车上的无线电公用设备,通过沿线设置的地面无线电设备和转接装置,经过交换设备,即可与市话网接通有关用户,或经长途线路传输与远距离用户通话。

4. 站内无线通信

供铁路站场内进行作业指挥以及业务联系用的一种无线通信。主要有客、货运站无线电话和编组站无线电话。客、货运站无线电话，主要用于货运人员间运营作业和装卸作业，以及旅客运输业务人员间的通信联络。

5. 编组站无线电话

供编组站到达场、编组场和出发场等各类作业人员如调车员、列车车辆检修员、铁鞋制动员、车号员、接发列车值班员以及在专用线上进行调车作业等的流动人员按各自不同的系统进行通信联络。根据作业性质和不同的需要分为十几个独立的无线通信系统，组成小区域通信网。在车辆间流动作业的人员使用的无线电话，由于电波传播受车辆、人体、便携式电台的天线高度和屏蔽效应等影响，因此应选用最佳通话频段。调车、检车等作业人员使用的便携式电话机具有体积小、耗电少、重量轻、可靠性高等特点，并能满足防雨、防冲击和全天候要求。GSM-R业务架构图如图2-6所示。

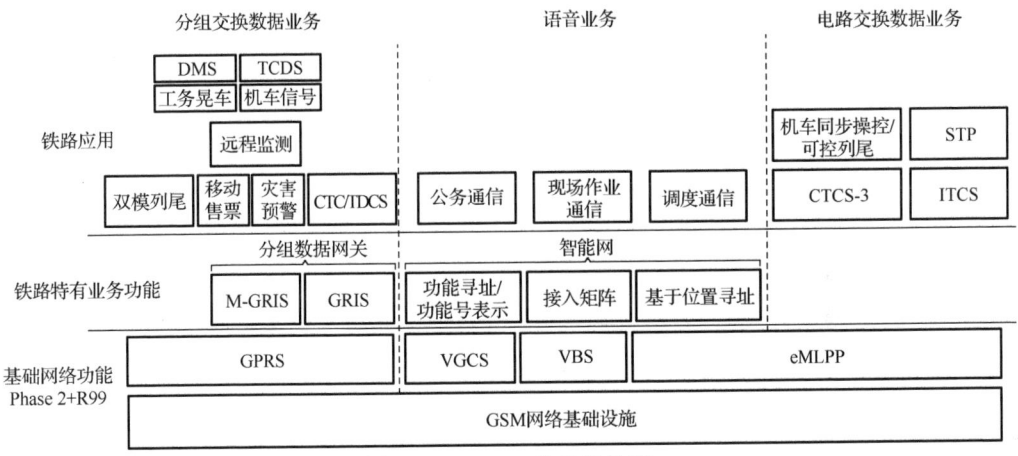

图 2-6　GSM-R 业务架构图

2.3.3　影响 GSM-R 系统性能的主要因素

1. 多普勒频移

多普勒频移是指当移动台运动时，移动台接收到的信号频率会发生变化。移动台接收到的信号与基站发射的信号之间的频率差值称为多普勒频移。多普勒频移与基站发送频率、移动台的运动速度、移动台运动方向和无线电波入射方向之间的夹角有关。当频点为 900MHz，列车运行速度为 350km/h 时，最大多普勒频移可以达到±292Hz。较大的多普勒频移会使接收端变频后的基带信号产生较大的频偏，引起信号失真，继而影响信道均衡与解调的性能。

2. 切换

当处于通信状态的列车从一个小区转移到另一个小区时，通常需要启动切换过程来保证通信的连续性。高速移动的列车需要在两个基站的重叠覆盖区内完成整个切换过程。由于信号的场强变化复杂，用于切换的重叠覆盖区域必须满足严苛的要求。确定重叠覆盖区的大小是一个很复杂的问题。如果重叠覆盖区过小，列车穿过的时间较短，可能导致切换过程无法完成，造成掉话。而重叠覆盖区过大会造成同频干扰增大，且切换时间过长，不易控制。

3. 无线信道时变加剧

在列车高度移动的情况下，周边的发射体和散射体也在快速变化，导致无线信道的时变加剧。这就要求均衡器必须能够实时地跟踪无线信道的时变特性。因此，高速移动的时变特性对信道均衡的速率提出了更高的要求。同时，信道的快速时变还会导致信道估计精度下降，并最终影响通信质量。因此研究盲信道估计、盲均衡等技术，提高对快速时变信道的适应性，将是改善高速铁路无线通信系统质量的有效途径[15]。

4. 干扰

干扰是任何蜂窝通信系统都存在的问题。移动通信系统中的干扰主要有同频干扰和邻道干扰。干扰可通过调节天线覆盖方式和合理分配功率来防护。

2.4 LTE-R

2.4.1 当前铁路移动通信系统现状及不足

当前铁路移动通信系统主要采用 GSM-R 系统，我国从 2003 年开始 GSM-R 试验，目前已经在 2 万多 km 的铁路上得到了广泛的应用。该系统主要承载了调度语音通信、列控信息、机车同步操控信息、调度命令、无线车次号和车载信号设备监测信息传送等业务。

GSM-R 作为一种窄带通信系统，4MHz 带宽业务承载能力有限，在铁路大站、枢纽地区及并线区域，已经出现系统内部同频、邻频严重干扰等问题，网络规划难度不断加大[16]。

为了进一步地保障铁路运行安全，提高运输效率，改善服务质量，各种铁路移动通信业务需求，特别是宽带移动通信业务需求与日俱增。但铁路多媒体调度指挥通信、列车远程监控及铁路基础设施监测、铁路物联网、站场无线通信、旅客服务信息传送等业务因带宽限制无法实现 GSM-R 承载。同时，下一代列车运行控制系统也将对铁路移动通信系统提出更高的要求。

公众移动通信网迅速从 2G(GSM)发展到宽带移动通信系统(3G、B3G 和 4G)，特别是近年来 LTE 的发展极为迅猛。从运营商角度来看，由于 GSM 大部分专利过期，存在越来越多的安全风险，中国联通已将部分地区的 900MHz GSM 频谱退出，用于 WCDMA 和 LTE，中国移动正大力发展 TD-LTE，未来 900MHz GSM 也将退网发展成为 LTE，LTE 的终端产业链正在逐步完善。目前，全球已建成 354 个 LTE 商用网，全球 LTE 用户超过 3.9 亿人。随着公网 GSM 市场的逐步萎缩，支持产业链底端的厂家(特别是芯片组的支持)也在逐步减少。运营商的 2G 网络将在短期内与 4G 网络并存，演进时间点大致如下：

(1) 预计到 2020 年，大部分 GSM 频谱将退出，并应用于 LTE 网络。

(2) 预计到 2025 年前后，GSM-R 设备商也将终止 GSM-R 产品及技术支持。

2011 年 12 月，国际铁路联盟在综合技术和产业等多方面因素后，于第七届高速铁路大会上明确提出，铁路移动通信系统将跨越 3G 技术，直接向 LTE-R 发展。2014 年 4 月，国际铁路联盟在土耳其伊斯坦布尔召开的第 11 届欧洲铁路运输管理系统(European Railway Traffic Management System，ERTMS)国际会议上，提出 LTE-R 的发展规划。2016 年 3 月，国际铁路联盟发布未来铁路移动通信系统用户需求规范(future railway mobile communication system user requirements specification，FRMCSURS)V2.0 文档，针对此需求，3GPP 启动了铁路新一代通信系统调查，首先考虑 3GPP Release 14 的功能是否足够，是否需要基于 Release 15 进行研究。国内关于铁路下一代移动通信系统的功能需求和系统需求的相关规范正处于研究当中，LTE-R 系统架构尚未完全明确[17]。

2.4.2 基于 LTE 的新一代铁路移动通信系统

长期演进(long term evolution，LTE)是由第三代合作伙伴计划(the 3rd generation partnership project，3GPP)组织制定的通用移动通信系统(universal mobile telecommunications system，UMTS)技术标准的长期演进，作为 4G 移动通信技术标准，于 2004 年 12 月正式立项并启动。与 GSM 和 3G 技术相比，其主要特征表现在以下几方面。

(1) 更高的数据速率和频谱利用率。LTE 系统引入了正交频分复用(orthogonal frequency division multiplexing，OFDM)和多输入多输出(multi-input multi-output，MIMO)等关键传输技术，显著增加了频谱效率和数据传输速率，20M 带宽 2×2MIMO 在 64QAM 情况下，理论下行最大传输速率为 201Mbit/s，除去信令开销后大概为 140Mbit/s，但根据实际组网以及终端能力限制，下行峰值速率可达 100Mbit/s，上行可达 50Mbit/s。LTE 的频谱利用率达到 5(bit/s)/Hz(下行，是 GSM 速率的 5 倍)和 2.5(bit/s)/Hz(上行，是 GSM 速率的 2.5 倍)[18]。

(2) 灵活的多种带宽分配。支持 1.4MHz、3MHz、5MHz、10MHz、15MHz 和

20MHz 等频段,且支持全球主流 2G/3G 频段和一些新增频段,因而频谱分配更加灵活,系统容量和覆盖也显著提升。

(3)更低的业务时延。用户平面单向传输时延低于 5ms,控制平面从睡眠状态到激活状态的迁移时间低于 50ms,从驻留状态到激活状态的迁移时间小于 100ms。

(4)网络架构更加扁平化简单化。减少了网络节点和系统复杂度,从而减小了系统时延,降低了网络部署和维护成本。

(5)全 IP 分组交换。取消了电路交换,大大提高了对信道传输资源的利用率。

从 2008 年开始,国际铁路联盟和国际上高速铁路发展水平领先的国家,如德国、法国和日本都已经开始高速铁路宽带移动通信系统的研究,并且已经建设了一批高速铁路宽带移动通信系统,如欧洲 Thalys 高速列车宽带移动通信系统、日本新干线列车 N700 宽带移动通信系统。

2011 年 12 月,国际铁路联盟在综合技术和产业等多方面因素后,于第七届高速铁路大会上明确提出,铁路移动通信系统将跨越 3G 技术,直接向 LTE-R 发展。当前国际铁路联盟正在积极推动 LTE-R 的研究和标准化工作。

2.4.3　LTE-R 与 GSM-R 系统互联互通网络结构

LTE-R 作为铁路移动通信发展方向,在相当长的时间里,将与 GSM-R 系统共存。LTE-R 系统与 GSM-R 系统将由并存、互联互通最终实现业务倒接。在 GSM-R 向 LTE-R 演进过程中,要充分地考虑两网互联互通和过渡的平滑性。

具体与 GSM-R 网络互联方案如下所示。

在 GSM-R 网络中,移动交换中心(mobile switching center,MSC)负责语音集群业务的呼叫和媒体处理;在 LTE-R 网络中,关键任务一键通(mission critical push to talk,MCPTT)负责语音集群业务的呼叫和媒体处理,因此对于 GSM-R 语音集群业务与 LTE-R 语音集群业务的互通,仅需要 MSC 与 MCPTT 互联就可以实现语音个呼。

对于数据业务的互通,GSM-R 网络存在电路交换数据业务(circuit switch data,CSD)和 GPRS 两种数据通信传输方式:CSD 方式从 MSC 经由有线传输网络到无线闭塞中心(raid block center,RBC);GPRS 方式从服务 GPRS 支撑节点(serving GPRS support node,SGSN)/网关 GPRS 支撑节点(gateway GPRS support node,GGSN)经由有线传输网络到接口服务器。与系统的分组数据互通,仅需要分组数据网关(packet data network gateway,PGW)与 GGSN 互联即可实现。

2.5　5G-R

2.5.1　高速铁路场景对移动通信的新需求

先进的通信系统是保证轨道交通安全、高效、舒适、绿色运行的重要保障。轨道交通专用移动通信系统正处于更新换代的关键时期。如铁路移动通信系统正从 GSM-R 向 LTE-R 演进，当前正在进行频率申请、标准化、产品研发和实验室测试阶段，预计 2020 年初步形成标准，并开始工程建设。

LTE-R 是基于公网 LTE 技术发展而来的，主要满足多媒体业务需求，例如，列车视频监控和多媒体调度等，实现了轨道交通宽带信息化。而要解决运营控制系统的自主可控、基础设施安全隐患识别、移动装备安全保障提升等轨道交通三大核心问题，轨道交通还需要从信息化向智慧化迈进[19]。智慧轨道交通就要求更透彻的感知、更全面的互联和更深入的智能化。这要求轨道交通专用移动通信系统支持海量级的传感器、ms 级的低时延、99.9999%的超可靠性、500km/h 及以上的超高移动速度条件下 Gbit/s 的传输速率。而上述技术要求是当前 LTE-R 系统所无法满足的。因此需要基于更先进的技术，发展未来轨道交通移动通信系统。

2.5.2 高速铁路场景新的业务应用

5G 白皮书提出了 8 大类用例中包括更高速移动性，到 2020 年，将会有不断增长的移动通信业务发生在汽车、列车和飞机上。其中一些业务是现有业务的发展，而更多的是新业务，例如，商用飞机、高速铁路上的宽带通信业务，车载娱乐系统的增强连接、接入互联网、增强型的导航、自动驾驶与安全和车辆诊断等。白皮书进一步确定了其中的 4 种用例，分别为高速铁路、远程计算、移动热点、3D 连接等。其中高速铁路作为最重要的用例，5G 白皮书要求支持 500km/h 的高速移动，满足每列车 1000 名旅客的高品质移动互联网接入，例如，观看高清视频、在线游戏、远程访问、举行视频会议等，而且端到端时延要求与办公室条件下相当[10]。

由此可知，5G 白皮书中定义的高速移动性用例完全是针对公网的旅客信息业务的，而不涉及专网的行业应用。而面向轨道交通专网的 5G 技术则主要是针对行业用户的，例如，要实现轨道列车的自动驾驶和无人驾驶，需要在车地之间建立同时满足支持高速移动、高速率、高可靠、高实时(四高)的通信链路，而 5G 白皮书中将以上要求分在不同的用例中。因此需要根据轨道交通的实际应用，定义面向轨道交通专网的 5G 技术的应用场景。

目前尚未有针对轨道交通专网的网络切片划分，本节在已提出 5G-R 业务模型的工作基础上，继续深入研究，针对迫切的专网需求，根据 5G-R 业务属性及用例特征进行业务切片划分。具体划分如下所示。

(1) 铁路智能控制系统(intelligent control system for railway，ICS-R)：轨道交通特征还包括特定的移动方向、行进线路、较高并可控的速度等。同时结合日益增强的安全性需求，在增强车辆与地面基础设施通信的基础上，增加智能控制应用，需要保障告警信令的超低端到端时延、沿线监控视频信息的高速率传输、车辆调度行驶信令等超高可靠性等。

(2) 铁路物联网(internet of things for railway, IOT-R): 5G业务不只是人人间通信, 更增加了物物联通。由于轨道交通部署遍布范围非常广, 故铁路物联网是需紧要部署的一类业务场景。根据具体业务类型, 又可进一步划分为海量传感铁路物联网(massive-IOT-R), 用于基础设施等检测; 编组调度铁路物联网(scheduling-IOT-R), 优化车辆及工作人员调度; 资产管理铁路物联网(asset-IOT-R), 保障行李、货物等安全防护, 以及铁路票务的高效运营; 不同业务分类的铁路物联网对于性能需求或有差异。

(3) 车载直连通信(device-to-device for railway, D2D-R): 轨道交通运行中, 车厢内密集旅客可以在旅途中自发建立车内社交网络, 增加旅途舒适度, 丰富用户体验; 轨道交通网上的沿线车辆间也可以自发建立分布式通信, 作为沿线基础设施监测的补充服务。具体用例包括邻近告警通信、沿线车辆交互感知、车内旅客社交网络等。

(4) 车载移动宽带接入(mobile broadband for railway, MBB-R): 该分类针对轨道交通场景的高速移动性特征, 满足旅客用户对于高质量移动网络接入的需求。具体用例包含商旅语音办公、商旅办公云共享、车载在线联机游戏等。

(5) 超高可用性车载通信(ultra-high availability for railway, UHA-R): 该分类要求能对车载用户提供随时随地的通信接入服务, 包括本团队划分的16类轨道交通场景下的可接入通信, 保障用户的一致性体验。具体用例包括客运信息发布、客运娱乐、定制化旅客服务等。

(6) 超高可靠性车载通信(ultra-high reliability for railway, UHR-R): 轨道交通作为密集旅客与海量货物的承运系统, 首要考虑安全可靠运输, 当故障或者意外事件发生时, 应及时提供可靠性服务, 具体用例包括: 抢险链路恢复、远程故障诊断及维护、医疗救护系统等。

(7) 超高清车载视频通信(ultra-high definition for railway, UHD-R): 旅客对于轨道场景服务的舒适度需求日益增强, 轨道通信有望为用户提供舒适的工作通信、娱乐通信环境; 同时为保障行车安全性, 防止意外事故或人为破坏产生的不安全因素, 车载视频监控也是亟待提供的业务; 当自然灾害或者意外事故发生导致的通信链路损坏时, 应保障高清抢险通信指挥, 具体用例包括抢险调度高清通信、车载高清视频监控系统、车载视频会议、车线高清视频、车载网络视频直播等。这些业务应用都对高清视频通信有较高的需求, 利用现有窄带 GSM-R 系统或频率资源受限的 LTE-R 系统, 均无法支持用户的各项需求。

参 考 文 献

[1] 林思雨. 高速铁路移动通信系统性能研究. 北京: 北京交通大学, 2013.
[2] 官科. 轨道交通场景电波传播建模理论与方法研究. 北京: 北京交通大学, 2014.
[3] Ai B, Cheng X, Kurner T, et al. Challenges toward wireless communications for high-speed

railway. IEEE Transactions on Intelligent Transportation Systems, 2014, 15(5): 2143-2158.

[4] 钟章队, 李旭, 蒋文怡. 铁路综合数字移动通信系统(GSM-R). 北京: 中国铁道出版社, 2003.

[5] 朱力, 宁滨. 基于 802.11g 的 CBTC 车地通信子系统建模与分析. 铁道学报, 2011, 33(5): 72-77.

[6] 戴元军, 朱振荣, 杨义先. TETRA 数字集群系统研究. 中国数据通信, 2004, 6(6):96-99.

[7] 陶成, 刘留, 邱佳慧, 等. 高速铁路宽带无线接入系统架构与关键技术. 电信科学, 2010, 26(6): 95-101.

[8] 何睿斯. 车载网络复杂场景下无线信道测量与建模研究. 北京: 北京交通大学, 2015.

[9] Ai B, Ruisi H, Zhang D, et al. Radio wave propagation scene partitioning for high-speed rails. International Journal of Antennas and Propagation, 2012: 815232.

[10] Masaharu H. Empirical formula for propagation loss in land mobile radio services. IEEE Transactions on Vehicular Technology, 1980, 29(3): 317-325.

[11] Meinilä J, Kyösti P, Jämsä T, et al. WINNER II Channel Models. New York: John Wiley & Sons, 2008: 39-92.

[12] Molisch A F, Asplund H, Heddergott R, et al. The COST259 directional channel model-part I: Overview and methodology. IEEE Transactions on Wireless Communications, 2006, 5(12): 3421-3433.

[13] 逯静辉. 高速铁路无线信道特性研究. 北京: 北京交通大学, 2013.

[14] 刁心宏, 李明华. 城市轨道交通概论. 北京: 中国铁道出版社, 2009.

[15] 熊磊, 路晓彤, 钟章队, 等. 高速铁路 GSM-R 系统无线信道特性仿真. 中国铁道科学, 2010, 31(5): 84-89.

[16] 邹引. LTE-R 承载列车控制类业务服务质量指标研究. 北京: 北京交通大学, 2016.

[17] 王芳, 邱士萍. LTE-R 系统架构研究. 铁路通信信号工程技术, 2016(6): 23-26.

[18] Ai B, Yang Z X, Pan C Y, et al. On the synchronization techniques for wireless OFDM systems. IEEE Transactions on Broadcasting, 2006, 52(2): 236-244.

[19] Tan X, Ai B. The issues of cloud computing security in high-speed railway. Proceedings of 2011 International Conference on Electronic and Mechanical Engineering and Information Technology, Harbin, 2011.

[20] Ai B, Guan K, Rupp M, et al. Future railway services-oriented mobile communications network. IEEE Communications Magazine, 2015, 53(10): 78-85.

第 3 章　高速铁路 5G 业务模型

3.1　高速铁路信息化现状

交通强国，铁路先行，铁路是国民经济大动脉，是国家交通运输的支柱，也是最具有可持续性的交通运输模式。我国铁路正加大自主创新力度，引领世界高速铁路的发展。截至 2018 年底，全国铁路营业里程达到 13.1 万 km 以上，其中高速铁路 2.9 万 km 以上，占世界高速铁路总量的 2/3，形成了世界上最现代化的铁路网和最发达的高速铁路网。2018 年，全国铁路完成旅客发送量 33.7 亿人次，运量接近全球人口的一半。根据《中长期铁路网规划》，预计到 2020 年，我国高速铁路运营里程将超过 3 万 km，届时中国将建成以"八纵八横"主通道为骨架、区域连接线衔接、城际铁路补充的现代高速铁路网[1]。与此同时，铁路科技创新取得重大突破，成功构建了具有完全自主知识产权的高速、普速、重载三大领域铁路技术标准体系，总体技术水平迈入世界先进行列，部分达到世界领先水平。

发展智慧铁路是当前世界铁路的重要发展方向。《"十三五"现代综合交通运输体系发展规划》明确指出，要大力促进数字化、信息化、智能化铁路建设[2]。为了加速推动铁路信息化建设，铁路系统将推进铁路下一代移动通信技术研究，优化完善通信基础网，为铁路运营提供更安全、更易运维、更高速的铁路移动通信网络，是实现铁路信息化和智能化的基础。而要解决运营控制系统的自主可控、基础设施安全隐患识别、移动装备安全保障提升等轨道交通三大核心问题，轨道交通还需要从信息化向智慧化迈进。智慧轨道交通就要求更透彻的感知、更全面的互联和更深入的智能化。随着云计算、物联网、大数据、第五代移动通信系统(5G)、人工智能等先进技术的飞速发展，通过新一代信息技术与高速铁路技术继承融合，有望实现高铁智能建造、智能装备、智能运营技术水平全面提升，使铁路运营更安全高效、更绿色环保、更便捷舒适。

先进的信息与通信技术(information communications technology，ICT)为列车内部业务以及旅客综合业务提供通信业务需求，是保证轨道交通安全、高效、舒适、绿色运行的重要保障。铁路移动通信系统正从铁路综合数字移动通信系统向铁路宽带移动通信演进[3,4]，当前正在进行关键技术研究、设备样机研制和实验室测试，并已经获批实验频率，已经于 2018 年进行外场工程试验，2020 年初步形成标准。而城市轨道交通宽带移动通信(long term evolution-metro，LTE-M)系统发展则更快[4,5]，目前已经标准化，并在北京燕房线，以及重庆、乌鲁木齐、武汉等城市开始 LTE-M

系统的建设。LTE-R 和 LTE-M 系统能够承载列车视频监控、多媒体调度、列车状态监控、列车运行控制等多种业务,实现了轨道交通宽带信息化。

为了进一步强化铁路运行安全、提高运营效率、改善服务质量,基于移动大数据的智慧铁路场景中,无线通信业务需求不断涌现。这些新的业务和应用对铁路移动通信系统提出了大带宽、高容量、高可靠传输的要求,以进一步保障高速铁路网络运营的安全和高效,实现便捷舒适、绿色环保的服务。

3.2 国内外研究进展

随着中国、德国、法国、西班牙、日本等国家铁路网的迅猛发展,未来"智慧铁路"的建设也提上日程。2009 年,IBM 公司提出具有"更透彻的感知,更全面的互联互通,更深入的智能化"的"智慧铁路"的构想[6]。英国《2012 年轨道交通发展报告》中指出了未来轨道交通发展的安全、绿色、舒适、人性化的建设目标。欧盟 Horizon 2020 计划 2014 年在英国正式启动,强调"智能交通、绿色交通、综合交通"的欧盟运输工作计划主题[7];并于 2015 年全面启动"构建未来轨道交通系统联合行动计划(Shift2Rail)",呼吁和提倡智能铁路设施、智能移动管理、智能铁路服务等概念,强调更透彻的感知以及更全面的互联①。

近年来,为了进一步强化铁路运行安全、提高运营效率、改善服务质量,铁路无线通信业务需求不断涌现。国际铁路联盟于 2008 年开始着手铁路下一代移动通信系统研究,2009 年和 2010 年先后发布铁路下一代移动通信系统业务需求和技术需求白皮书,其设立的 E-Train 项目组调研归纳整理了超过 200 种业务需求[8];另外在 2010 年 12 月召开的第七届世界高速铁路大会中,国际铁路联盟明确表示 3G 技术不适用于铁路,因此高速铁路通信将跨越 3G,直接发展 4G 技术。2011 年 12 月,在综合技术和产业等多方面因素后,国际铁路联盟于第七届高速铁路大会上明确提出,铁路移动通信系统将跨越 3G 技术,直接向 LTE-R 发展。2014 年 4 月,国际铁路联盟提出铁路下一代移动通信系统发展规划,并与 3GPP 合作展开标准化工作。2016 年 3 月,国际铁路联盟发布未来铁路移动通信系统用户需求规范,定义了未来铁路移动通信系统的用户需求与关键技术,定义了三类通信/支持应用:列车关键业务、列车运营性能业务以及旅客商用业务,进而从 7 种业务特征、8 类业务属性等角度刻画各具体应用,然而网络管理与具体设备终端等尚未纳入考虑[9]。

另外,为了满足旅客高品质、高舒适度的体验,吸引高端用户,构建智慧列车,促进高速铁路可持续发展,除保障列车安全可靠高效运营的同时,还需要满足旅客宽带移动通信需求,如车载视频会议系统、车载高清视频点播系统、车内旅客社交网络、车载娱乐系统等。

---

① http://www.shift2rail.org。

公共移动通信系统正在越来越多地考虑铁路场景的用户需求。例如，5G 白皮书提出，从信息交互对象不同的角度出发，5G 应用分为三大类场景，分别为增强移动宽带(enhance mobile broadband，eMBB)、海量机器类通信(massive machine type communication，mMTC)和超可靠低时延通信(ultra reliable and low latency communication，URLLC)[10]。eMBB 场景是对现有 4G 移动通信业务基础上的传输速率的显著提升，而 mMTC 和 eMBB 则更多的是针对人与物和物与物之间的通信。5G 白皮书提出了 8 大类用例业务(图 3-1)，其中就包括了更高速移动性，而高速铁路正是该应用需求的代表。白皮书还进一步将高速铁路作为最为重要的用例，要求支持 500km/h 的高速移动，满足每列车 1000 名旅客的高品质移动互联网接入，例如，观看高清视频、在线游戏、远程访问、举行视频会议等，而且数据速率和端到端时延要求与办公室条件下相当。

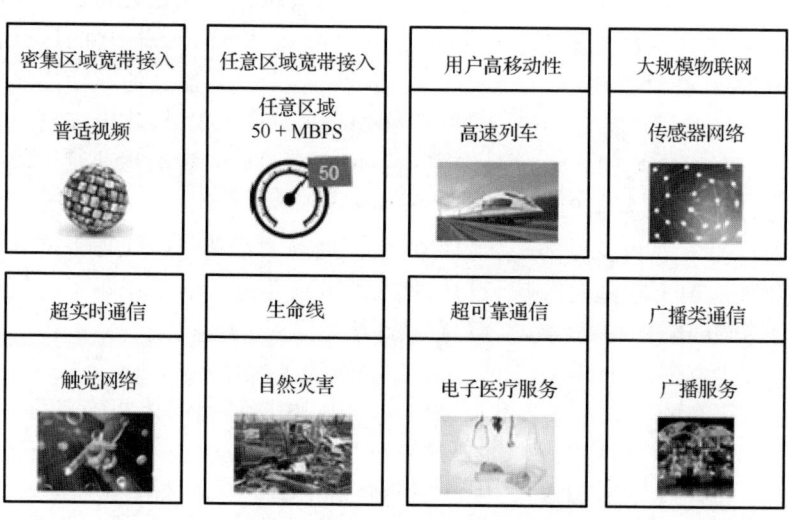

图 3-1　5G 技术的应用场景

然而 5G 白皮书中定义的高速移动性针对公网的旅客信息业务，而不涉及专网的垂直行业应用。而面向轨道交通专网的 5G 技术则主要是针对行业用户的，例如，要实现轨道列车的自动驾驶和无人驾驶，需要在车地之间建立同时满足支持高速移动、高速率、高可靠、高实时(四高)的通信链路。因此需要根据轨道交通的实际应用及行业特征，明确面向轨道交通专网的 5G 技术的应用场景，定义面向轨道交通专网的 5G 承载业务，分析相应业务的带宽需求。

我国于 2008 年开始进行铁路宽带移动通信业务研究。2010 年，朔黄铁路开始建设铁路 LTE 宽带移动通信系统，2013 年全部建成，该系统支持将业务分为实时安全数据信息、非实时安全数据信息、语音通信、图像数据等四大类。2015 年，中国铁路 LTE-R 技术研究工作组，对 LTE-R 业务进行了深入调研，在发布的研究报告中，将 LTE-R 业务归纳为行车相关业务、运营维护业务和旅客服务业务等三大类 40 种业务，并确定了部分业务的业务模型和标度值。在城市轨道交通领域，LTE-M 系统将业务归纳为基于通信的列车控制(communications-based train control，CBTC)、专用语音调度、列车运行状态监测、列车视频监控、旅客信息系统(passenger information system，PIS)等。应用需求是高速铁路移动通信研究的基础，通过梳理当前业务需求并对未来业务需求发展趋势进行预测，建立各个业务模型，能够计算得到的业务量，这将是确定频率和带宽需求的基础所在；而应用需求中各个业务的性能需求，将为确定高速铁路移动通信制式和网络架构提供依据。

3.3 面向高速铁路交通场景的 5G 承载业务分析

随着全球范围内轨道交通服务需求的增加，现有的轨道交通运输能力和基础设施正承受着空前压力。在智慧铁路全球愿景的时代背景下，如何保障列车及旅客随时随地接入高品质网络，满足未来轨道交通通信业务服务质量需求。目前，应用广泛的窄带铁路 GSM-R 以及即将投入应用的 LTE-R 无线通信系统都已无法满足未来中国高速铁路快速发展所带来的传输需求。一方面，为了提升列车运行及系统操作安全，需要在下一代列车控制与调度系统中引入更加先进的安全应用，提供车内视频监控、地面基础设施视频监控等，并及时地将实际情况上传至驾驶室或地面控制中心；另一方面，为了改善旅客舒适满意度，需要提供快速、稳定的高质量无线服务，对未来高铁无线通信系统提出了更大传输容量、更高传输可靠性及更低传输时延的新要求。

针对轨道交通场景进行 5G 业务挖掘，根据《铁路主要技术政策》《铁路信息化总体规划》《铁路技术管理规程》《铁路信号维护规则》等文件的要求，结合对铁路运输生产各专业的调研结果，按照当前铁路移动通信系统承载的应用业务，提出基于 5G 移动通信的业务需求分类。按照业务属性划分为四大类业务应用场景：列车控制及运行相关业务、列车综合服务业务、铁路物联网业务和车载移动宽带接入业务，根据应用场景提出共计 19 种具体业务以及定义。

根据国际铁路联盟铁路业务需求分类，参照《铁路通信业务分类》(TB/T 3130-2006)、《中长期铁路网规划》、《铁路主要技术政策》以及《铁路信息化总体规划》等文件要求，结合对铁路运输生产各专业的调研结果，按照当前铁路移动通信系统承载的应用业务，提出 5G-R 移动通信业务需求分类。

3.3.1 业务需求挖掘、定义与分类

根据《铁路主要技术政策》(2013 年铁道部令第 34 号)、《铁路信息化总体规划》、《铁路技术管理规程》、《铁路信号维护规则》等文件的要求，结合对铁路运输生产各

专业的调研结果，按照当前铁路移动通信系统应用、铁路信息化和智能化发展需要，提出 5G-R 移动通信业务需求分类。

1. 智能控制系统

(1)通信对象：铁路物联网传感装置、沿线视频监控设备、车载通信设备、调度指挥中心。

(2)应用场景：铁路沿线。

(3)通信内容。

沿线基础设施状态监控：传感器网络实时采集在轨线路周边路况，并支持环境监视及异物检测，将路边基础设施的状态及视频监控信息发送至调度中心。

沿线车辆交互感知：车载通信设备及时地与所在线路沿线列车交互位置及速度等状态信息。

自动驾驶调度：车载通信设备与调度指挥中心间发送行车调度所需要的安全数据信息及命令。

(4)上/下行业务。

沿线基础设施状态监控：监控终端传送视频、监测数据、图像、告警信息，为上行业务。

沿线车辆交互感知：车载通信装置利用设备到设备(device to device，D2D)直接通信技术，进行列车间直接通信，传递列车位置、速度等运行信息，为上下行对称业务。

自动驾驶调度：车载通信设备与调度指挥中心发送的行车调度相关数据及命令，为上下行双向业务。

(5)带宽。

沿线基础设施状态监控：监控视频信息清晰度要求高。单用户带宽：上行速率为 2048kbit/s；

沿线车辆交互感知：数据信息，信息量小。单用户带宽：上行速率为 4kbit/s，下行速率为 4kbit/s；

自动驾驶调度：参考地铁采用的无人驾驶列控系统 CBTC。单用户带宽：上行速率为 512kbit/s，下行速率为 248kbit/s。

2. 车载高清视频监控系统

(1)通信对象：车载高清摄像机、沿线高清摄像机、监控指挥中心。

(2)应用场景：铁路沿线、列车车厢。

(3)通信内容。设每路高分辨率(high definition，HD)视频分辨率为 1920 像素×1080 像素，每像素以 24bit/s，60Hz，25 帧/s 采集铁路沿线及车厢重点区域的视频监控信息，支持告警功能；支持高速移动状态下的高清视频监控图像的传输与本地存储。

(4)上/下行业务。视频信息的传送为上行业务；查询等控制信息的传送为下行业务；上行大于下行。

(5)带宽。1020p 监控视频信息清晰度要求高。单用户带宽：上行速率为 4096kbit/s，下行速率为 2kbit/s。

3. 远程监测与故障诊断系统

(1)通信对象：安防传感装置，云计算指挥中心。
(2)应用场景：铁路沿线。
(3)通信内容。

一体化状态监测：建立车载-地面传感器网络架构，实现对轨道线路以及机车车辆的一体化监测运营系统，利用低功耗无线传感器实时监测机车分布情况、列车运行状态、车载设备运营情况、轨道线路基础设施状态及轨道环境等，支持及时故障告警。

远程故障诊断及维护：远程运行维护专家根据一体化监测系统提供的异常状态信息，运用云计算及大数据分析技术，实现机车或者轨道沿线的实时故障诊断、维护支持及动态行车调度的调整。

(4)上/下行业务。各监测信息及告警信息的传送为上行业务；状态查询、故障诊断及行车调整指令为下行传输业务；以上行业务为主。

(5)带宽。一体化状态监测：涉及众多种类监测传感器，监测采集密集，数据量大。单用户带宽：上行速率为 512kbit/s；

远程故障诊断及维护：数据信息。单用户带宽：下行速率为 10kbit/s。

4. 分布式应急通信

(1)通信对象：车载通信设备、调度指挥中心。
(2)应用场景：铁路沿线，包括车站、区间和道口等。
(3)通信内容。

邻近告警通信：自然灾害或者应急事件突发时，车载通信设备利用 D2D 直接通信技术向故障所在沿线铁路上的列车发送紧急告警信息，并广播列车位置信息和列车数据等信息，避免二次事故。

抢险链路恢复：经 D2D 直接通信链路建立自组织网络，快速恢复与外界调度指挥中心的高速率的数据及语音通信连接。

抢险调度高清通信：车载监控设备、随车应急通信设备及时地将现场情况(实时图像、多路语音、高清视频等多模式业务)上传至调度指挥中心；调度指挥中心下发抢险调度指令。

(4)上/下行业务。

邻近告警通信：故障列车状态信息的传送为上行业务。

抢险链路的建立为双向业务流的传输。

抢险调度高清通信：向调度中心发送现场情况信息为上行业务；调度人员下发紧急调度语音及数据指令为下行业务；以上行业务为主。

(5) 带宽。

邻近告警通信：数据信息，信息量小。单用户带宽：上行速率为 4kbit/s。

抢险链路恢复：单用户带宽。上行速率为 32kbit/s，下行速率为 32kbit/s。

抢险调度高清通信：涉及调度指挥人员远程抢险调度指挥，视频清晰度要求较高，要求单用户带宽(上行速率为 2048kbit/s)；抢险指挥调度命令为数据信息，要求单用户带宽(下行速率为 32kbit/s)。

5. 客运信息发布系统

(1) 通信对象：车载信息发布设备、地面服务器。

(2) 应用场景：旅客列车。

(3) 通信内容。列车以流媒体形式实时发布途经城市站点的风土人情、历史典故、旅游景点、交通、酒店、特色餐饮等资讯，提升旅行的用户体验舒适度；并支持旅客点播当地电视节目。

(4) 上/下行业务。

订阅点播信令的传输为上行业务。大量流媒体信息传输为下行视频业务。下行业务为主。

(5) 带宽。涉及大量的视频信息，清晰度要求高。单用户带宽：上行速率为 2kbit/s，下行速率为 4096kbit/s。

6. 定制化旅客服务系统

(1) 通信对象：车载服务终端，车载服务器。

(2) 应用场景：旅客列车。

(3) 通信内容。支持用户点餐、车载购物、服务呼叫等其他增值服务。

(4) 上/下行业务。旅客需求信息的传送为上行业务；旅客服务的受理信息为下行业务。

(5) 带宽。订制业务及业务受理为数据信息，信息量小。单用户带宽：上行速率为 4kbit/s，下行速率为 4kbit/s。

7. 客运娱乐系统

(1) 通信对象：车载娱乐终端、车载服务器。

(2) 应用场景：旅客列车。

(3) 通信内容。支持旅客体验多种娱乐功能，如在线阅读、视频/音频点播、游戏等；扫描车厢内的二维码即可接入信息资源库，创建文娱专列。

(4) 上/下行业务。用户选择点播信息的传送为上行业务。流媒体的信息发布为下行业务；以下行业务为主。

(5) 带宽。涉及大量的视频信息，清晰度要求高。单用户带宽：上行速率为 2kbit/s，下行速率为 4096kbit/s。

8. 智能行车编组调度

(1) 通信对象：列车、铁路物联网调度编组平台、云计算指挥平台。

(2) 应用场景：铁路沿线。

(3) 通信内容。由列车向地面调度编组平台发送注册、编组、解编等状态信息；云计算平台经大数据分析，统计列车运行网络状态，向列车发送动态编解组等调度控制命令。

(4) 上/下行业务：上/下行业务对称。

(5) 带宽：涉及众多传感器，采集信息量大。单用户带宽：上行速率为 64kbit/s，下行速率为 64kbit/s。

9. 乘务组动态调度

(1) 通信对象：乘务人员、铁路物联网调度编组平台、云计算指挥平台。

(2) 应用场景：铁路沿线，包括车站、区间等。

(3) 通信内容。乘务人员定时上报跟车服务信息；云计算平台经大数据分析统计后，及时调度乘务人员，最优化列车服务管控。

(4) 上/下行业务：上/下行业务对称。

(5) 带宽：涉及众多传感器，采集信息量大。单用户带宽：上行速率为 64kbit/s，下行速率为 64kbit/s。

10. 移动票务系统

(1) 通信对象：票务人员、旅客、便携式售票机、地面票务系统。

(2) 应用场景：旅客列车，车站等。

(3) 通信内容。防伪识别：便携式售票机扫描车票二维码进行真伪识别。车票订购：与地面票务系统通信进行余票查询与出售。票务信息发布：统计不同区间的票余量，合理地调整并发布相关票务信息。

(4) 上/下行业务。防伪过程无须与地面通信。查询与订票为上/下行对称业务。票务统计与信息发布为上/下行对称业务。

(5) 带宽：票务信息为数据信息，信息量小。单用户带宽：上行速率为 4kbit/s，下行速率为 4kbit/s。

11. 旅客行李安防系统

(1) 通信对象：旅客行李、安防传感装置、物联网监控服务器。

(2) 应用场景：旅客列车。

(3) 通信内容。将安防传感装置安置在旅客行李等物品上，旅客自主设定锁定及解锁功能；当行李发生大距离位置移动时自动报警。

(4) 上/下行业务：低功率传感装置实时感知行李物品位置，状态信息的传送为上行业务；告警信息的传送为下行业务；以上行业务为主。

(5) 带宽。数据通信，考虑静态图像传输，允许少量时延。单用户带宽：上行速率为 50kbit/s，下行速率为 10kbit/s。

12. 货运管理信息系统

(1) 通信对象：运输货物、安防传感装置、物联网监控服务器。

(2) 应用场景：货运列车。

(3) 通信内容。标记并锁定货运仓储信息，实时监测货物位置及状态，防止丢失或损坏，便于登记、装卸分配，提高运输效率及安全性；并提供告警功能。

(4) 上/下行业务。监测信息的传送为上行业务。查询、告警等信息的传送为下行业务；以上行业务为主。

(5) 带宽。数据通信，考虑静态图像传输，允许少量时延。单用户带宽：上行速率为 50kbit/s，下行速率为 10kbit/s。

13. 铁路集装箱联运系统

(1) 通信对象：集装箱、传感器、物联网监控服务器。

(2) 应用场景：集装箱运输沿线。

(3) 通信内容：传感装置通过各种感知技术采集集装箱的各种状态信息，发送至铁路物联网信息统一平台，经由云计算平台进行大数据分析后进行调度处理，并提供告警功能。

(4) 上/下行业务：状态信息传送为上行业务；调度作业及告警信息传送为下行业务；上/下行业务对称。

(5) 带宽。数据通信，考虑静态图像传输，允许少量时延。单用户带宽：上行速率为 50kbit/s，下行速率为 50kbit/s。

14. 商旅云办公

(1) 通信对象：移动智能终端、云计算办公平台。

(2) 应用场景：旅客列车。

(3) 通信内容。

语音办公通信：为旅客所在云端办公小组或者办公合作双方提供语音通信。

云共享：实现云化文档编辑、共享、协同及存储。

车载视频会议：支持高速移动状态下的高清远程视频会议。

(4) 上/下行业务。

语音和视频业务：上/下行对称。

云共享：网页浏览为下行业务，云编辑为上行业务，以下行为主。

(5) 带宽。

语音办公：参考调度语音。单用户带宽：上行速率为 32kbit/s，下行速率为 32kbit/s。

云共享：流畅的网页浏览及大量数据信息同步更新。单用户带宽：上行速率为 128kbit/s，下行速率为 320kbit/s。

车载视频会议：视频信息清晰度要求高。单用户带宽：上行速率为 2048kbit/s，下行速率为 2048kbit/s。

15. 车载高清视频娱乐系统

(1) 通信对象：移动智能终端(含高清摄像功能)、云转播平台、网络服务器。

(2) 应用场景：旅客列车。

(3) 通信内容。

在线高清视频：旅客可以在高速移动列车上观看在线高清视频以及视频直播节目。

网络直播：个人录制视频并分享上传至网络服务器。

(4) 上/下行业务。视频通信：视频信息的传送分享为上行业务；观看高清视频为下行业务。

(5) 带宽。在线高清视频：视频信息清晰度要求高。单用户带宽：下行速率为 2048kbit/s。

网络直播：视频信息清晰度要求高。单用户带宽：上行速率为 2048kbit/s。

16. 车载即时通信业务

(1) 通信对象：移动智能终端、网络服务器。

(2) 应用场景：旅客列车。

(3) 通信内容。

语音聊天：为通信双方提供基于即时通信软件平台的实时语音通信。

数据通信：为通信双方提供可交互性的即时信息传递。

视频通信：支持旅客与通信对方实现高速移动状态下的稳定视频通信。

(4) 上/下行业务。

语音及视频业务：上/下行对称。

数据通信：双向业务流，以下行业务为主。

(5) 带宽。

语音聊天：参考调度语音。单用户带宽：上行速率为 32kbit/s，下行速率为 32kbit/s。

数据通信：参照云共享业务。单用户带宽：上行速率为 128kbit/s，下行速率为 320kbit/s。

视频通话：涉及清晰视频图像传输。单用户带宽：上行速率为 1024kbit/s，下行速率为 1024kbit/s。

17. 车载在线联机游戏

(1)通信对象：移动智能终端、网络服务器。

(2)应用场景：旅客列车。

(3)通信内容。支持旅客玩家经个人对个人(peer to peer，P2P)模式或客户/服务器(client to server，C/S)模式实现在游戏数据及图像信息的传送。

(4)上/下行业务。

游戏数据信息的发布：下行业务。

旅客的数据操作信息：上行业务。

以下行业务为主。

(5)带宽。数据通信：下行传输同时考虑图像传输。单用户带宽：上行速率为 128kbit/s，下行速率为 320kbit/s。

18. 车内旅客社交网络

(1)通信对象：车内旅客。

(2)应用场景：旅客列车。

(3)通信内容：支持邻近旅客间的位置共享、热点信息互动、文件传输，并建立车内社交网络。

(4)上/下行业务：上/下行对称业务。

(5)带宽。涉及大量数据信息的近距离传输。单用户带宽：上行速率为 512kbit/s，下行速率为 512kbit/s。

19. 远程急救医疗系统

(1)通信对象：车内旅客、云计算医疗平台。

(2)应用场景：旅客列车。

(3)通信内容。

急救求助系统：旅客突发疾病时，可将病状等信息通过实时在线视频通信告知远程医疗中心。

医疗救护系统：经诊断分析后，发送急救语音及数据指令给随车医护人员，进行及时抢救治疗。

(4)上/下行业务：现场病症视频信息的传送为上行业务；急救处理指令为下行业务；以上行业务为主。

(5) 带宽。

视频信息：涉及救护人员远程指导救助，视频清晰度要求高。单用户带宽：上行速率为 2048kbit/s。

急救指令包含语音信息、参考调度语音。单用户带宽：下行速率为 32kbit/s。

3.3.2　5G-R 业务分类

1. 业务分类的原则

国际铁路联盟将铁路需求分为运营通信和支持通信两大类，根据我国铁路现状和发展规划，结合国际铁路联盟的划分标准，本书从多个维度将中国铁路下一代移动通信业务进行分类。

(1) 考虑到我国铁路现行运行管理体制和各专业业务需求，在国际铁路联盟的铁路移动通信业务需求划分基础上，按照业务属性进一步划分为列控及运行相关业务、列车综合服务业务、铁路物联网业务和车载移动宽带接入业务四类。本书的业务带宽分析和统计按照上述分类进行。

(2) 按照业务类型划分为语音类、数据类、图像类和视频类业务。

其中数据类可以根据业务内容属性进一步划分类别：实时安全数据、行车非安全数据、通用非安全数据、公网非安全数据等四类。

本书的业务带宽分析和统计均按照上述分类进行。

2. 按业务属性分类

面向轨道交通专网的新增 5G 业务可按业务属性分为列控及运行相关业务、列车综合服务业务、铁路物联网业务和旅客车载移动宽带接入业务四大类。未来铁路移动通信业务按业务属性分类如表 3-1 所示。

表 3-1　未来铁路移动通信业务按业务属性分类

序号	业务属性	业务名称
1	列控及运行相关业务	分布式应急通信
2		智能控制系统
3		车载高清视频监控系统
4		远程监测与故障诊断
5	列车综合服务业务	客运信息发布系统
6		定制化旅客服务系统
7		客运娱乐系统
8	铁路物联网业务	智能行车编组调度
9		乘务组动态调度

续表

序号	业务属性	业务名称
10	铁路物联网业务	移动票务系统
11		旅客行李安防系统
12		货运管理信息系统
13		铁路集装箱联运系统
14	旅客车载移动宽带接入业务	商旅云办公
15		车载高清视频娱乐系统
16		车载即时通信业务
17		车载在线联机游戏
18		车内旅客社交网络
19		远程急救医疗系统

3. 按业务数据类型分类

面向轨道交通专网的新增 5G 业务根据数据类型可分为实时安全数据、行车非安全数据、通用非安全数据、旅客服务非安全数据、语音、图像、视频等七类。5G-R 移动通信业务按数据类型分类如表 3-2 所示。

表 3-2　5G-R 移动通信业务按数据类型分类

序号	业务数据型	业务名称
1	实时安全数据	自动驾驶调度
2	行车非安全数据	邻近告警通信
3		抢险链路恢复
4		沿线车辆交互感知
5	通用非安全数据	沿线基础设施状态监控
6		一体化状态监测
7		远程故障诊断及维护
8		智能行车编组调度
9		乘务组动态调度
10		移动票务系统
11		旅客行李安防系统
12		货运管理信息系统
13		铁路集装箱联运系统
14	旅客服务非安全数据	定制化旅客服务系统
15		商旅云共享
16		车载即时数据通信
17		车载在线联机游戏
18		车内旅客社交网络

续表

序号	业务数据型	业务名称
19	语音	商旅语音办公通信
20		车载即时语音聊天
21		医疗救护系统
22	图像	旅客行李安防系统(图像)
23		货运管理信息系统(图像)
24		铁路集装箱联运系统(图像)
25	视频	抢险调度高清通信
26		车载高清视频监控系统
27		客运信息发布系统
28		客运娱乐系统
29		车载视频会议
30		车载高清视频娱乐系统
31		车载即时视频通话
32		急救求助系统

3.3.3 分析带宽需求，建立业务模型

频谱规划的首要阶段是对业务需求进行精确的频谱需求预测，也是未来铁路移动通信系统频谱规划工作的基础和前提。现有关于频谱需求预测的研究[7]主要描述了一种估算 IMT-2000 系统及超 IMT-2000 系统未来发展的地面频谱需求的方法。基于现有研究可以对未来铁路移动通信系统的频谱总需求进行初步预测，作为无线电频率总体规划的参考意见。

5G-R 移动通信业务单用户带宽需求如表 3-3 所示。

表 3-3　5G-R 移动通信业务单用户带宽需求

业务名称		业务流方向	5G-R 业务带宽		备注
			每用户上行/(kbit/s)	每用户下行/(kbit/s)	
智能控制系统	沿线基础设施状态监控	上行	2048	—	每视频终端
	沿线车辆交互感知	双向	4	4	每终端
	自动驾驶调度	双向	512	248	参考 CBTC
车载高清视频监控系统		双向，上行为主	4096	2	每视频终端
远程监测与故障诊断	一体化状态监测	上行	512	—	每终端
	远程故障诊断及维护	下行	—	10	每终端
分布式应急通信	邻近告警通信	上行	4	—	每终端
	抢险链路恢复	双向	32	32	每终端
	抢险调度高清通信	双向	2048	32	每终端

续表

业务名称		业务流方向	5G-R 业务带宽 每用户上行 /(kbit/s)	5G-R 业务带宽 每用户下行 /(kbit/s)	备注
客运信息发布系统		双向	2	4096	每终端,参考地铁
定制化旅客服务系统		双向	4	4	每终端
客运娱乐系统		双向,下行为主	2	2048	每终端
智能行车编组调度		双向	64	64	每作业组
乘务组动态调度		双向	64	64	每作业组
移动票务系统		双向	4	4	每终端
旅客行李安防系统		双向,上行为主	50	10	每终端
货运管理信息系统		双向,上行为主	50	10	每终端
铁路集装箱联运系统		双向	50	50	每终端
商旅云办公	语音办公	双向	32	32	参考 B-TrunC 标准
	云共享	双向	128	320	每终端
	车载视频会议	双向	2048	2048	每视频终端
车载高清视频娱乐系统	在线高清视频	下行	—	2048	每视频终端
	网络直播	上行	2048	—	每视频终端
车载即时通信业务	语音聊天	双向	32	32	参考 B-TrunC 标准
	数据通信	双向	128	320	每终端
	视频通信	双向	1024	1024	每视频终端
车载在线联机游戏		双向,下行为主	128	320	每终端
车内旅客社交网络		双向	512	512	每终端
远程急救医疗系统	急救求助系统	上行	2048	—	每终端
	医疗救护系统	下行	—	32	每终端

3.4 潜在问题

现有的轨道交通业务模型主要关注带宽需求,没有明确时延需求,需要对此进行改进,针对时延分析、视频抖动、安全性以及发送方式等指标展开多维度业务建模;而现有的网络中的瓶颈主要体现在:对于 GSM-R,作为窄带系统,数据业务承载能力很低;而 LTE-R 系统虽然具有较高的数据业务承载能力,但由于分配的频率资源较为有限,无法支持高清视频监控等高数据速率业务,而且也难以支持海量终端接入,故面向轨道交通专网的 5G 需求与网络架构研究迫在眉睫。

针对已挖掘的部分 5G-R 业务,还需进一步朝两个方向发展,①铁路专用业务,特别是调度类的,还存在不完全不精确的问题。这部分将参考 LTE-R 关键技术的发展与研究；②列车智能化业务，可考虑结合未来人工智能、虚拟现实（virtual reality，VR）、虚拟外景、LED（light emitting diode）车窗等相关技术，深度扩展想象力。

参 考 文 献

[1] 国家发展和改革委员会. 中长期铁路网规划, 2016.

[2] 国务院. "十三五"现代综合交通运输体系发展规划, 2016.

[3] He R, Ai B, Wang G, et al. High-speed railway communications: From GSM-R to LTE-R. IEEE Vehicular Technology Magazine, 2016, 11(3): 49-58.

[4] UIC. LTE/SAE—The future railway mobile radio system: Long-term vision on railway mobile radio technologies. UIC Technology Report, 2009.

[5] He R, Ai B, Wang G, et al. High-speed railway communications: From GSM-R to LTE-R. IEEE Vehicular Technology Magazine, 2016, 11(3): 49-58.

[6] Dierkx K. The smarter railroad, an opportunity for the railroad industry. IBM, Technology Report, 2009.

[7] HORIZON 2020 Work Programme 2014–2015 11. Smart, Green and Integrated Transport Revised, EC Decision C（2014）4995, 2014.

[8] Barbu G. E-train–broadband communication with moving trains. UIC, Technology Report, 2010.

[9] Future Railway Mobile Communication System, User Requirements Specification. UIC, Technology Report, 2016.

[10] METIS-II project. Refined scenarios and requirements, consolidated use cases, and qualitative techno-economic feasibility assessment. Technology Report, 2014.

第 4 章　高速铁路 5G 网络架构

4.1　高速铁路网络架构演进

当今高速铁路在现代社会发展中扮演着前所未有的重要角色。为了确保高速列车的安全运行，铁路无线通信网络必须确保在任何时刻都能提供可靠的服务。现有的高速铁路无线通信系统为满足列车调度控制的通信需求，采用了基于第二代全球移动通信系统并专门为铁路通信设计的综合专用数字移动通信系统——GSM-R[1]。GSM-R 由国际铁路联盟于 20 世纪 90 年代提出，基于标准 GSM 技术制定规范，目前 GSM-R 已在欧洲铁路通信中广泛应用。我国将 GSM-R 作为新一代铁路移动通信的标准，并已在多条高速铁路上建设运营。

轨道交通专网在运行环境、承载业务、运营管理体制等方面与公众移动通信网都有着显著的不同。首先运行环境涉及高移动性、广覆盖、场景复杂多变等特点[2]。城市轨道交通运行速度不断提升，高速移动过程中快衰落、多普勒效应、车体穿透损耗等对无线信号造成严重影响。大量旅客通信用户在相对封闭的环境中集中高速移动，系统面临频繁的群组切换问题。轨道交通部署沿线涉及广泛的位置区域，沿途场景复杂多变，无线信道估计技术面临严重挑战。

其次，专网承载业务具有特殊性。轨道交通专网作为行业专网，其承载的业务有其特殊的指标要求，如列控业务对传输可靠性的要求和时延要求，调度通信业务需要考虑集群通信的业务需求（多方通信、强拆等），应急通信条件下需要考虑脱网直通需求，具有通信高可靠性和设备独占性等特点；同时，轨道交通专网对安全性极端重视，需要对整个网络运行状态进行准确监测，当故障发生时，应能够准确地界定责任并及时指挥调度。

此外，考虑对现有运营管理体制的兼容性。为了保护现有投资，保证轨道交通的正常运营，轨道交通专网的更新换代时间要明显慢于公网，时间长达 10~20 年，甚至更长。因此在相当长的一段时间，新旧系统将会共存。因此，基于 5G 的轨道交通专网的网络架构研究必须考虑与现有轨道交通移动通信网络的兼容与平滑过渡。

4.2　国内外研究进展

高速铁路无线通信主要分为用于列车调度控制的专用无线通信和用于旅客信息

服务的宽带无线通信两部分。现有的高速铁路无线通信系统为满足列车调度控制的通信需求,采用了基于第二代全球移动通信系统并专门为铁路通信设计的综合专用数字移动通信系统——GSM-R。在中国,目前暂时没有专门用于高速铁路旅客信息服务的无线通信系统,旅客仍然使用公网运营商提供的基于第三代移动通信(3G)系统的通用移动通信系统(universal mobile telecommunications system,UMTS)网络或准第四代移动通信系统。

首先,铁路移动通信系统(global system for mobile communications-railway,GSM-R)为第二代移动通信技术,属于窄频通信系统,频谱利用率较低,主要承载语音业务和少量数据业务,数据速率较低,一般仅为2400~9600bit/s,使得在现有GSM-R平台上开拓各种新业务有难度[3]。其次,随着通信技术不断发展,GSM-R相关设备、技术支持等预计至2030年结束。最后,随着铁路通信网络朝向融合、宽带、创新等方向发展,将所有的通信需求整合到单一网络运行也存在需求。随着铁路新业务需求的涌现,例如,列车视频监控业务、列车实时监控业务等,对铁路移动通信系统提出更高的要求,需要其能够提供更大的带宽、更低的时延。

轨道交通专用移动通信系统正处于更新换代的关键时期。铁路移动通信系统正从GSM-R向铁路长期演进系统演进[4,5],当前正在进行频率申请、标准化、产品研发和实验室测试阶段,2016~2017年已进行外场试验,2018~2019年已进行外场工程试验,预计2020年初步形成标准,并开始工程建设。LTE-R是由公网LTE技术发展而来的,主要满足多媒体业务需求,例如,列车视频监控和多媒体调度等,实现了轨道交通宽带信息化。而要解决运营控制系统的自主可控、基础设施安全隐患识别、移动装备安全保障提升等轨道交通三大核心问题,轨道交通还需要从信息化向智慧化迈进。智慧轨道交通就要求更透彻的感知、更全面的互联和更深入的智能化。这要求轨道交通专用移动通信系统支持海量级的传感器、毫秒级的低时延、99.9999%的超可靠性、500km/h及以上的超高移动速度条件下Gbit/s的传输速率。而上述技术要求是当前LTE-R系统所无法满足的。因此需要基于更先进的技术,发展未来轨道交通宽带移动通信系统。

为了解决高速铁路车地无线宽带通信中面临的无缝切换问题,国内外现已出现多种高速铁路接入方案。它们利用各种关键技术,以期改善高速铁路无线宽带通信系统的切换性能。目前高速铁路通信场景已有的通信技术标准大致分为以下四类。

(1)基于传统蜂窝网络的通信技术标准。在4G技术出现之前,主要以GSM-R为主流技术,它所能支持的理论传输速率上限为200kbit/s,且实际应用中主要用来支持列车调度信号的传输,根本无法顾及乘客的无线数据传输需求[6]。在4G技术出现之后,国际铁路联盟组织计划于2020年用基于4G技术的LTE-R标准来支持旅客在高速铁路上的数据传输服务。但是,从目前中国运营商的4G技术在高速铁路运行中的应用情况来看,除中国华北平原等少数平坦开阔地带以外,乘坐高速铁路的乘客依然无法获得高速稳定的数据服务。此外，国际电信联盟无线电通信组标准化组织在2008年测试了IMT Advanced在高速铁路移动场景中的性能，传输速率在绝大多数高速铁路场景中仅能达到1Mbit/s[7]。

(2)基于射频光纤传输(radio-over-fiber)和WiMAX的混合标准[8]。据相关实测数据显示，即使采用64QAM调制，这种混合技术的可达传输速率约为10Mbit/s，远远不能够达到实际测量的高速铁路数据通信速率要求[9]。而根据2007年高速铁路环境数据传输速率需求测试结果，每节车厢需求的最低传输速率为500Mbit/s～5Gbit/s，显然这种技术远远不能够满足旅客的基本数据传输需求[10]。此外，这种混合标准需要在高速铁路沿线专门铺设相应的设备，因此技术成本较高。

(3)基于leaky cable技术的高速铁路通信技术[11]。该方案虽然能够提供约0.7Mbit/s的平均可达速率，但是也达不到未来高速铁路数据通信的基本要求，同时也存在系统铺设成本较高的问题。

(4)基于卫星通信技术的方案[12]。该方案由于使用卫星链路，能够在较广范围内覆盖，比较适合高速铁路穿越地域广阔的场景。但是，由于卫星通信成本较高且延时较大，无法支持实时高速数据业务，因此也无法满足未来高速铁路通信的需要。

正是由于高速铁路无线通信存在巨大的现实需求，而现有通信技术水平又不能够很好地支持未来高速数据业务传输的需求，因此有必要针对高速铁路通信系统展开相应的研究。在充分考虑未来高速铁路通信需求可能增长的前提下，兼顾性能提升、可实现性和系统成本三方面。因此，考虑到专用网络铺设成本过大且性能未知的现状，现有的高速铁路宽带移动通信网络设计与研究主要基于传统蜂窝网络进行展开。基于前瞻性基础研究的需求，我们在开展LTE-R关键技术研究甚至实施产业化建设的同时，必须开始布局LTE-R之后未来高速铁路移动通信关键技术的研究，以及基于5G技术的高速铁路移动通信关键技术的研究。

4.3 现有的高速铁路通信网络研究

随着铁路智能化的发展以及铁路网与互联网的不断融合，多媒体业务的不断丰富化，为了满足这些大容量的需求，我们仍需要向下一代移动通信系统演进，采用更大带宽和更加先进的传输技术提高网络承载容量。通常，容量提升的手段主要分为三个方面，即频谱延展、多天线技术和网络密集化。

4.3.1 基于毫米波的高铁移动通信系统

随着移动业务需求的爆炸式增长，容量需求和频谱短缺之间的矛盾越来越明显，传输特性较优的传统蜂窝频段已经接近饱和，频谱资源稀缺已经成为一个全球性问题。无线带宽瓶颈成为下一代无线通信的关键挑战。另外，30～300GHz的毫米波频段具有丰富的频谱资源，可有效地缓解容量需求和频谱短缺矛盾。

毫米波通信作为下一代移动通信采用的高速度、大容量的传输技术，是解决目前运营商难以在高速移动环境下，为用户提供稳定、可靠、高带宽数据通信的一种技术手段。目前已在国内外一些高速铁路通信系统中应用，例如，德国研发的磁浮列车 TVE 试验线，日本新干线和梨山县超导磁浮列车试验段，以及上海浦东建设的磁悬浮列车等，取得了很好的效果。高速铁路车—地无线通信未来的发展离不开 5G，毫米波通信技术在高速铁路通信系统中的应用是未来趋势，因此，开展毫米波通信技术在高速铁路宽带移动通信系统的应用研究是很有必要的[13]。图 4-1 为基于波分复用与光纤无线电的高速铁路通信系统。

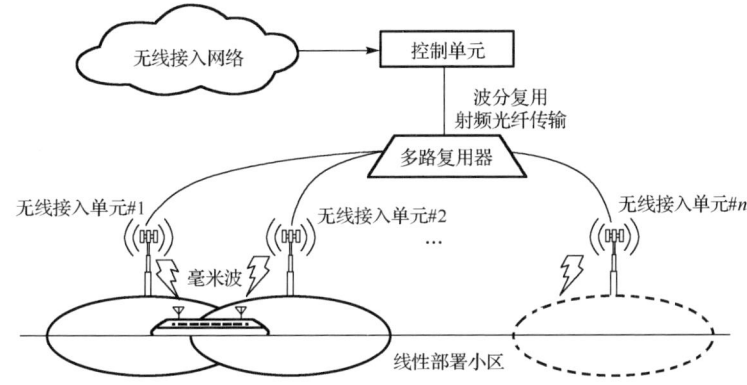

图 4-1　基于波分复用与光纤无线电的高速铁路通信系统

有学者提出基于波分复用与光纤无线电技术发展高速铁路通信系统，并结合毫米波传输技术[14]。通过在铁轨沿线附近部署多个远端天线单元(remote antenna unit，RAU)，与列车顶端的车载天线单元(train antenna unit，TAU)进行车—地无线通信传输，缩短车地收发机之间的传播间距，增加回程链路的传输容量；多个 RAU 采用波分复用的光纤接入技术连接同一个基站的控制站(control station，CS)，降低传输时延以及功耗，列车在同一 CS 内部的 RAU 间行驶无须切换；数据信息经过 CS 的基带处理之后转换为光纤信号，经由光纤网络传输至 RAU 转换为射频信号，采用毫米波段资源进行无线传输，增加车—地间通信的传输容量。

然而毫米波通信与现有的微波频段(如 2.4GHz 和 5GHz 频段)的通信系统有很多差异，相比于低频段的通信系统，毫米波通信具有更大的传播损耗。毫米波传播的雨衰以及大气和分子吸收特性限制了毫米波通信的距离[15]。为了补偿强链路衰减，毫米波通信采用定向天线实现波束赋形来提高天线增益[16,17]。

4.3.2　多天线技术

现有多天线技术主要包括多输入输出(multi-input-multi-output，MIMO)技术、波束赋形通信技术及分布式天线等[18]。MIMO 技术通过利用信道非相干性实现空间复用,继而提高系统容量。然而,高速铁路无线信道基本为视距(line of sight,LOS)信道,不利于 MIMO 技术的实现,因此需要采取一些技术方案来人为地制造无线信道间的非相干性。一种可行的方案是首先增加车载台的天线阵列组数,然后对信号进行合并,通过调整多组多天线阵列间的权重,改变多个阵列矩阵间的相干性,从而在 LOS 高速铁路环境下使容量得到提升。图 4-2 为 3GPP 高速铁路波束赋形通信模型。

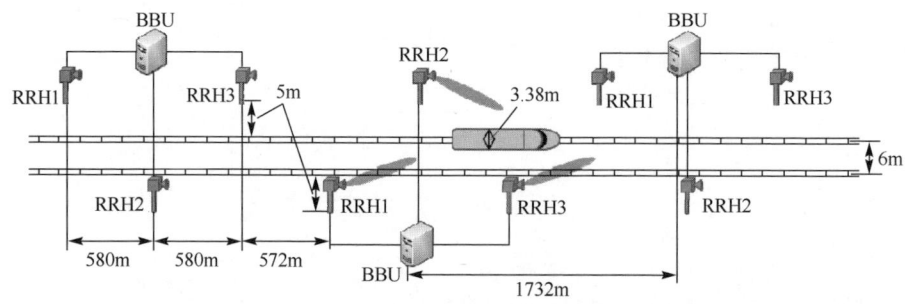

图 4-2　3GPP 高速铁路波束赋形通信模型

波束赋形技术通过智能调整阵列天线各个阵元的幅度及相位,形成定向波束,将目标信号集中在基站与用户之间的方向,实现能量的汇聚,同时降低因能量扩散而对周围用户造成的干扰,该技术尤其适用于具有 LOS 特性的信道,可以将其应用到 LOS 高速铁路场景来集中信号能量,增强接收信噪比,提高传输可靠性[19]。波束赋形技术还被用于解决高速铁路场景中因切换触发滞后而导致的切换失败问题;波束赋形技术之所以被引入到高铁场景下进行研究,正是因为其对天线阵列方向图的控制,也就是将能量集中在理想用户的方向,将零陷对准非理想用户或干扰用户的这种能力非常适合服务高速铁路场景。传统的波束赋形通常只考虑在一个方向上生成强波束[20],然而在多用户情况下,需要生成多个波束赋形权重向量,在所有用户方向上形成强波束,这些波束赋形权重向量需要进行联合优化[21]。一般来说列车会车次数并不高,除去列车以低速进入站场或者多列列车同时停靠在站场内的情况,在高速铁路运行过程中大多数情况下一个小区内只有同一列车的车载台与 eNodeB 进行连接,因而利用波束赋形技术将电磁能量集中于这个唯一的理想用户方向非常有用,从而避免对同频小区的车载台造成不必要的干扰,并且提升系统能效。与波束赋形技术在 LTE 公网下的应用不同的是,当波束赋形技术被纳入到高速铁路下一代无线通信系统中时,高速铁路场景对该技术的应用是一把双刃剑,一方面高移动速度带来的弊端如信道估计难度增加将影响波束赋形权重的有效生成;另一方面该场景的固有优势如行车方向具有规律性以及速度、位置信息可预知等给波束赋形技术在这一系统中的应用带来了新的契机。

4.3.3 分布式天线系统

分布式天线系统是指在一个小区内间隔一定的距离分散部署多个远端天线单元RAU，通过这些RAU同时为用户服务，形成良好的系统覆盖，降低收发机间距，提高通信服务质量[22, 23]。在下行方向，多个RAU同时发射相同的数据给一个或多个用户；在上行方向，用户数据则由RAU接收，经光纤传输至中心控制站(central control station，CCS)进行信号处理。在分布式天线系统(distributed antenna system，DAS)中，CCS将下行方向传输的数据信号转换为光信号。这些光信号再通过光纤传输给多个RAU，最后RAU再将它们通过光电转换，转换为无线射频信号发送给用户设备(user equipment，UE)，UE在小区中移动时，由于同一个CCS控制下所有的RAU发送的数据是相同的，利用空间分集，载有同一消息的信号经多个相关性很小的支路传输至用户终端，然后在接收端通过合并技术再将各个支路信号合并输出，那么便可以有效地避免阴影衰落所造成的信道路径损耗，在用户终端处极大地降低深衰落的概率，并减小掉话率。此外，降低传输成本也成为DAS解决方案的优点之一。因为光纤传输具有高带宽、低损耗、低费用的特点，与其他无线接入网的解决方案相比，DAS解决方案的总体投资成本低于其他的解决方案。

4.3.4 控制层与用户层分离的铁路通信异构网络

扩大容量最直接、有效的方法是开发拥有更宽连续频谱的高频频段，以延展高速铁路无线通信系统的带宽。然而高频频段的路径损耗大、覆盖范围小，对高速铁路场景，还意味着更加频繁的越区切换。在未来高容量、高可靠的铁路移动通信网络中，需要引入拥有较宽连续频谱的高频频段来承载大量数据业务，同时保留原有GSM-R或LTE-R的优质低频频段保证传输可靠性。有学者提出了一种基于控制面/用户面分离的异构高速铁路无线通信网络架构[24-26]，将旅客业务的数据面迁移到工作在高频频段的定向覆盖小小区中传输，为其提供更宽的频带和更高的容量，而重要的旅客业务控制面信息仍保留在GSM-R或LTE-R工作的低频频段的全向覆盖宏小区中传输，保障控制信息传输的可靠性；另外，列车控制及调度业务的控制面及用户面数据均应由宏小区传输，全面保障其传输的可靠性，初步设计架构如图4-3所示。

通常，在服务基站与接入用户间存在两个平面的连接，即控制面与用户面。其中，控制面承载着用户与接入网络间的控制信令(如随机接入过程信令、切换信令等)，用户面则负责业务数据的传输。若控制面的移动性得到保证，即控制面的覆盖范围足够满足用户的移动性，不需要频繁切换甚至重新接入，那么用户整体的移动性能便得到了保障。基于此，在该架构中，用户的控制面被保留在传输性能较优、信号覆盖范围较大的低频频段。考虑到建设成本，这一频段可以使用GSM-R或LTE-R的遗留频段。相应地，真正的数据承载者用户面则被搬移到具有更宽频谱的高频频段来扩大系统容量。

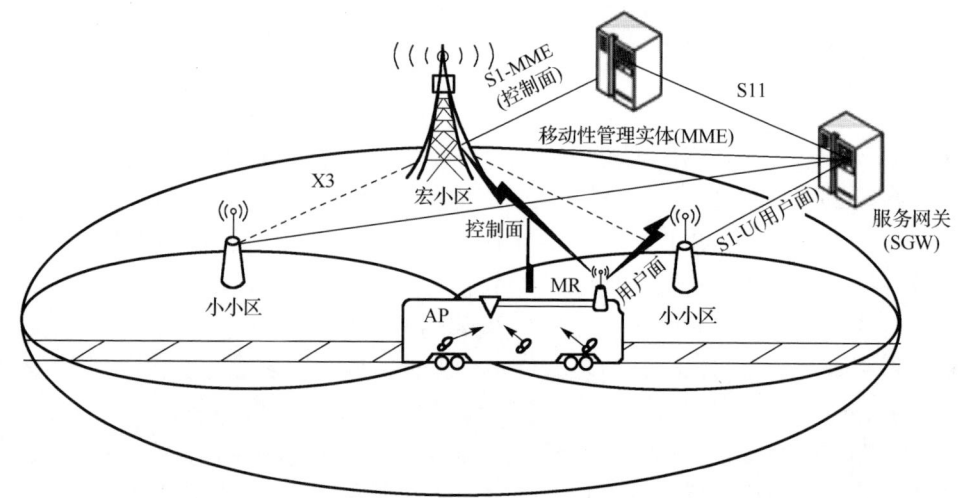

图 4-3　基于控制面/用户面分离的异构高速铁路无线网络

除上述的分离架构外，还可以通过其他方式实现高频频段的融合，如在完全不改变原有网络部署的前提下，增建大发射功率的高频基站，弥补路径损耗严重这一缺陷，为覆盖范围内的原有基站分流业务，增强系统容量，还可以实现无线回传，解决因网络不断走向密集化带来的有线回传布网困难问题。此外，高频频段与低频频段在传输特性上存在很大差异，有必要在向高频频段延展带宽的同时，充分地挖掘高频频段的应有优势，进一步地提高系统性能。

4.4　5G-R 场景中的新型网络架构

为应对 5G 轨道交通移动通信业务需求和应用场景对网络提出的挑战，满足安全、便捷、高效、绿色、经济的现代化综合交通运输体系的发展趋势，轨道交通高速移动场景的通信网络架构要通过基础设施平台和网络架构两个方面的技术创新和协同发展，从而实现网络变革。通过引入云计算服务和虚拟化技术，构建功能平面划分，配置新型基础设施平台。丰富的 5G 轨道交通应用场景对网络功能要求各异：从突发事件到周期事件的资源分配；从调度通信到运行状态监测的时延要求；从自动驾驶到车内社交网络的移动性管理等。面对如此多样化的业务场景，应遵循网络业务融合和按需服务提供的核心理念，引入更丰富的无线接入网拓扑，提供更灵活的无线控制、业务感知和协议栈定制能力；重构网络控制和转发机制，改变单一管道和固化的服务模式；为不同用户和业务应用提供高度可定制化的网络服务，构建资源全共享、功能易编排、业务紧耦合的综合信息化服务使能平台。

下一代移动网络（next generation mobile network，NGMN）技术发展组织提出了

基于软件定义网络(software defined network,SDN)/网络功能虚拟化(network function virtualization,NFV)的 5G 初步网络架构,网络切片是这两种技术应用于 5G 阶段的关键特征,可构建多个端到端的逻辑网络,按照业务切片的需求灵活地提供一种或多种网络服务。一个网络切片包括业务用例所需要的网络功能集合与无线接入网络配置参数,贯穿整个网络:核心网的软件化功能模块、传输网的定制化配置、专用无线网络或特定无线接入技术以及用户终端设备。基于网络切片的轨道交通网络可以实现在同一基础设施平台上同时运行多种网络切片:自动驾驶切片、海量传感器监测切片、车载直连通信切片等。

4.4.1 5G-R 系统设计:逻辑视图

如图 4-4 所示,5G-R 专网移动通信系统网络架构,基于基础设施资源平台,由接入域、控制域和转发域三部分构成,车载接入单元及旅客接入单元经由接入域接入 5G-R 网络进行通信。

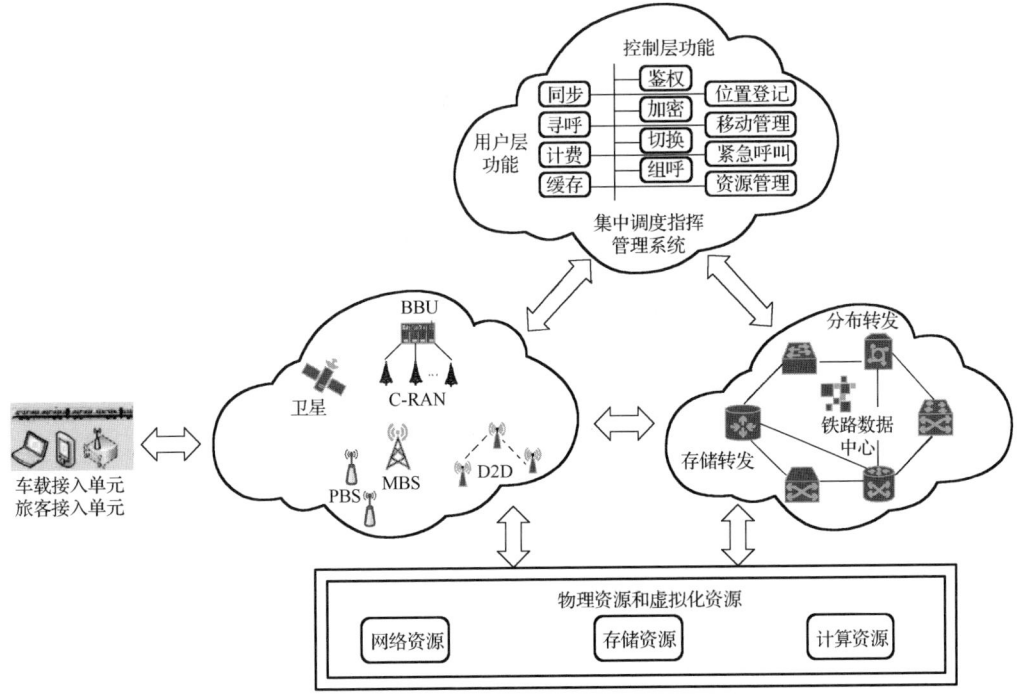

图 4-4 5G-R 专网移动通信系统网络架构-逻辑视图

资源平面包括可用的物理资源,如网络资源、存储资源以及计算资源等,基于虚拟化技术实现资源虚拟化设计分配。

接入域融合多种无线接入技术,后向兼容现有铁路专用基站,并支持分层异构接入、设备直连接入、集中式/协作式/云计算无线接入网(centralized, cooperative, cloud RAN，C-RAN)绿色云化接入以及卫星通信接入等技术，满足 5G-R 海量多类型的通信业务需求，实现专网资源动态高效频谱分配与管理。

控制域基于网络功能虚拟化技术构建组件化网络，实现控制层与用户层的功能解构与灵活重组，包括系统控制、网络管理以及能力开放等功能。基于虚拟化网络功能，形成独立的转发控制及信令控制，支持网络切片技术按需构建专用/隔离的铁路业务虚拟网络，保障列车运营的可靠性及旅客业务的用户体验需求。

基于软件定义网络技术实现网关设备的控制与转发分离，控制域实现网络与系统的集中控制，转发域实现用户数据的拓扑感知与分布转发，简化网关设备的简化设计与扁平化分布，保障列车及旅客对时延敏感业务的严格时延需求，专注数据转发并提升用户带宽，支持边缘存储与计算，推动 5G-R 网络深度开放扩展。

4.4.2 5G-R 系统设计：功能视图

基于 5G-R 逻辑架构，提供网络切片即服务(network slicing as a service，NSaaS)的移动通信网络架构，以虚拟化基础设施为基础，以组件化功能重组为核心，以业务性能需求为关键特征，向上提供切片化的开放应用服务，编排管理系统实现资源的灵活调度与管理，构成网络设计的五层功能视图，如图 4-5 所示。

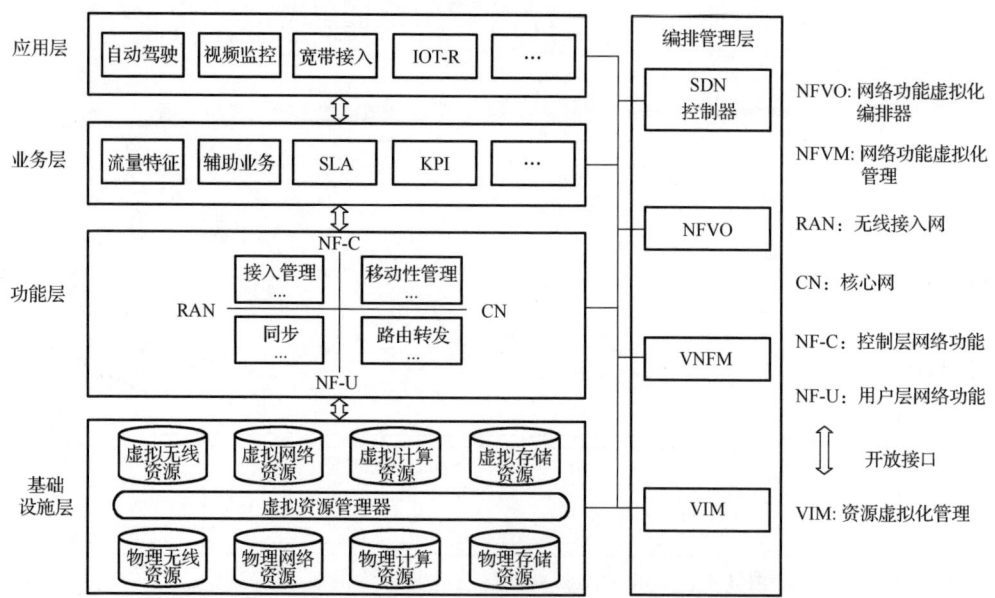

图 4-5 5G-R 专网移动通信系统网络架构-功能视图

基础设施层：为整体网络系统及业务应用提供基础资源配置供应，其中虚拟资源管理器管理数据中心的虚拟化资源及物理基础设施。

功能层：基于 5G-R 的关键使能技术如 NFV/SDN 实现硬件与软件分离、控制与转发分离以及组件化功能管理体系，支持端到端（end-to-end，E2E）网络切片的设计实现，接入网、传输网以及核心网等可按需实现多维度功能动态重组与关联，满足各网络切片的特定性能需求。

业务层：定义各类型业务的特征与需求，为保障行业用户业务的性能和可靠性，应由服务提供商与行业用户签订双方协定；由各类型业务的流量特征（如到达率、平均包长、流类型等）、辅助业务（如防火墙业务、开放应用服务链等）、服务等级协定（service-level agreement，SLA）（如客户技术支持和服务、流量优先权等）、关键性能指标（key performance indicators，KPI）（如可靠性，可用性，可维护性和安全性（reliability, availability, maintainability, and safety，RAMS）、时延、鲁棒性）等需求描述表征。

应用层：为车载接入用户及旅客用户提供多样化服务应用，由定制化隔离网络切片提供应用支持与性能保障，支持容量扩展与网络能力开放。

编排管理层：SDN 控制器实现网络的可编程化管理，虚拟架构管理器（virtual infrastructure manager，VIM）管理数据中心的虚拟化资源和物理基础设施，网络功能虚拟化管理器（network functions virtualization manager，NFVM）提供网络功能的虚拟化实现与管理，网络功能虚拟化编排器（network functions virtualization orchestrator，NFVO）编排管理虚拟化功能与资源，四者联合实现网络切片的生命周期管理与编排，保障端到端交通网络切片的实现。

4.4.3 5G-R 组网设计：平台视图

图 4-6 为基于网络切片的 5G-R 专网移动通信系统网络架构-平台视图。基于第一阶段的业务切片划分机制，以高清视频监控、列车自动驾驶、铁路物联网（IOT-R）为例，

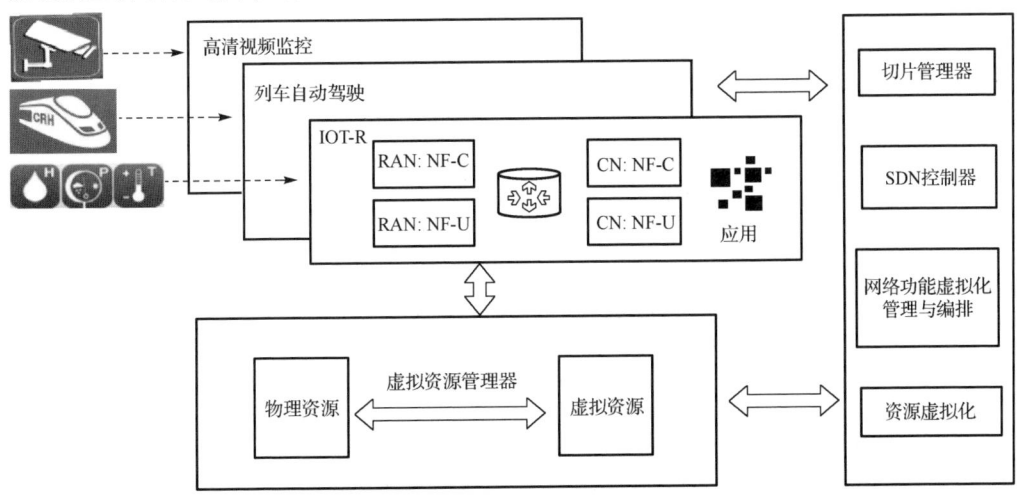

图 4-6 5G-R 专网移动通信系统网络架构-平台视图

实现接入网(radio access network，RAN)、转发层以及核心网(core network，CN)等全面切片划分，实现端到端的轨道通信网络切片部署。经由应用程序接口(application programmers interface，API)贯穿业务应用、网络功能和基础设施平台等整体系统架构，通过 NFV/SDN 技术为专用业务提供功能与协议栈的定制化组建与编排。

4.4.4　5G-R 关键性能指标分析

1. 列车需求与旅客体验

轨道交通移动通信系统根据用户类型分为两大类业务应用：列车运行相关业务和旅客舒适便捷业务。不同用户类型业务对性能需求的要求不一致，相同用户类型的不同数据业务类型的性能需求也各有差异，综合一体化轨道交通移动通信网络需针对具体业务分类，设定相应的用户服务质量评价体系。

针对列车运行相关业务，应保障运行安全性与通信可靠性，系统应综合考量多种列车业务场景及具体业务需求，设计关键性能指标 KPI 定义及管理体系。对应 KPI 应考虑安全相关指标、可靠性评价指标、欧洲标准定义的 RAMS 标准等具体系统性能指标；针对旅客舒适便捷业务，应满足高速宽带接入与连贯性用户体验。对应 KPI 应考虑峰值数据速率、接入时延、端到端时延等。

2. 系统性能

系统性能需求指标定义该通信系统应能保障多样化用户场景与业务需求。如旅客流量密度、旅客业务可用性、列车业务可靠性、系统鲁棒性、资源与信令效率、频谱与能量效率等需求，应根据具体用户终端设备、具体业务数据类型、具体轨道运行环境等分类设计管理。

3. 设备需求

下一代轨道交通移动通信网络将同步提供旅客业务与列车业务，接入用户设备类型变得多样化智能化，硬件设备及软件开发的复杂多样性对通信需求提出更高要求。

未来 5G 终端将呈现编程可配、互联互通的特性。用户设备动态灵活，支持多样化 QoS 需求、多种空中接口类型、不同通信环境的通信需求；用户设备可扩展，支持运营商通过应用接口配置软硬件平台、系统升级、故障检测、性能优化等；用户设备多模多频，并支持多运营商融合通信；用户设备还需满足低功耗、可增值扩展等配置。

4. 绿色通信网络需求

随着铁路行业飞速发展，旅客运载数量及通信应用迅猛扩张，地面通信基础设施大规模布设，车载通信业务发展推动终端数量及类型大幅增加，随之而来的移动通信的能耗问题日益突出，不但增加了通信网络运营成本，而且导致大量温室气体的产生，对全球气候变化造成很大的影响。必须对网络应用的能耗问题进行深入研究，有效地突破能效与频谱效率的枷锁。

运营商应以更经济更高效的可持续发展方式，提供面向轨道交通专网的移动通信网络需求，最小化网络设施及系统运营管理的总体拥有成本(total cost of ownership, TCO)；借鉴 5G 新技术如 NFV，加快新业务部署速度，大幅地缩短新业务的上线周期；并支持动态的资源调度和基础设施节能，大幅地降低轨道沿线基站建设和维护成本。

4.5　轨道交通场景下基于网络切片的系统架构设计

未来高速铁路宽带通信系统承载业务与场景丰富多样，不同的应用场景在网络功能、系统性能、安全、用户体验等方方面面都有着非常不同的需求，传统无线网络架构软硬件耦合且服务模式单一，难以有效地支撑多样化物联网应用在网络功能、服务质量、用户体验等方面的差异化需求[27,28]。如果使用同一个网络提供服务，势必导致这个网络十分复杂繁重，并且难以达到应用所需要的极限性能要求，同时也导致网络运维变得相当复杂，提升网络运营的成本。相反地，如果按照不同业务场景的不同需求，为其部署专有的网络来提供服务，这个网络只包含这个类型的应用场景所需要的功能，那么服务的效率将大大提高，应用场景所需要的网络性能也能够得到保障，网络的运维变得简单，投资及运维成本均可降低。为此，国际电信联盟提出了基于虚拟化技术的网络切片构想，即在一个硬件基础设施上按需构建多个逻辑隔离的端到端虚拟网络，以同时提供多种服务[29]。

4.5.1　网络切片

网络切片可以灵活地支持多样化的网络服务，提高网络服务的可靠性，降低网络运营开销，被认为是第五代以及未来无线通信的关键技术[30,31]，近年来引起了学术界与工业界的大量关注，在网络切片架构、实现技术及商业模型等方面已得到了大量研究[32-34]。然而，现有研究在网络切片及资源管理方法上尚处于起步阶段，尚未有垂直行业基于网络切片设计的网络实例。

一个 5G 网络切片是一组网络功能、运行这些网络功能的资源以及这些网络功能特定的配置所组成的集合，这些网络功能及其相应的配置形成一个完整的逻辑网络，这个逻辑网络包含满足特定业务所需要的网络特征，为此特定的业务场景提供相应的网络服务。网络切片(network slicing，NS)技术可以通过提供一个特定虚拟网络能力和特性的逻辑网络，保证满足垂直行业差异化需求，且为各个终端提供良好的网络连接技术，有效地推进铁路移动通信网络技术发展，帮助业务结合、定制网络的设计。根据业务特点及性能需求进行切片划分，同一切片为不同业务场景提供所匹配的网络功能，可独立按照业务场景的需要和话务模型进行网络功能的定制剪裁和相应网络资源的编排管理,是 5G 网络架构的实例化。将通用的网络资源、存储资源以及计算资源等基础设施资源虚拟化,进行切片资源隔离,增强整体 5G-R 网络鲁棒性与可靠性。

4.5.2 轨道交通网络切片

针对切片划分有多种观点,3GPP 定义网络切片可根据不同用户需求提供差异化服务。移动运营商(mobile network operator,MNO)根据服务需求将用户划分为不同租户类型,根据 SLA 及订阅信息管理每个租户可使用的切片类型[35];终端设备应基于订阅或者终端类型,选定并接入网络切片,可以实现运营商或者用户需求[36];5G Americas 在文献 [37]中提出,每个切片可以服务于特定垂直应用,优化高效地提供网络服务,支持多种用例并发工作,提供网络灵活性;5G PPP 组织认为网络切片,为满足服务提供商所需的 KPI,提供特定网络及计算资源[38];NGMN 提出网络切片的概念,包括服务实例、网络切片实例。其中,服务实例表示所需的终端用户服务或业务服务,网络切片实例为服务实例提供所需的网络特征[39]。目前针对切片定义的粒度划分仍待进一步研究。

目前业界对于业务切片的概念划分主要有智能手机切片、自动驾驶切片(汽车)、大规模物联网[30]、移动宽带、任务关键性物联网等。然而目前尚未有针对轨道交通专网的网络切片划分,所以我们在已提出 5G-R 业务模型的工作基础上,继续深入研究,针对迫切的专网需求,结合 NGMN 对用例的分析,根据 5G-R 业务属性及用例特征进行业务切片划分。具体划分原则如下所示。

(1)智能控制系统(ICS-R):轨道交通特征还包括特定的移动方向、行进线路、较高并可控的速度等。同时结合日益增强的安全性需求,在增强车辆与地面基础设施通信的基础上,增加智能控制应用,需要保障告警信令的超低端到端时延、沿线监控视频信息的高速率传输、车辆调度行驶信令等超高可靠性等。

(2)铁路物联网(IOT-R):5G 业务不只是人人间通信,更增加了物物联通。由于轨道交通部署遍布范围非常广,故铁路物联网是需紧要部署的一类业务场景。根据具体业务类型,又可进一步划分为海量传感铁路物联网(massive-IOT-R),用于基础设施等检测;编组调度铁路物联网(scheduling-IOT-R),优化车辆及工作人员调度;资产管理铁路物联网(asset-IOT-R),保障行李、货物等安全防护,以及铁路票务的高效运营;不同业务分类的铁路物联网对于性能需求或有差异。

(3)车载直连通信(D2D-R):轨道交通运行中,车厢内密集旅客可以在旅途中自发建立车内社交网络,增加旅途舒适度丰富用户体验;轨道交通网上的沿线车辆间也可以自发建立分布式通信,作为沿线基础设施监测的补充服务。具体用例包括邻近告警通信、沿线车辆交互感知、车内旅客社交网络等。

(4)车载移动宽带接入(MBB-R):该分类针对轨道交通场景的高速移动性特征,为满足旅客用户对于高质量移动网络接入的需求。具体用例包含商旅语音办公、商旅办公云共享、车载在线联机游戏等。

(5) 超高可用性车载通信 (UHA-R)：该分类要求能对车载用户提供随时随地的通信接入服务，包括本团队划分的 16 类轨道交通场景下的可接入通信，保障用户的一致性体验。具体用例包括客运信息发布、客运娱乐、定制化旅客服务等。

(6) 超高可靠性车载通信 (UHR-R)：轨道交通作为密集旅客与海量货物的承运系统，首要考虑安全可靠运输，当故障或者意外事件发生时，应及时提供可靠性服务，具体用例包括：抢险链路恢复、远程故障诊断及维护、医疗救护系统等。

(7) 超高清车载视频通信 (UHD-R)：旅客对于轨道场景服务的舒适度需求日益增强，轨道通信有望为用户提供舒适的工作通信、娱乐通信环境；同时为保障行车安全性，防止意外事故或人为破坏产生的不安全因素，车载视频监控也是亟待提供的业务；当自然灾害或者意外事故导致通信链路损坏时，应急需保障高清抢险通信指挥；具体用例包括抢险调度高清通信、车载高清视频监控系统、车载视频会议、车载高清视频、车载网络视频直播等。这些业务应用都对高清视频通信有较高的需求，利用现有窄带 GSM-R 系统或频率资源受限的 LTE-R 系统，均无法满足用户需求。

参 考 文 献

[1] 钟章队. 铁路综合数字移动通信系统. 北京：中国铁道出版社，2003.

[2] Ai B, Cheng X, Kürner T, et al. Challenges toward wireless communications for high-speed railway. IEEE Transactions on Intelligent Transportation Systems, 2014, 15(5): 2143-2158.

[3] 方旭明, 崔亚平, 闫莉, 等. 高速铁路移动通信系统关键技术的演进与发展. 电子与信息学报, 2015, 37(1): 226-235.

[4] He R, Ai B, Wang G, et al. High-speed railway communications: From GSM-R to LTE-R. IEEE Vehicular Technology Magazine, 2016, 11(3): 49-58.

[5] Guan K, Zhong Z, Ai B. Assessment of LTE-R using high speed railway channel model. Proceedings of IEEE 3rd International Conference on Communications and Mobile Computing, Qingdao, 2011: 461-464.

[6] Shafiullah G M, Gyasi-Agyei A, Wolfs P. Survey of wireless communications applications in the railway industry. Proceedings of IEEE International Conference on Wireless Broadband and Ultra Wideband Communications, Sydney, 2007: 65.

[7] ITU Report. Requirements related to technical performance for IMT-advanced radio interface. International Telecommunications Union, 2008.

[8] Han T, Ansari N. RADIATE: Radio over fiber as an antenna extender for high-speed train communications. IEEE Wireless Communications, 2015, 22(1): 130-137.

[9] Chang H W, Tseng M C, Chen S Y. Field trial results for integrated WiMAX and radio-over fiber systems on high speed rail. Proceedings of IEEE 22nd International Symposium on Personal

Indoor and Mobile Radio Communications (PIMRC), Toronto, 2011: 2111-2115.

[10] Lannoo B, Colle D, Pickavet M, et al. Radio-over-fiber-based solution to provide broadband internet access to train passengers. IEEE Communications Magazine, 2007, 45(2): 56-62.

[11] Okada S, Kishimoto T, Akagawa K, et al. Leaky coaxial cable for communication in high speed railway transportation. IET Radio and Electronic Engineer, 1975, 45(5): 224-228.

[12] Schena V, Ceprani F. FIFTH project solutions demonstrating new satellite broadband communication system for high speed train. Proceedings of IEEE Vehicular Technology Conference(VTC 2004-Spring), Milan, 2004: 2831-2835.

[13] Guan K, Li G, Kuerner T, et al. On millimeter wave and THz mobile radio channel for smart rail mobility. IEEE Transactions on Vehicular Technology, 2017, 66(7): 5658-5674.

[14] Dat P T, Kanno A, Yamamoto N, et al. WDM RoF-MMW and linearly located distributed antenna system for future high-speed railway communications. IEEE Communications Magazine, 2015, 53(10): 86-94.

[15] E-band Communications. [2019-10-02]. http://www.e-band.com/index.php? id=86.

[16] Wang J, Lan Z, Pyo C W, et al. Beam codebook based beamforming protocol for multi-Gbps millimeter-wave WPAN systems. IEEE Journal on Selected Areas in Communications, 2009, 27(8): 1390-1399.

[17] Rappaport T S, Sun S, Mayzus R, et al. Millimeter wave mobile communications for 5G cellular: It will work!. IEEE Access, 2013, 1:335-349.

[18] Tse D, Viswanath P. Fundamentals of Wireless Communication. Cambridge: Cambridge University Press, 2005.

[19] 3GPP R1-163887. Update evaluation assumptions for NR High speed scenario.

[20] Sum C, Lan Z, Funada R, et al. Virtual time-slot allocation scheme for throughput enhancement in a millimeter-wave multi-Gbps WPAN system. IEEE Selected Areas in Communications, 2009, 27(8): 1379-1389.

[21] González-Coma J P, Rodríguez-Fernández J, González-Prelcic N, et al. Channel estimation and hybrid precoding for frequency selective multiuser mmWave MIMO systems. IEEE Journal of Selected Topics in Signal Processing, 2018, 12(2): 353-367.

[22] Heath R, Peters S, Wang Y, et al. A current perspective on distributed antenna systems for the downlink of cellular systems. IEEE Communications Magazine, 2013, 51(4): 161-167.

[23] Wang J, Zhu H, Gomes N J. Distributed antenna systems for mobile communications in high speed trains. IEEE Journal on Selected Areas in Communications, 2012, 30(4): 675-683.

[24] Yan L, Fang X M. Reliability evaluation of 5G C/U-plane decoupled architecture for high-speed railway. EURASIP Journal on Wireless Communications and Networking, 2014: 1-11.

[25] Yan L, Fang X M. Decoupled wireless network architecture for high-speed railway. 2013

International Workshop on High Mobility Wireless Communications (HMWC), Shanghai, 2013: 96-100.

[26] Song H, Fang X M, Yan L. Handover scheme for 5G C/U plane split heterogeneous network in high-speed railway. IEEE Transactions on Vehicular Technology, 2014, 63(9): 4633-4646.

[27] Liang C, Yu F R. Wireless virtualization for next generation mobile cellular networks. IEEE Wireless Communications, 2015, 22(1):61-69.

[28] Zhang N, Yang P, Zhang S, et al. Software defined networking enabled wireless network virtualization: Challenges and solutions. IEEE Network, 2017, 31(5): 42-49.

[29] ITU-T Y.3011. Framework of network virtualization for future networks, 2012.

[30] NGMN Alliance. 5G White Paper. Next Generation Mobile Networks, 2015.

[31] 3GPP TR 22.891. Study on new services and markets technology enablers. v 1.0.0.

[32] Richart M, Baliosian J, Serrat J, et al. Resource slicing in virtual wireless networks: A survey. IEEE Transactions on Network and Service Management, 2017, 13(3): 462-476.

[33] Foukas X, Patounas G, Elmokashfi A, et al. Network slicing in 5G: Survey and challenges. IEEE Communications Magazine, 2017, 55(5): 94-100.

[34] Liang C, Yu F R. Wireless network virtualization: A survey, some research issues and challenges. IEEE Communications Surveys and Tutorials, 2015, 17(1): 358-380.

[35] 3GPP TR 38.801. Technical specification group radio access network; Study on new radio access technology; Radio access architecture and interfaces (Release 14), V2.0.0, 2017.

[36] 5G Americas. Network slicing for 5G networks and services, 2016.

[37] 5G PPP. Architecture Working Group, View on 5G architecture, 2016.

[38] NGMN Alliance. Description of network slicing concept by NGMN alliance, 2016.

第 5 章　高速铁路高频信道建模

5.1　轨道交通高频信道建模综述

5.1.1　研究背景

5G 是面向 2020 年以后移动通信需求而发展的新一代移动通信系统。根据移动通信的发展规律，5G 将在用户体验速率、连接数密度、流量密度和用户峰值速率上得到显著提升，同时降低端到端时延并支持高速移动性。在这些性能指标下，5G 将使信息突破时空限制，拉近万物距离，通过无缝融合的方式，便捷地实现人与万物互联。为实现未来移动通信的愿景，5G 将从三个维度开展热点研究：更多的场景；更高的效率，如大规模多天线技术；更多的频谱资源，如高频段的开发。3GPP 组织在 2017 年为 5G 频段划分了两个频率范围，分别为 FR(frequency range)1（低于 6GHz 频段）和 FR2（毫米波频段）。高频段范围内的可用带宽更高，能够显著地提高信道传输容量，因此作为 5G 的热点研究应用，高频通信尤其是毫米波(mmWave)通信的相关研究成为学术界和产业界共同关注的问题。

对无线信道的理解是对任何现有的或新提出的无线系统的设计、分析、评估及应用的前提，而对电波传播特性的掌握则是对无线信道进行研究的物理基础。通常，尽管电波传播侧重于物理性的阐释，无线信道侧重于系统性的阐释，二者的研究往往是联合进行的。电波传播与无线信道的建模之所以始终是无线通信领域的热点研究课题之一，是因为它在无线通信领域始终扮演着如下三个角色：电波传播与无线信道建模是实现无线系统规划的唯一手段，是无线通信系统主要参数与关键技术设计的重要依据，是对无线接口候选技术的选拔与测评的必要条件。

第五代移动通信系统有望提高网络速度数百倍。与长期演进相比，5G 将满足更高的数据速率、容量、业务密度和连接密度的要求。为了实现这一目标，人们选择了能够提供高频谱和功率效率的大规模多天线技术、具有大通信带宽的毫米波技术作为 5G 的关键技术。高频段通信尤其是 mmWave 通信尤其适合与大规模多天线技术相结合，能够使天线阵列尺寸大幅度减小，从而减小基站体积。在高频 Massive MIMO 基站（以下简称高频基站）中，在相同的时间-频率资源上配置大量的天线并且同时与多个空间分离的用户终端进行通信。在新兴的阵列信号处理和波束成形技术的帮助下，高频基站能够充分地利用来自不同离开/到达角度的多径传播，从而获得极高的频谱和功率效率。这种优势使得高频段通信非常适合应用于各种热点场景，在这些场景往往具有高密度移动通信的特点，如演讲厅、剧院、地铁站、火车站、机场等。此外，高频基站中，天线阵元排列往往是二维或者三维的，这意味着信号可以在水平和垂直方向进行动态调整，因此能量能够更加准确地集中指向特定的 UE，从而减少了小区间干扰，能够支持多个 UE 间的空间复用。在 3D 覆盖场景下，高频 Massive MIMO 技术提供了灵活的波束赋形容量，可以更好地为高层建筑中的用户提供服务。图 5-1 给出了室内高频段 3D Massive MIMO 的典型应用场景的示意图。

图 5-1　室内高频段 3D Massive MIMO 的典型应用场景的示意图

另外，对高频无线信道的理解是对高频无线系统的设计、分析、评估及应用的前提，而对高频系统中电波传播特性的掌握则是对高频无线通信相关技术进行研究的物理基础。一个合理准确能够真实反映高频信道特征的信道模型，是高频 Massive MIMO 原型机功能验证、性能评估的前提。针对高频 Massive MIMO 通信的传播信道的建模已经引起了学术界和工业界的极大兴趣。然而，适用于高频 Massive MIMO 的信道特征研究以及对应的可靠模型目前还十分有限。为了促使高频 Massive MIMO 技术从理论研究走向实际应用，迫切需要对不同热点场景下的高频通信进行更多的信道表征。

5.1.2　相关研究

为了研究高频信道的传播特性，有关学者近年来开展了一系列的信道测量。有关 Massive MIMO 信道的最早测量使用了 112 阵元数量的、可旋转的虚拟圆柱天线阵列[1]。几乎在同时期，瑞典隆德大学也开展了一些信道测量活动，分别使用了 128 元虚拟均匀线阵(uniform linear array, ULA)和 128 元实体均匀圆柱阵列(uniform cylindrical array, UCA)[2,3]。上述所有这些测量考虑室外场景，并均只在 2.6GHz 下进行。基于这些测量,相关研究人员对实际传播信道下的 Massive MIMO 系统的性能进行了评估,并得出以下结论:Massive MIMO 大部分理论增益能够在实测信道上体现出来。使用文献[2]、[3]中相同的测量系统,文献[4]、[5]开展了一些其他室外场景的信道测量,基于测量数据分析了一些典型信道参数以及几个关键的信道性能指标。文献[6]、[7]开展了室外-室内场景的 Massive MIMO 信道测量活动。文献 [6]、[7]在基站上使用了有效天线单元数目达到 480 的混合开关/虚拟圆柱阵列,给出了不同用户高度和 BS 高度的角度扩展统计结果,并对俯仰角维度波束赋形性能和上行链路信道容量进行了细致评估。除了上述研究,我们还可以在文献[8]~[11]中找到一些其他 Massive MIMO 信道测量和相关初步分析。值得注意的是,文献[12]~[17]提出了一些用于 Massive MIMO 信道的基于几何的随机性模型(geometry based stochastic model,GBSM),它们都考虑了阵列上簇的非平稳特性。在这些模型中,通常使用两种不同的建模方法来描述 Massive MIMO 信道阵列维度的非平稳特性,即生灭过程(birth-death process)和可见区域(visibility region,VR)方法。这些方法可以有效地描述非平稳性,但所有这些模型尚未使用测量进行验证过。在北京交通大学团队的前期工作[18-22]中,研究人员利用测量研究了不同频段下 Massive MIMO 信道的一些典型信道参数,如路径损耗、阴影衰落、均方根(root mean square,RMS)延迟扩展、相干带宽等。同时研究人员还进行了基于现实信道的综合传输性能评估。研究结果表明,类似于文献[2]、[3]、[5]中的室外测量,即使在视距条件下,室内 Massive MIMO 信道的性能也能够相当接近于 i.i.d.瑞利信道的理论传输性能。

对于毫米波通信,目前学术界贡献较大的是纽约大学的 Rappaport 团队。该团队在纽约市区等地方开展了一系列毫米波高频段信道测量,涉及频段为 28GHz、38GHz、60GHz、73GHz[23-26]。文献[23]、[24]对比了美国纽约市和奥斯汀市的 28GHz、38GHz、60GHz、73GHz 下的测量结果,包括路径损耗、时延扩展、多径成分数量、中断概率以及初步的毫米波统计性建模结果。文献[23]和[24]指出纽约市的路径损耗指数要比奥斯汀市的总体更大。随着频率的增大,路径损耗指数会轻微地增大,这是由环境对不同波长信号的反散射特性所导致的。此外文献[23]和 [24]还给出了不同毫米波频段下的多径成分数量。在奥斯汀市,均方根时延扩展与收发距离呈反比关系,且时延扩展远小于纽约市。文献[25]使用宽带滑动相关信道探测仪分别在 28GHz 和 73GHz 频段下的室内环境中开展了信道测量,收发端均使用了定向性天线。基于实测数据文献[25]提出了一个新型大尺度路径损耗模型,相比于 3GPP 和 ITU 标注模型,该模型结构更简单而且更加贴合物理传播机制。文献[26]利用同样的测量系统对纽约市区环境开展了 28GHz 和 73GHz 频段下 3D 信道建模。

截至目前,国际上主流的几个通信标准机构以及项目,例如,WINNER Ⅱ[27]、WINNER+[28]以及 IMT-Advanced[29],都没能够提供一个完整的针对 5G 通信的标准信道模型。其他国际标准化组织如 3GPP 以及 COST 2100[30]针对高频 Massive MIMO

信道目前做了一些相关推进工作。例如，3GPP 发布了 3D MIMO 信道模型相关技术报告 TR 36.873[31]，然而在这个技术报告中，天线数量还没有达到我们普遍认为 Massive MIMO 所具备的天线数目(如 128、256 甚至更多)。COST 2100 在自身扩展中加入了支持 Massive MIMO 的扩展改进，其可视区间的概念引入到了 Massive MIMO 的基站侧，用来描述基站侧阵列维度的簇的可视性，然而这个模型中并没有给出特点环境中可视区间的统计特征。此外，由于 COST 2100 的扩展是基于文献[2]、[3]、[5]中的室外测量，出于当时测量设备的局限性(例如，频段较低，且使用线性阵列，无法获得信道俯仰角维度特征)，因此其 3D 扩展实际上是完全移接自 3GPP 3D MIMO 模型[31]。其他的一些开源信道模型，例如，mmMAGIC 组织的 QuaDRiGa 模型[32]，以及 METIS 组织的混合模型[33]，都基于 WINNER+的扩展，它们都或多或少开发了对 mmWave 信道以及 Massive MIMO 信道的支持，但是改进十分有限，而且需要更多的实际信道测量作为支撑。

5.2 测量系统与测量环境

5.2.1 测量系统

为了进一步探明高频段 Massive MIMO 信道电波传播机制，最终建立完善的信道模型，北京交通大学开展了一系列高频信道测量[18-22,34-37]。北京交通大学团队测量所用的频域信道测深仪是由美国国家仪器(National Instruments，NI)和是德科技(Keysight)的支持开发的。接收机放置在大规模阵列一侧，用来模拟基站。所使用的三维机械转台通过沿着导轨在水平和垂直方向上移动接收(Rx)天线来构造虚拟 URA。所构造的 256 元虚拟均匀矩形阵列，每行有 64 个天线阵元，每列有 4 个天线阵元。三维机械转台遍历所有 256 个子信道的总时间不长于 8min。三维机械转台的运动控制器通过串行端口(RS-232)与信道探测仪进行握手信号通信，以便与信道探测过程保持正常同步。即在信道探测仪在采集完一个子信道的信道数据之后，告知三维机械转台运动控制器子信道数据采集完成，三维机械转台接收到信号则开始移动接收天线，将天线定位在下一个阵列阵元位置。转台移动到位之后，会通过串口告知信道探测仪，可以采集信道数据，如此周而复始，直至遍历完所有阵元位置。整个过程通过编程自动运行，无须人为干预，在保证了测量效率的同时也保证了测量的准确性。三维机械转台的定位误差为 0.01mm，其运动加速度以及最大运动速度均可通过控制程序调节，因此能够最大限度地消除抖动，保证阵列精准度。在测量之前，作为探测器时钟源的铷钟需要接收到全球定位系统(global positioning system，GPS)信号校准，以达到最稳定状态。此外，在测量之前，还需要通过收发机直连校准消除电缆和信道探测设备对测量信号的影响，并且通过吸波材料消除了测量设备在天线附近的可能反射。测量载频最低为 2GHz，最大为 22GHz。测量带宽为 100MHz、160MHz 和 200MHz。所使用的发射天线和接收天线均为垂直极化全向天线。图 5-2 给出了北京交通大学团队 Massive MIMO 信道测量系统示意框图。

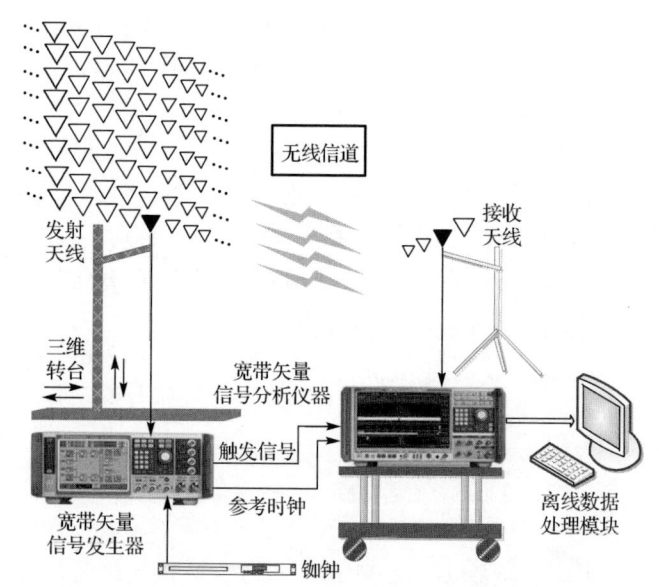

图 5-2　北京交通大学团队 Massive MIMO 信道测量系统示意框图

此外，为了在后期基于实测数据使用 ESPRIT、SAGE 等高精度参数估计算法进行多径估计时，算法能够具有足够精确度，实际上需要考虑包含双极化的完整信号模型[38]。对于单极化信道测量，则要求测量所使用的天线在较大的角度范围内均具有较高的交叉极化比(cross-polarization discrimination，XPD)。例如，对于垂直极化天线，由于天线制造工艺不可避免的细微缺陷，天线的水平极化分量会存在泄漏，通过将天线放置于大型微波暗室进行 360°全向增益测量，得到天线的两个极化分量增益，并计算对应的交叉极化比，我们才可以评估测量中多径参数萃取的准确性。这个过程就是天线校准过程。一般来说，在较大的角度范围(包括水平方位角和垂直俯仰角)，XPD 为 15~20dB，即能够达到测量接收信号的平均信噪比(SNR)，则可以认为该单极化测量具备高精度多径参数提取条件，可以使用 ESPRIT、SAGE 等算法进行后期参数估计。此外在后期信道建模中，暗室测量得到的天线增益可以从信道测量得到的信道传输函数或者信道冲击响应中刨去，提高信道建模的准确性。图 5-3 给出了北京交通大学团队测量中所使用的收发天线的暗室实测 3D pattern。

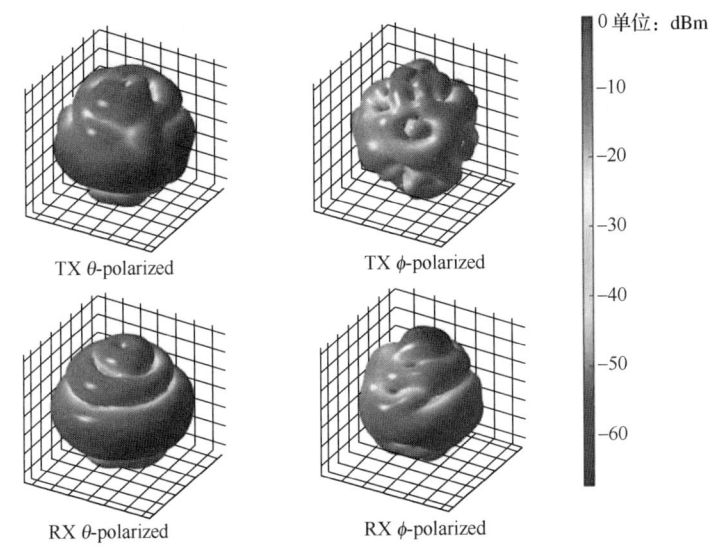

图 5-3　北京交通大学团队测量中所使用的收发天线的暗室实测 3D pattern

5.2.2　测量环境

高频 Massive MIMO 系统能够大幅度地提升频谱效率和能耗效率，尤其适用于人流密度大、通信密集的场景。北京交通大学团队在一系列不同的室内热点场景下开展了 Massive MIMO 信道实测，包括报告厅场景、剧场场景、地铁站场景和办公楼大厅场景。

(1) 报告厅场景：开展测量的报告厅选取在北京交通大学第九教学楼中心报告厅。该报告厅前后长 20.1m，左右宽 20.2m，天花板高 4.5m，能够同时容纳 300 人，是典型的用户密集室内场景。报告厅四周墙壁以及天花板为混凝土构成，除了讲台侧，四周均有出口。紧邻讲台两侧有两个大倾角平坦墙面，用于悬挂投影仪屏幕。测量时，Massive MIMO 阵列位于讲台上，模拟用户的单天线位于观众席，其中在直射条件下天线架在高于座位席的固定杆上，而在非直射条件下天线置于座位背后。图 5-4 为报告厅测量场景照片。

(2) 剧场场景：测量场景位于北京交通大学学生活动中心剧场（图 5-5）。这个场景属于典型的用户数量密集，但是又与其他室内环境（如室内报告厅）有所区别的场景。在这个场景里，由于需要进行舞台表演，环境中的墙壁结构往往采用木质结构来吸收声音，同时墙壁往往不是光滑的，而是具有复杂曲面或者被拆分为多个反射平面，这样做也是为了消除回声。从电波传播的角度来说，这很可能也会导致无线信号的复杂传播。在该测量环境中，除了观众席两侧和后侧墙壁铺设了复合木材，舞台的表面铺设了厚质木材。在接近舞台的两侧，是两堵厚厚的棱角分明的大理石

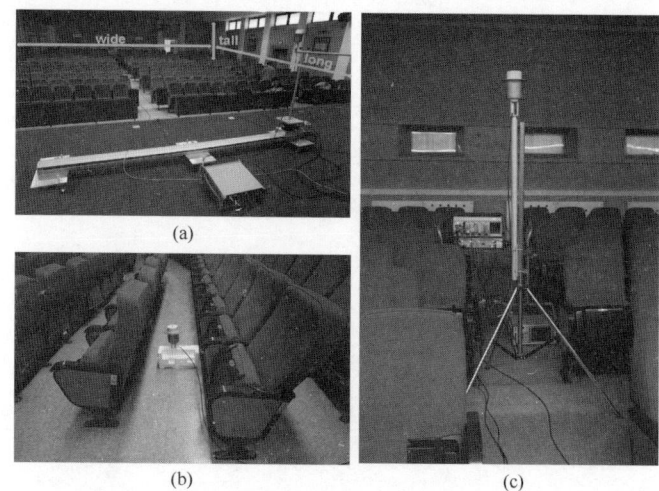

图 5-4 报告厅测量场景照片

墙,剧场舞台前沿的上方,以及观众席天花板均覆盖了装修用的硬质复合塑料。剧场的观众席长 15.97m,宽 11.74m,天花板高 6.92m。在观众席中均匀分布了 18 个测量位置,每个测量位置有 2 个测量点,彼此相隔半波长。

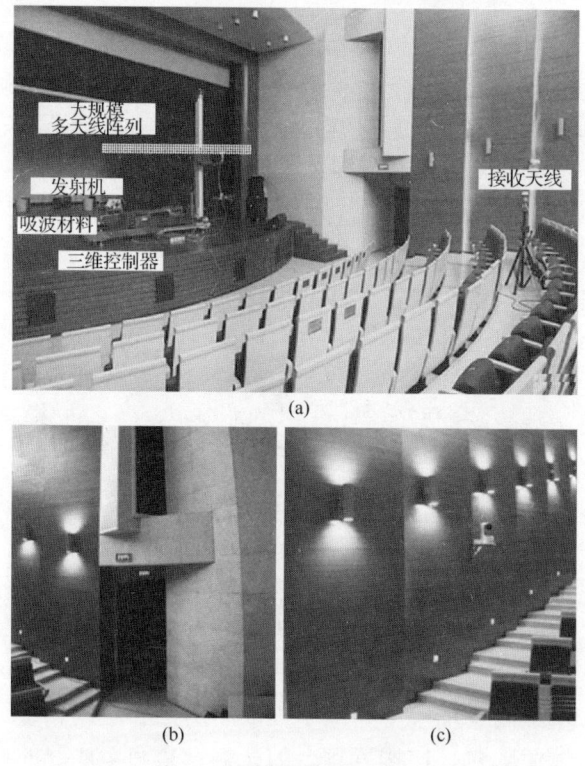

图 5-5 剧场测量场景照片

(3) 地铁站场景：地铁站场景因为其客流量巨大，无疑是 5G Massive MIMO 通信中的热点部署场景。测量选取的地铁站位于北京地铁 16 号线永丰站。相比于其他室内场景，地铁站显著特点是空间狭长，地铁站两侧屏蔽门之间距离为 11.60m，而站台两端距离达到约为 150m，站台天花板距离地面约为 4m，和常见室内环境相当。站台两侧有大面积的屏蔽门。屏蔽门的材料主要为玻璃以及一部分金属，这必然会导致不同于其他室内环境的电波传播。在用户候车时，玻璃屏蔽门会反射一部分电波，此外还会有一部分电波穿透屏蔽门在隧道内传播并再次穿透屏蔽门回到站台内部。此外，地铁站有别于传统室内环境的另一个特征是，站台内部有许多大型柱子，这对电波传播也会产生显著的遮挡效应。除了屏蔽门，站台内部大多数由混凝土和大理石构成。在这个场景中，北京交通大学团队总共测量了 8 个随机分布的位置，每个位置分别测量 5 个位点，一字排开彼此相隔半波长。Massive MIMO 阵列位于站台的其中一端。图 5-6 为地铁站测量场景照片。

图 5-6　地铁站测量场景照片

(4) 办公楼大厅场景：办公楼大厅是最常见的一种室内用户密集场景。测量所选取的大厅位于北京交通大学思源教学楼一层。和大多数办公楼一层大厅一样，该环境内部墙壁和地板均为抛光厚大理石，此外北侧的墙壁有许多大型玻璃橱窗，周围有许多门窗。大厅中还有两根大理石立柱。在北边的门口上方还悬挂着一个巨型发光二极管(light emitting diode，LED)屏幕。值得注意的是，所选取的这个大厅二层和三层部分楼道位于大厅南北侧，属于半开放式走廊。整个大厅东西长 27.0m，南北宽 16.8m，天花板距离地面高度大约为 11.7m。总共测量了 15 个接收位置，其中有 9 个测量位置分布在大厅一层地面，另外还有 6 个接收位置分布在南侧 2 层与 3 层走廊，每层走廊 3 个。图 5-7 为办公楼大厅测量场景照片。

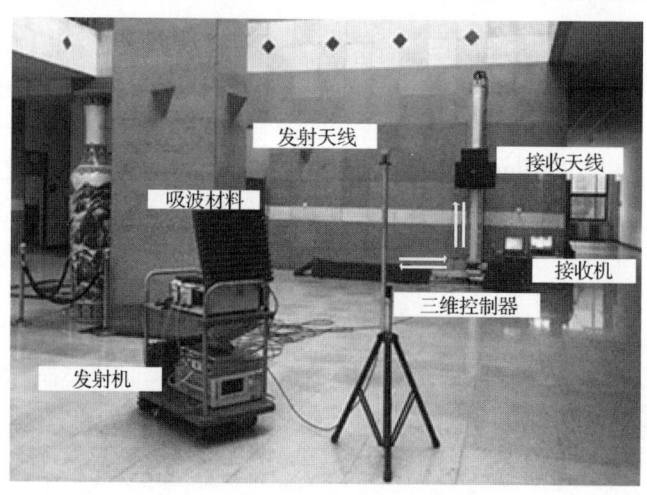

图 5-7 办公楼大厅测量场景照片

需要指出的是，对于虚拟阵信道测量，必须保证在构造虚拟阵列的整个过程中，信道是准静态的，即信道不能有剧烈扰动。因此在上述所有场景中，所有测量均在午夜进行，测量过程中没有人员或者其他物体在环境中移动。

5.3 测量结果与分析

5.3.1 基本信道参数

1. 路径损耗

路径损耗表征了电波在空间传播的损耗，可以由式(5-1)计算得出。通过对阵列每个位置计算路径损耗(path loss)可以得到路径损耗与阵列编号(array index)的关系曲线。为了进行低频(<6GHz)与高频信道特征对比分析，下面给出部分低频测试结果。图 5-8 表示的是载频 2GHz、4GHz 和 6GHz，封闭空间 LOS/NLOS 场景下的路径损耗，对应的虚线表示的是自由空间路径损耗的理论计算值。

$$PL = -10\lg\left(\frac{1}{\text{Num}_f}\left(\sum_{l=1}^{\text{Num}}|\boldsymbol{H}(f_l)|^2\right)\right) \qquad (5\text{-}1)$$

根据结果，我们可以看到，路径损耗随着天线阵列不同位置的变化（虚线为自由空间路径损耗理论值），此外高频信号的损耗较大、NLOS 损耗较大，NLOS 对高频信号损耗的增幅较大，这是因为高频信号更容易受到绕射的影响。路径损耗的本地均值随着阵列位置的变化，存在波动。LOS 的损耗整体低于自由空间传播模型，这意味着在封闭的室内空间中，大量多径信号通过反射回到了接收端。

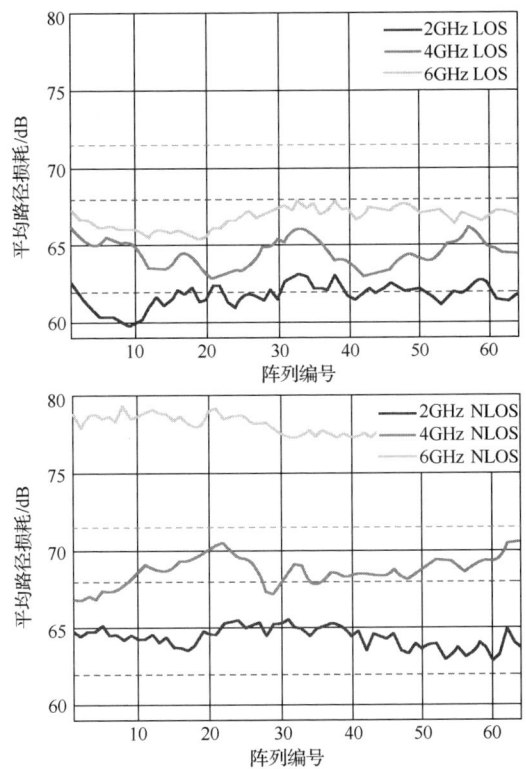

图 5-8 封闭空间 LOS/NLOS 场景 Massive MIMO 路径损耗分析示例

对于封闭空间 Massive MIMO 测量，频点包含 2GHz、4GHz、6GHz、11GHz、15GHz、22GHz、26GHz，因此我们能够研究低、高频段下 Massive MIMO 信道在不同频段下的信道特征。通过对阵列每个位置计算路径损耗，并去除路径损耗均值，可以得到的不同载频的阴影衰落标准差。阴影衰落一般服从 0 均值高斯分布。此外，在封闭空间场景的测量中，发射端使用了 3 种不同的阵列形式，包括 64 阵元的线阵、64 阵元的面阵（8 行 8 列）以及 128 阵元的面阵（8 行 16 列）。表 5-1 给出了封闭空间 LOS/NLOS 场景下 3 种不同阵列形式的 Massive MIMO 阴影衰落标准差统计结果。图 5-9 为封闭空间内不同载频、不同阵列下的阴影衰落标准差直方图统计。

表 5-1 封闭空间 LOS/NLOS 场景下 3 种不同阵列形式的 Massive MIMO 阴影衰落标准差统计

阵列类型		64×4 线状			64×4 面状			128×1 面状		
参数		左	右	全体	左	右	全体	左	右	全体
2GHz	LOS	1.24	0.78	1.08	1.15	1.35	1.27	1.28	1.29	1.28
	NLOS	0.85	0.97	0.96	1.09	1.07	1.09	1.00	0.89	0.95

续表

阵列类型		64×4 线状			64×4 面状			128×1 面状		
参数		左	右	全体	左	右	全体	左	右	全体
4GHz	LOS	1.01	0.94	0.98	1.00	0.86	0.97	1.08	0.83	0.97
	NLOS	1.69	1.13	1.44	1.38	1.30	1.31	1.57	0.94	1.57
6GHz	LOS	0.75	0.80	0.89	0.79	0.83	0.79	0.80	0.91	0.86
	NLOS	0.91	1.04	1.00	1.10	1.14	1.10	0.59	0.68	0.64
11GHz	LOS	0.30	0.36	0.61	0.32	0.30	0.31	0.19	0.30	0.25
	NLOS	2.58	1.92	2.96	1.88	1.70	1.84	1.09	1.27	2.51
15GHz	LOS	0.32	0.45	0.64	0.52	0.49	0.51	0.41	0.38	0.44
	NLOS	2.31	1.91	2.17	1.81	1.79	1.86	2.22	0.99	2.08
22GHz	LOS	0.29	0.16	0.31	0.24	0.23	0.24	0.23	0.28	0.26
	NLOS	1.89	1.36	1.65	1.75	1.68	1.72	1.12	1.50	1.41

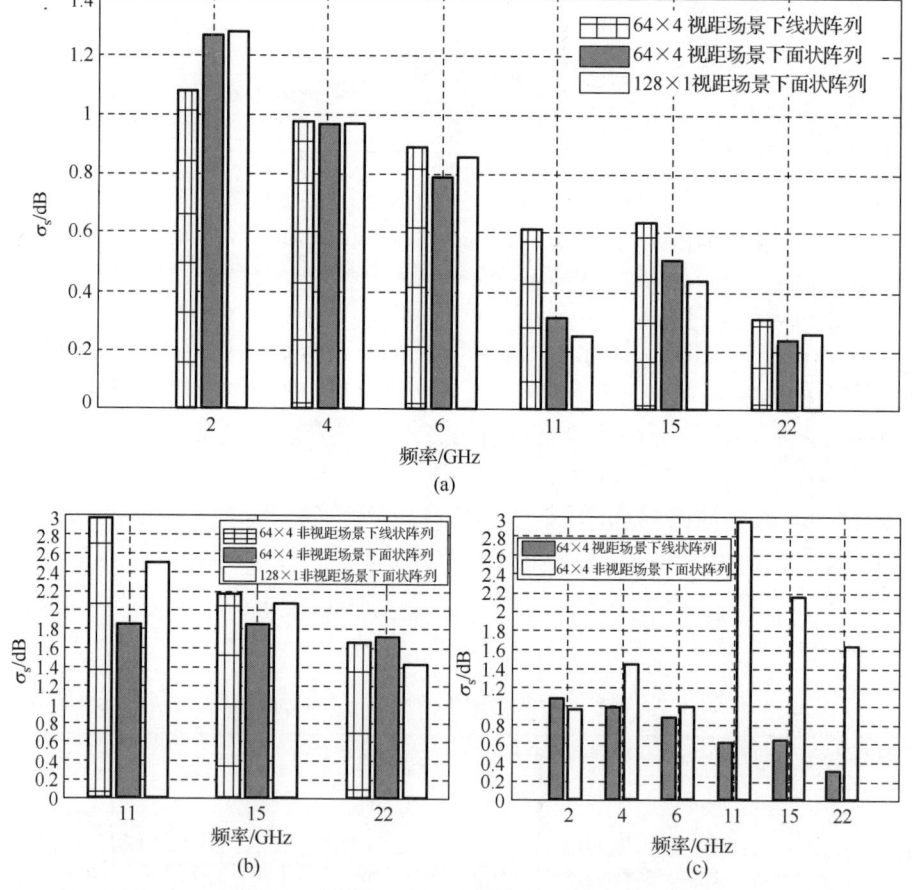

图 5-9 封闭空间内不同载频、不同阵列下的阴影衰落标准差直方图统计

分析结果表明，路径损耗在阵列不同位置上波动。LOS 整体标准差<1.3。2GHz 的 LOS 和 NLOS 的标准差相差不大，NLOS 略小于 LOS；而 4GHz/6GHz/11GHz/15GHz/22GHz，NLOS 标准差整体要比 LOS 大，与已有测量现象一致。无论低频还是高频，存在左右两侧标准差不一致的情况，信道表现出空间非平稳性。对于路径损耗随收发距离的建模，北京交通大学团队考虑了直射径成分与收发距离的关系。图 5-10 给出了剧场场景和地铁场景的直射径成分路径损耗结果。其中红色散点和红色直线为剧场场景 11GHz 频段的测量数据散点和拟合结果，蓝色散点和蓝色直线为地铁站场景 11GHz 频段的测量数据散点和拟合结果，而黑色虚线则为 11GHz 频段自由空间路径损耗。

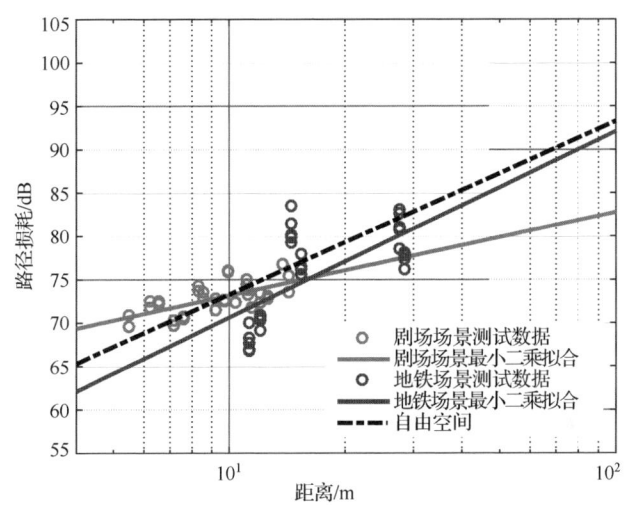

图 5-10　剧场场景及地铁站场景 11GHz LOS 成分路径损耗随距离变化（见彩图）

理论上，测量得到的直射径成分的路径损耗跟对应频段的自由空间路径损耗相一致。从图 5-10 中可以看到，地铁站场景的路径损耗相对自由损耗要略低，这可能是由在用 SAGE 算法估计 LOS 成分时存在其他多径成分和噪声的干扰无法完全准确地估计 LOS 成分功率导致的，但是其路损因子跟自由空间路径损耗相差较小。对于剧场场景，可以发现路损因子要明显比自由空间路损以及地铁站的结果小，这主要是由上面提到的 SAGE 固有缺陷以及剧场的环境特点所导致的。注意到测量过程中，由于观众席存在前倾坡度，接收天线后方的座椅以及后排接收位置后侧的墙壁，会产生一系列反射径，这些反射径和 LOS 成分的离开角、时延相当，在 SAGE 估计 LOS 成分时难以被 SAGE 精确剥离，从而导致了路损因子的偏低。表 5-2 给出了剧场场景和地铁场景的直射径成分路径损耗模型的参数。

表 5-2 剧场场景和地铁场景的直射径成分路径损耗模型的参数

场景	参数	剧场	地铁站
收发距离/m	d	5.48~14.27	11.29~28.41
PL = β + 10αlg(d)	α	0.96	2.15
	B/dB	63.58	49.27
$X \sim N(0, \sigma_s)$	σ_s/dB	1.80	5.41

2. 功率时延谱与时延扩展

功率时延谱(power delay profile)可以用来直观地描述时延色散,而均方根时延扩展(RMS delay spread)则可对时延色散做定量分析。对接收位置的 4 个点做平均,得到平均功率时延谱(APDP),均方根时延扩展可以根据式(5-2)计算得出。图 5-11 和图 5-12 分别给出了载频 6GHz,LOS/NLOS 场景下阵列的功率时延谱,以及载频 2GHz、4GHz 和 6GHz,LOS/NLOS 场景下均方根时延与阵列位置的关系。

$$\tau_{\text{rms}} = \sqrt{\frac{\sum_p \text{APDP}(\tau_p)\tau_p^2}{\sum_p \text{APDP}(\tau_p)} - \left(\frac{\sum_p \text{APDP}(\tau_p)\tau_p}{\sum_p \text{APDP}(\tau_p)}\right)^2} \tag{5-2}$$

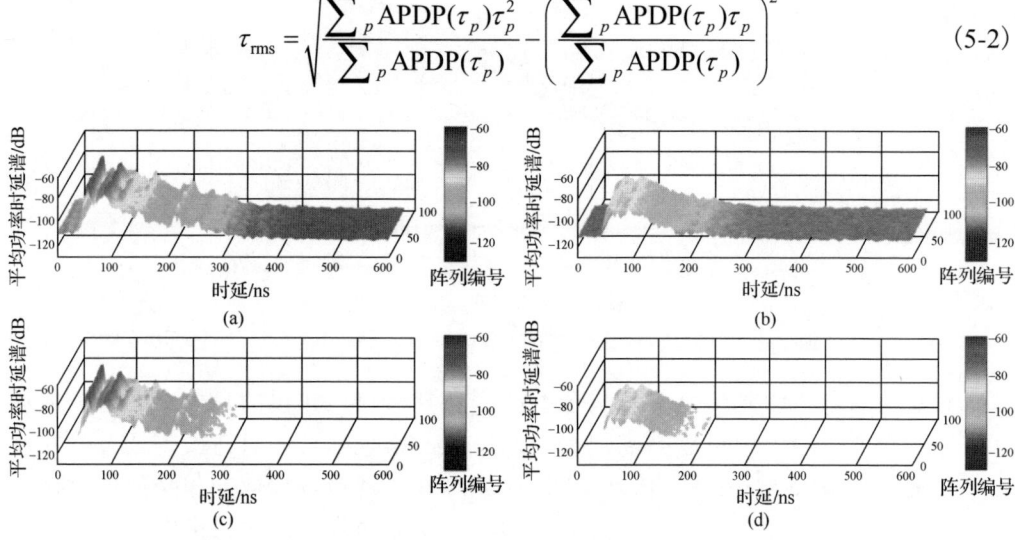

图 5-11 报告厅 LOS/NLOS 场景 Massive MIMO APDP 示例(见彩图)

我们可以观测到 LOS 的 APDP 更为陡峭,呈现类似 SV 模型的结构;而 NLOS 的 APDP 变化较为平缓。

从测量结果可以看到,在 2~6GHz 频段,时延扩展与频率没有观测到明显的依赖关系。这是由于环境中的主要反散射体在 2~6GHz 频段发散射特性未发生显著变化;此外,时延扩展随天线位置的变化存在一定波动;在对 PDP 做完本地平均的基础上,LOS 和 NLOS 的时延扩展数量级非常接近。

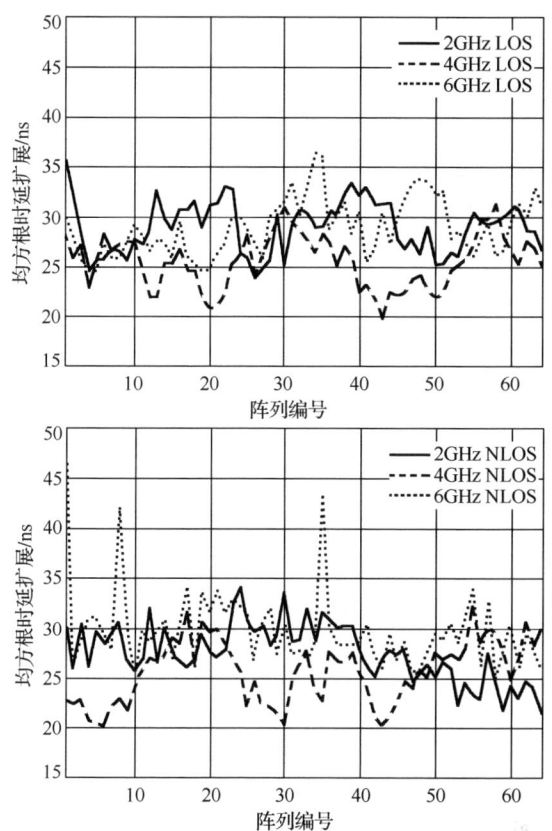

图 5-12 报告厅 LOS/NLOS 场景 Massive MIMO 均方根时延扩展分析示例

以 6GHz 的线阵为例，LOS 和 NLOS 的均方根时延扩展如图 5-13 所示。可以看到在天线阵列的不同位置，LOS 和 NLOS 两种情况下的 RMS Delay Spread 值存在差别，但是总体均基本保持在一个范围内。这是因为在实际测量环境中，难以找到

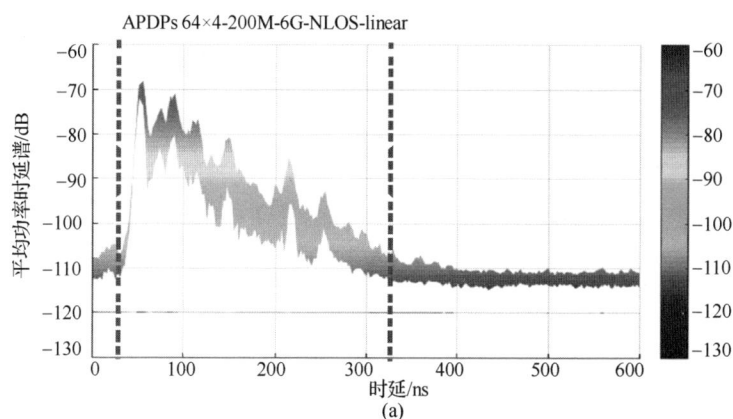

(a)

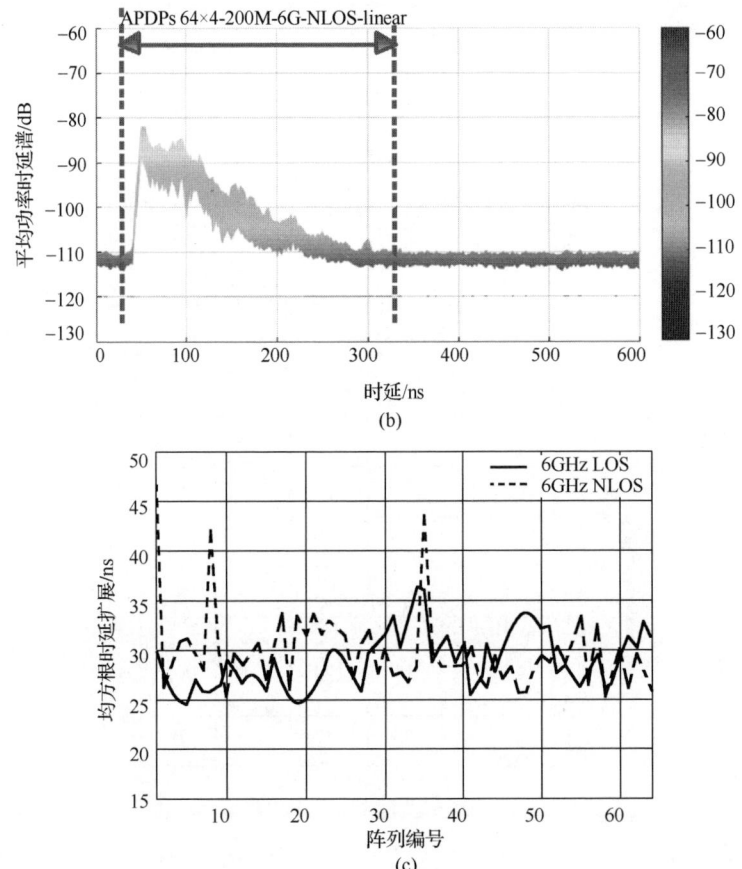

图 5-13 报告厅 LOS/NLOS 场景 Massive MIMO APDP 与均方根时延扩展分析示例

一个能够提供丰富多径的 NLOS 场景,导致了测量结果中 NLOS 下的多径信号淹没在噪声中,难以观测到明显的时延展宽。

此外北京交通大学团队还分析了封闭空间场景不同载频下、不同阵列下的 Massive MIMO 信道均方根时延扩展。表 5-3 给出了封闭空间 LOS/NLOS 场景下 3 种不同阵列形式的 Massive MIMO 均方根时延均值以及标准差统计结果。图 5-14 为封闭空间不同载频、不同阵列下的均方根时延扩展均值、标准差直方图统计。

表 5-3 在封闭空间 LOS/NLOS 场景下 3 种不同阵列形式的 Massive MIMO 均方根时延均值标准差统计

阵列类型			64×4 线状		64×4 面状		128×1 面状	
频率		场景	均值	标准差	均值	标准差	均值	标准差
2GHz		LOS	29.36	4.09	29.17	4.30	28.35	4.21
		NLOS	27.84	3.85	28.96	3.78	29.50	3.97

续表

阵列类型		64×4 线状		64×4 面状		128×1 面状	
频率	场景	均值	标准差	均值	标准差	均值	标准差
4GHz	LOS	26.09	3.20	27.60	3.90	27.12	3.59
	NLOS	25.82	4.75	26.32	3.82	25.80	4.57
6GHz	LOS	29.19	4.06	29.61	3.30	29.28	3.59
	NLOS	28.93	3.40	28.13	4.08	28.51	3.63
11GHz	LOS	19.79	3.15	21.78	2.72	21.80	2.33
	NLOS	13.23	4.36	14.38	4.39	11.38	3.43
15GHz	LOS	18.55	2.86	19.56	3.51	20.08	2.92
	NLOS	18.95	5.29	19.45	4.94	22.20	4.87
22GHz	LOS	19.05	2.16	17.12	1.93	17.02	2.33
	NLOS	16.93	4.51	18.38	4.92	18.16	4.18

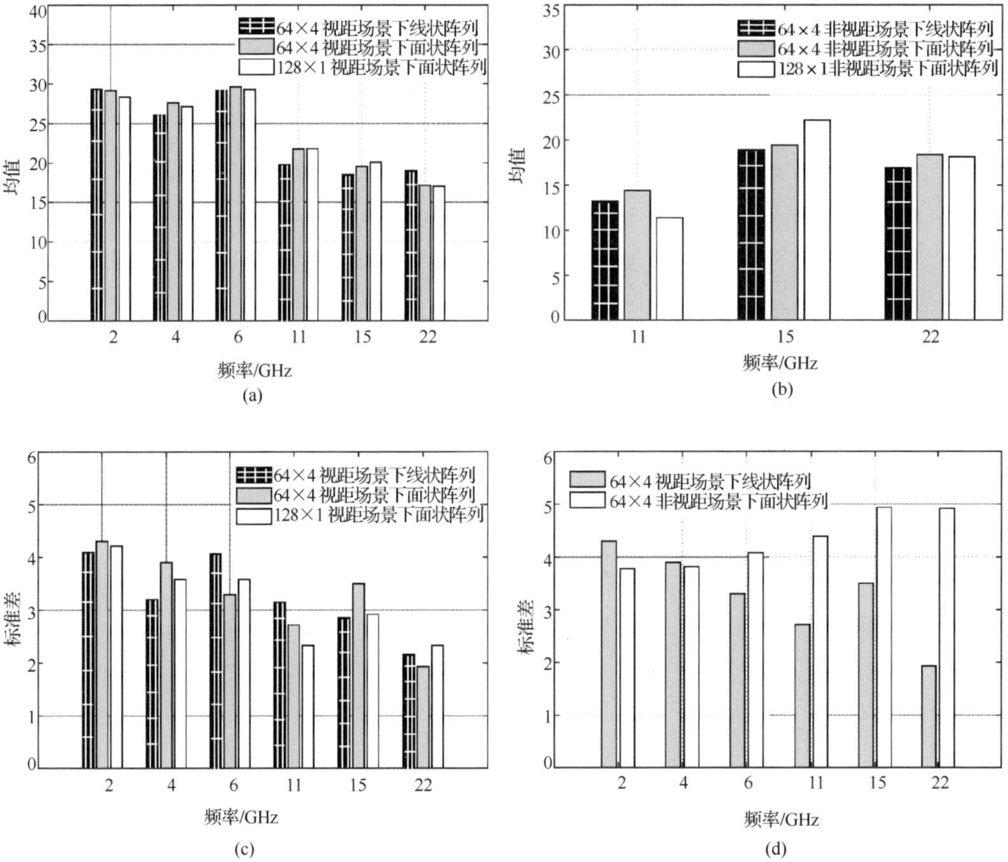

图 5-14 封闭空间不同载频、不同阵列下的均方根时延扩展均值、标准差直方图统计

分析结果表明，均方根时延扩展在阵列不同位置上波动，整体上 2GHz/4GHz/6GHz 的均方根时延均值要比 11GHz/15GHz/22GHz 大；此外整体均方根时延扩展均

值<30ns，与现有室内测量相一致。除了上述分析，还分析了均方根时延扩展与阴影衰落的相关性，结果表明均方根时延波动与阴影衰落呈现明显的相关性。且 4 个接收位置分布特征一致，如图 5-15 所示。

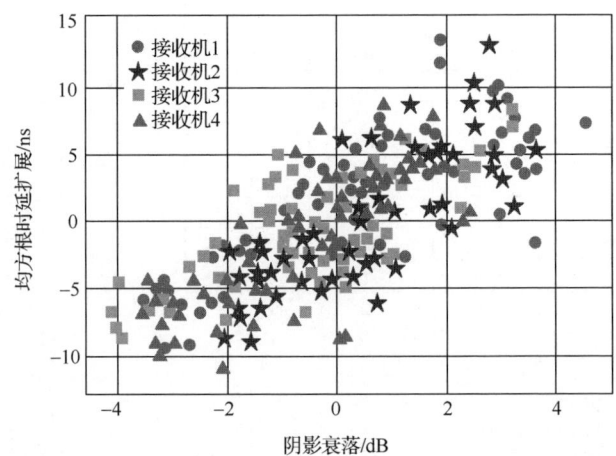

图 5-15 封闭空间内 Massive MIMO 信道均方根时延扩展与阴影衰落相关性分析示意图

此外，北京交通大学团队对于整个环境中所有的均方根时延扩展样本进行统计发现，可以使用对数正态分布来对实测样本进行建模。图 5-16 展示了地铁站场景 6GH 和 11GHz 的均方根时延扩展的累积分布函数（CDF）曲线。

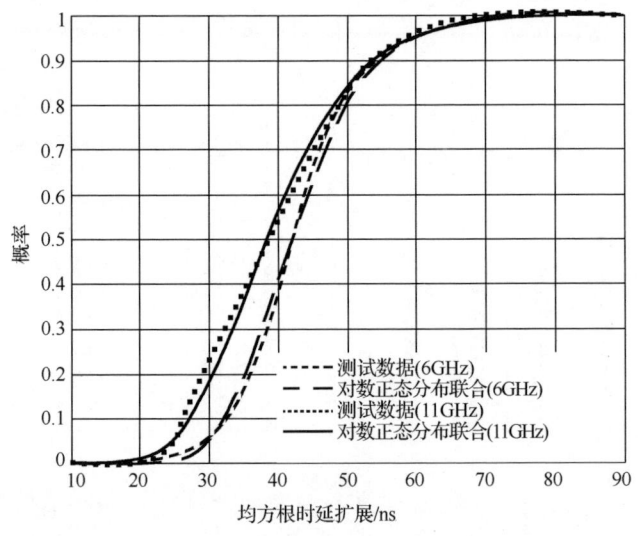

图 5-16 地铁站场景 6GHz 和 11GHz 的均方根时延扩展的累积分布函数（CDF）曲线

对于其他场景的均方根时延扩展进行统计，也发现样本符合对数正态分布，相关分布参数提取出来可以直接为统计性信道模型服务。

3. 相干带宽

相干带宽(coherent bandwidth)指某一特定的频率范围,在该频率范围内的任意两个频率分量都具有很强的幅度相关性。相干带宽可以由频率相关函数计算得到,把频率相关函数低于某个门限值(一般取 $1/e$)的所有部分的带宽总和定义为相干带宽,如式(5-3)所示。图 5-17 给出了载频 2GHz、4GHz 和 6GHz,LOS/NLOS 场景下的相干带宽的测量结果。而表 5-4 则给出了均方根时延扩展和相干带宽的均值和标准差统计。

$$B_{\text{coh}} = \frac{1}{2}\left[\arg\max_{\Delta f>0}\left(\frac{\rho_F(0,\Delta f)}{\rho_F(0,0)} = \frac{1}{e}\right) - \arg\max_{\Delta f<0}\left(\frac{\rho_F(0,\Delta f)}{\rho_F(0,0)} = \frac{1}{e}\right)\right] \quad (5\text{-}3)$$

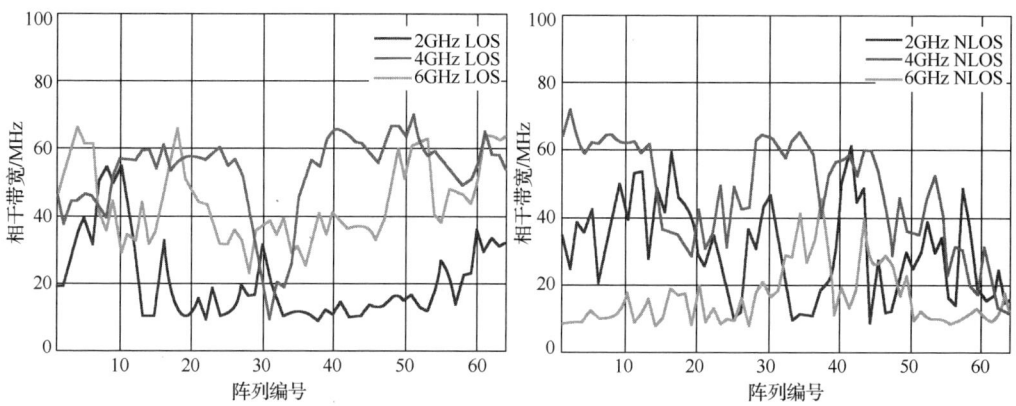

图 5-17 封闭空间 LOS/NLOS 场景 Massive MIMO 相干带宽分析示例(见彩图)

从测量结果可以看到在 2～6GHz 频段,相干带宽与频率没有观测到明显的依赖关系。理由同上:这是由于环境中的主要反散射体在 2～6GHz 频段发散射特性未发生显著变化。此外,相干带宽随天线位置的变化存在一定波动,而且 LOS 和 NLOS 的相干带宽数量级非常接近,与时延扩展的结果相一致。表 5-4 总结了封闭空间场景 2～6GHz 频段 Massive MIMO 均方根时延及相干带宽均值、标准差统计结果。

表 5-4 封闭空间 LOS/NLOS 场景 Massive MIMO 均方根时延及相干带宽均值、标准差统计

频率/GHz	场景	均值		标准差	
		τ_{rms}/ns	B_{coh}/MHz	τ_{rms}/ns	B_{coh}/MHz
2	LOS	28.9	20.6	2.6	12.0
	NLOS	27.5	30.0	2.8	13.8
4	LOS	25.5	52.5	2.7	12.4
	NLOS	25.5	46.3	3.1	16.0
6	LOS	28.9	44.0	2.8	11.5
	NLOS	29.8	15.8	3.9	8.5

在办公楼大厅场景的测量中,北京交通大学团队对所有测量位置使用了两种不同的阵列结构,即 4×64 URA(uniform rectangular array)和 64×4 URA。图 5-18 显示的是两种阵列统计得到的相干带宽概率密度分布,可以发现两者的分布十分相似,这说明相干带宽在某个局部区域中的水平方向和垂直方向是稳定的,而对于不同的局部区域(也就是测量位置),相干带宽的波动范围较大。对于 11GHz 测量频段来说,相干带宽为 5~80MHz。

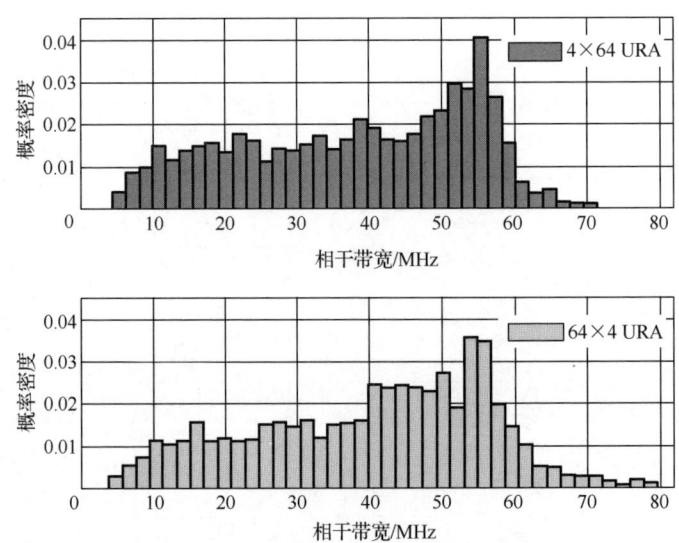

图 5-18　办公楼大厅 4×64 URA 和 64×4 URA 两种阵列的相干带宽概率密度分布

4. 方向性分析

由于 Massive MIMO 属于多天线系统,我们基于测量数据,利用 SAGE 等高精度多径参数提取算法,能够得到实际环境中多径传播的详细信息。通过这样的处理,能够使我们探明所研究环境中的多径结构,直观地发现实际电波是如何传播的。此外,通过将多径估计结果和实测环境精确几何信息相结合,根据光学反射定律我们还可以定位出环境中的主要反散射体,这样有助于我们进一步理解 Massive MIMO 信道电波传播机理,同时便于后期在信道建模中对场景进行准确分类,为模型参数的确定提供依据。图 5-19 和图 5-20 分别展示了剧场测量场景下的多径估计结果。在信道测量之前,环境的具体几何信息已提前测绘得到,同时发射阵列和接收天线的具体位置也已准确获得。根据 SAGE 多径角度估计结果,可以在几何地图上对估计的多径进行人工大致追踪(图 5-19 和图 5-20 中子图(b)中红色射线),射线与几何地图中的物体交互处即为环境中主要反散射体的大致位置(图 5-19 和图 5-20 中子图(b)中黄色椭圆)。

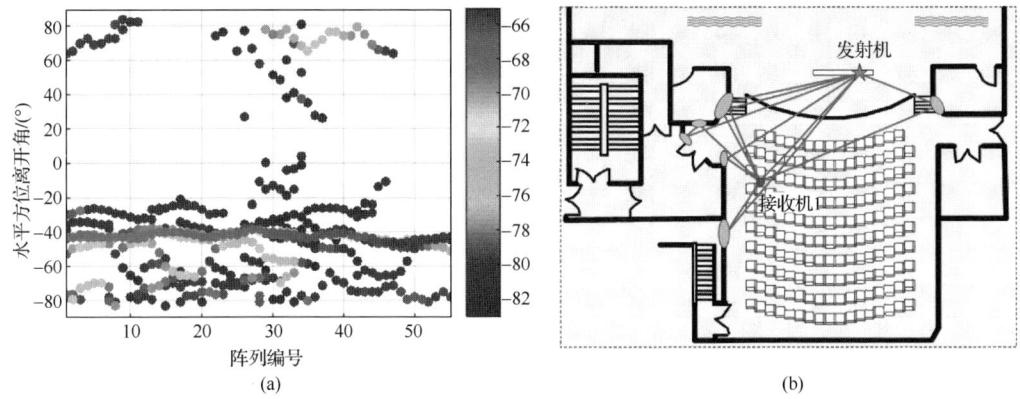

图 5-19 剧场场景 11GHz 下 SAGE 多径估计及反散射体定位示例 1(见彩图)

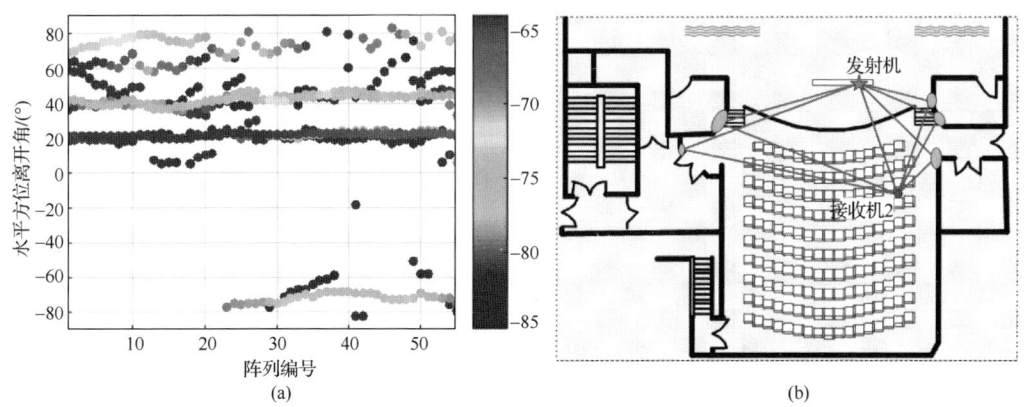

图 5-20 剧场场景 11GHz 下 SAGE 多径估计及反散射体定位示例 2(见彩图)

具体地,在示例 1(图 5-19)中可以看到,信道中的直射径(也就是功率最强的多径)处在约为 $-40°$ 的方位角上,这和几何地图发射阵列和接收天线的相对位置相符;在方位角为 $-80° \sim -20°$ 的范围内,存在着大量多径,这些多径是经过舞台左侧的大理石墙以及向内凹陷的侧门反射到接收机的,可以看出这些多径功率相对于直射径功率明显较弱,角度也杂乱无章;在方位角约为 $70°$ 附近,可以看到一条明显的多径,这条多径是从舞台右侧大理石墙反射到接收机的。在示例 2(图 5-20)中,接收机位于剧场观众席的右前方,可以清晰地看到直射径方位角在 $20°$ 处;同时,可以看到在方位角约为 $40°$ 和 $70°$ 两处各有一条能量较强的反射径,这两条多径分别是从剧场观众席右侧墙壁、舞台右侧大理石墙面反射到达接收机的。由于在这个例子中接收机更接近舞台右侧墙面,因此对应的反射径功率要比示例 1 中强。此外,注意到在方位角约为 $-70°$ 的地方,存在一条明显多径,这条多径是从舞台右侧大理石墙面反射到达接收机的。通过针对所有测量位置进行上述分析,我们可以确定测量环境中所有主要反散射体，进一步归纳总结出室内环境中的典型反散射体种类。后期对于没有开展过实际测量的新型应用环境，可以根据环境中的反散射体种类进行模型参数调节，达到模型灵活应用、提高精确度的目的。

此外，在获得了环境中的多径信息之后，我们可以定量地对特定环境下信道的角度色散进行分析。角度扩展的计算方式跟时延扩展类似，为多径角度和功率的二阶矩，此处不再赘述。图 5-21 给出了地铁站场景 6GHz 以及 11GHz 频段下 Massive MIMO 阵列侧全局方位角扩展和俯仰角扩展的 CDF。可以看到无论是 6GHz 还是 11GHz，测量得到的方位角扩展和俯仰角扩展均可认为服从对数正态分布。此外还可以发现，11GHz 的方位角扩展要比 6GHz 的略大，而对于俯仰角扩展则 6GHz 相对于 11GHz 更大。前者的两者差距并不是十分明显，可能是由环境中的主要反散

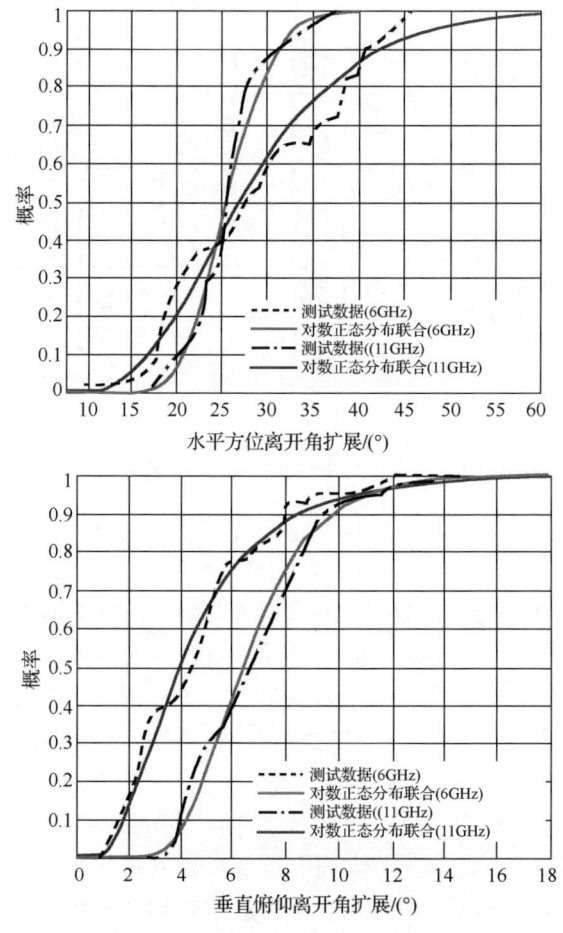

图 5-21 地铁站场景 6GHz 以及 11GHz 频段下 Massive MIMO 阵列侧全局方位角扩展和俯仰角扩展的 CDF

射体，如两侧的玻璃屏蔽门对不同频段电波的反射能力差异所造成的；后者的原因很可能在于，11GHz 频段的高传播、反射损耗，导致有着大俯仰角度的多径最后淹没在了系统噪声之中，最终造成了相对较低的俯仰角扩展。表 5-5 给出了剧场场景和地铁站场景 11GHz 下的角度扩展对应的对数正态分布参数。

表 5-5 剧场场景和地铁站场景 11GHz 下的角度扩展对应的对数正态分布参数

场景		剧场	地铁站
ASD lg /(°)	μ_{ASD}	1.28	1.43
	σ_{ASD}	0.09	0.16
ESD lg /(°)	μ_{ESD}	0.52	0.60
	σ_{ESD}	0.18	0.26

另一个能够反映信道角度色散的参数为方向扩展，和角度扩展不同的是，该参数无量纲，范围为 0~1。当方向扩展等于 0 时，意味着信号从单一地某个方向离开/到达阵列；而若方向扩展等于 1 则说明信号从四面八方均匀地离开/到达阵列。图 5-22 展示了剧场场景 11GHz 频段下的方向扩展 CDF。可以看到，方向扩展跟角度扩展一样服从对数正态分布。对应的对数正态分布参数为 $\mu = -1.24$，$\sigma = 0.18$。

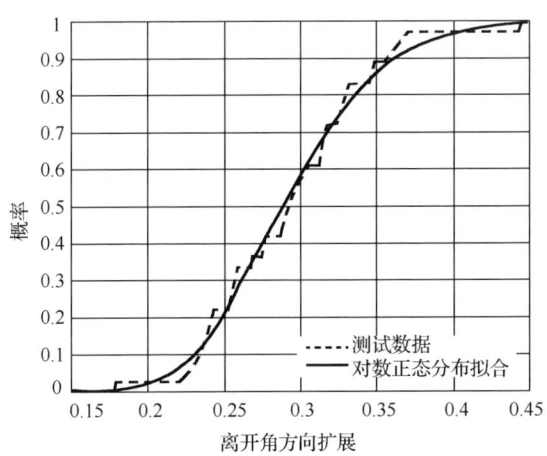

图 5-22 剧场场景 11GHz 频段下的方向扩展 CDF

5.3.2 传播机制探讨

由于 Massive MIMO 阵列天线数目巨大，因此为了节省基站空间，阵元常常同时水平和垂直排布，也就是阵列常常为面阵或者圆柱阵。这样设计还有一个非常重要的原因是，它使得 Massive MIMO 阵列同时具有水平和垂直角度的分辨能力。然而即便如此设计，Massive MIMO 阵列某个方向上的维度仍然可以达到十几个波长，这个特点和传统 MIMO 不同。基于北京交通大学的 Massive MIMO 信道实测结果，Massive MIMO 信道相对于传统 MIMO 信道有以下两种不同的电波传播机制。图 5-23 为 Massive MIMO 信道空间非平稳特性示意图。

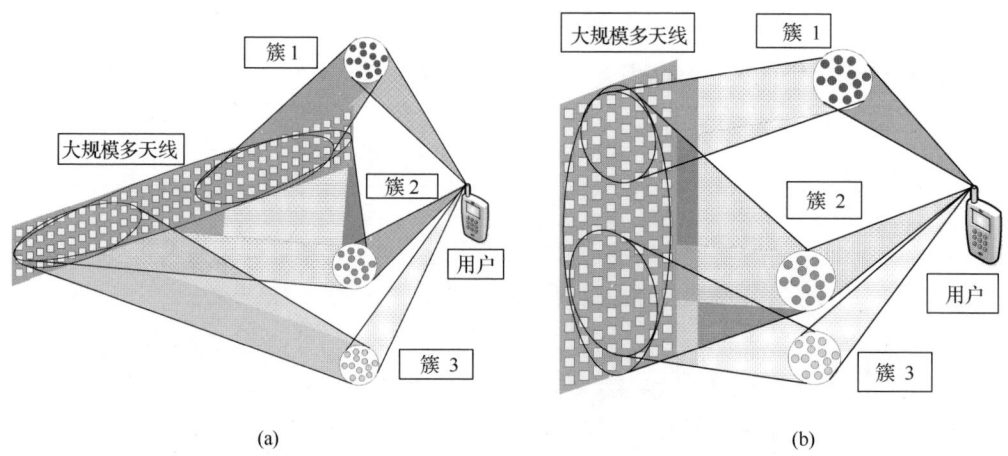

图 5-23　Massive MIMO 信道空间非平稳特性示意图

1. 空间非平稳特性

根据现有信道测量，已经多次观测到高频段 Massive MIMO 信道的空间非平稳特性依旧显著。空间非平稳特性表现为，信道观测到的多径结构会随着阵列位置不同而产生变化，换句话来说，即信道特性在不同阵列位置表现不一致。造成高频段 Massive MIMO 信道的空间非平稳特性的本质原因，是由于 Massive MIMO 阵列尺寸过大，天线阵列物理上横跨了不同的信道平稳区间，这种现象类似于传统 MIMO 阵列在空间中移动时所观测到的现象。对于如何刻画高频段 Massive MIMO 信道的空间非平稳特性，隆德大学的学者提出了将 COST 2100 模型的可视区间的概念引入 Massive MIMO 的基站侧，用来描述基站侧阵列维度的簇的可视性，然而在这个工作中，他们并没有给出特点环境中可视区间的统计特征。此外，目前隆德大学考虑的基站侧可视区间仅仅考虑了水平维度。实际应用时，正如前面所述，Massive MIMO 阵列天线很可能是面阵，因此 Massive MIMO 信道垂直维度也可能会表现出空间非平稳特性。图 5-24 展示了 11GHz 频段下办公楼大厅测量得到的多径在 Massive MIMO 阵列维度的 SAGE 估计结果。由于大规模阵列尺寸过大，为了满足远场条件和平面波假设，我们使用一个 4 行 10 列的虚拟窗口在 Massive MIMO 阵列上水平或者垂直滑动，依次进行 SAGE 估计得到准确的多径参数。其中，图 5-24(a) 和图 5-24(c) 分别展示的是大厅一层某测量位置，4×64 均匀矩形阵(URA) 和 64×4 URA 的多径估计结果；图 5-24(b) 和图 5-24(d) 分别展示的是大厅三层半开放走廊某测量位置，4×64

URA 和 64×4 URA 的多径估计结果。我们从这两组结果可以看到,首先对于同一个测量位置,4×64 URA 和 64×4 URA 的多径观测结果很类似,两者大体均具有相似的多径结构;其次,这两个不同测量位置都有一个特点,就是观测角度范围内,存在部分多径或多径簇只能被阵列的一部分观测到,如图 5-24(a)中的多径③,以及图 5-24(b)中的多径⑦。此外,即便是同一个多径或多径簇能被 4×64 URA 和 64×4 URA 整个阵列都观测到,两个多径或多径簇在阵列维度的功率波动变化也有显著区别。例如,图 5-24(a)和图 5-24(c)中的多径①,在使用 4×64 URA 观测中,随着阵列观测窗口从左到右移动的过程中,多径方位角先是较为剧烈地摆动,然后渐渐趋于稳定,整体功率也是逐渐增大的;而在使用 64×4 URA 观测中,多径①的方位角和功率均非常稳定;以上结果表明,Massive MIMO 信道具有显著的空间非平稳性特征,这个特征不仅仅表现在阵列维度,同时表现在整个 3D 维度,即对于一个确定的收发信机位置,信道各个方向的空间非平稳特征表现也可能存在差异。这个特征与传统 MIMO 信道显著不同,在传统 MIMO 信道中所有阵元观测到的信道特征可以认为是一致的。北京交通大学团队通过对在多个不同的室内热点场景中的测量

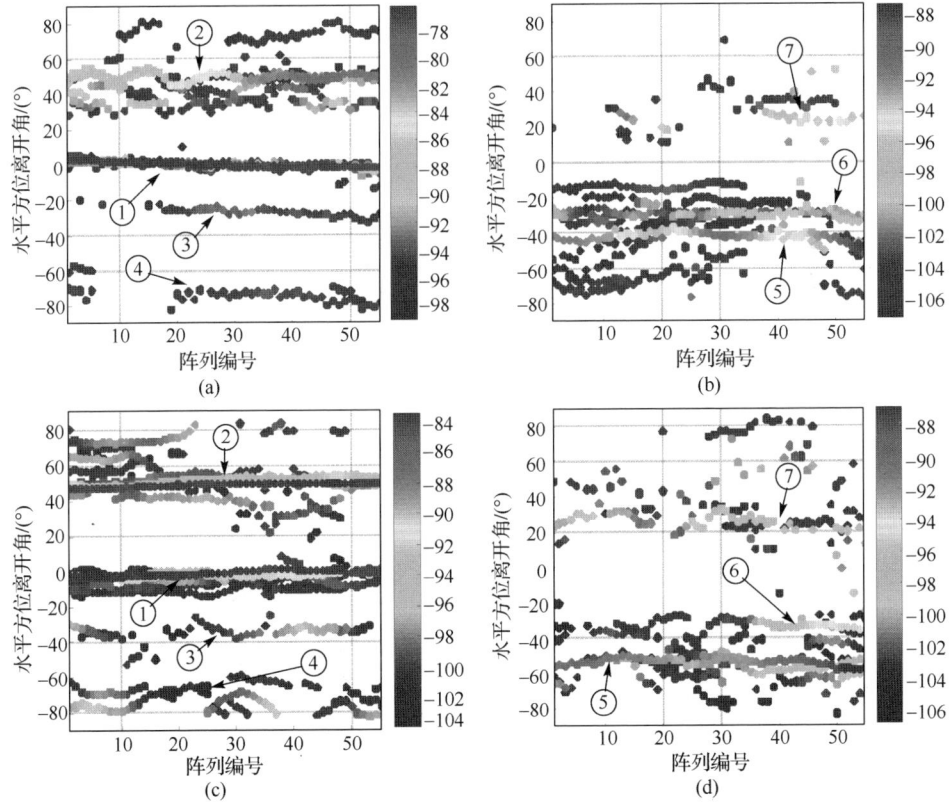

图 5-24 办公楼大厅 11GHz Massive MIMO 信道多径估计结果(见彩图)

数据进行分析确认，Massive MIMO 信道的空间非平稳性特征普遍存在。如何将 Massive MIMO 信道的空间非平稳性特征进行准确刻画，并且加入到新的面向 Massive MIMO 信道的信道模型中，是有关学者需要关注和认真探索的问题。

北京交通大学对于 Massive MIMO 信道非平稳特性做了大量研究[20,31-34]。其中文献[34]将信道中能够被整个阵列观测到的多径簇命名为 common cluster，而只能被部分阵列观测到的多径簇则命名为 non-common cluster。这样的分类抓住了 Massive MIMO 信道多径簇最显著的特征，便于在提取了簇相关参数之后，更加准确地对信道进行基于多径簇的信道建模。

2. 球面波传播

Massive MIMO 阵列物理尺寸大除了带来信道空间不平稳特性，还会带来另一个问题，即导致电波到达阵列各个阵元的角度和时延不一致，这本质是由电波的球面波传播所导致的。在传统 MIMO 的情况中，由于 MIMO 物理尺寸相对于电波传播距离来说很小，电波到达阵列各个阵元的角度和时延差异可以小到忽略不计，即可以认为电波是平面波。但平面波假设在 Massive MIMO 的情况中就不适用了，因为大规模多天线阵列的物理尺寸相对波长很大(注意，这里的物理尺寸是相对的，即对于毫米波大规模多天线阵列，实际物理尺寸可以做得很小，但是其阵列体积相对于波长来说仍然很大)。图 5-25 展示了 11GHz 频段下办公楼大厅 Massive MIMO 信道多径估计在球面波传播下所表现的观测现象。

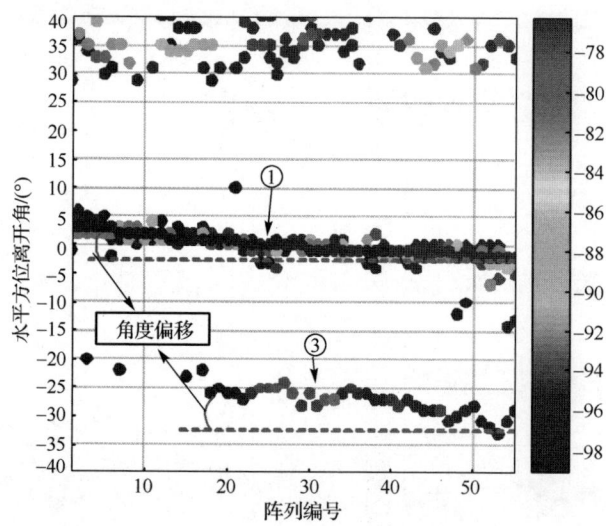

图 5-25　办公楼大厅 11GHz Massive MIMO 信道球面波传播示意图(见彩图)

图 5-25 实际上是取自图 5-24(a)的结果。为了清晰显示，我们把图 5-24(a)中的多径方位角-40°~40°的范围进行局部放大，我们从图 5-24 中可以清晰地看到，随

着观测窗口从左往右移动的过程中，多径①的方位角逐渐改变。从 Massive MIMO 阵列最左端到最右端，产生了大约 8°的角度偏移，这清晰地反映出，在 Massive MIMO 阵列不同区域，由球面波传播导致的信号角度差异。表明了在实际应用中，Massive MIMO 阵列会真实地接收到存在明显的角度差异的信号，这对系统信号处理，以及系统的通信性能都会带来影响。因此，为了更好地指导工程实践和应用，在对高频段 Massive MIMO 信道进行信道建模中，必须考虑电波球面波传播的特征，把这个考虑到信道模型中才能更真实地反映实际信道。

需要指出的是，球面波和平面波的条件需要通过收发机或者信源的具体实际位置来判定，例如，当接收机或者散射体距离发射阵列很远时，即便是使用高频段 Massive MIMO 阵列也有可能简化为平面波传播。最常用地用来判定远近场条件的准则为瑞利距离(Rayleigh distance)，瑞利距离的计算方式如下：

$$D_{\text{Rayleigh}} = \frac{2L^2}{\lambda} \tag{5-4}$$

式中，L 是阵列的孔径；λ 为信号载波波长。经过计算，对于 4×10 的滑动窗口对应的瑞利距离约为 1.22m，而对于 4×64 和 64×4 的长方形面阵，对应的瑞利距离则约为 53.70m。对于室内环境来说，这个距离已经是非常可观的了。也就是说对于一般的室内环境来说，球面波传播是普遍存在的，而且还有可能出现平面波和球面波传播同时存在的情况，这一点也应该在今后的高频段 Massive MIMO 信道建模中考虑到。

参 考 文 献

[1] Hoydis J, Hoek C, Wild T, et al. Channel measurements for large antenna arrays. International Symposium on Wireless Communication Systems, Pairs, 2012: 811-815.

[2] Gao X, Edfors O, Rusek F, et al. Massive MIMO performance evaluation based on measured propagation data. IEEE Transactions on Wireless Communications, 2015, 14(7): 3899-3911.

[3] Gao X, Tufvesson F, Edfors O, et al. Measured propagation characteristics for very-large MIMO at 2.6GHz. Asilomar Conference on Signals, Systems and Computers, Pacific Grove, 2012: 295-299.

[4] Payami S, Tufvesson F. Channel measurements and analysis for very large array systems at 2.6GHz. European Conference on Antennas and Propagation, Prague, 2012: 433-437.

[5] Kristem V, Sangodoyin S. Delay spread properties in a measured massive MIMO system at 2.6GHz. International Symposium on Personal, Indoor, and Mobile Radio Communications, London, 2013: 53-57.

[6] Kristem V, Sangodoyin S, Bas C U, et al. 3D MIMO outdoor to indoor macro/micro-cellular

channel measurements and modeling. IEEE Global Communications Conference, San Diego, 2015: 1-6.

[7] Kristem V, Sangodoyin O, Bas C, et al. 3D MIMO outdoor-to-indoor propagation channel measurement. IEEE Transactions on Wireless Communications, 2017, 16(7): 4600-4613.

[8] Xu C, Zhang J, Zheng Q, et al. Measurement-based delay spread analysis of wideband massive MIMO system at 3.5GHz. IEEE International Conference on Computational Electromagnetics, Kumamoto, 2017: 246-248.

[9] Wang C, Zhang J, Tian L, et al. The variation of clusters with increasing number of antennas by virtual measurement. European Conference on Antennas and Propagation, Pairs, 2017: 648-652.

[10] Chen J, Yin X, Wang S. Measurement-based massive MIMO channel modeling in 13-17GHz for indoor hall scenarios. IEEE International Conference on Communications, Kuala Lumpur, 2016: 1-5.

[11] Sangodoyin S, Kristem V, Bas C U, et al. Cluster-based analysis of 3D MIMO channel measurement in an urban environment. IEEE Military Communications Conference, Tampa, 2015: 744-749.

[12] Wu S, Wang C X, Haas H, et al. A non-stationary wideband channel model for massive MIMO communication systems. IEEE Transactions on Wireless Communications, 2015, 14(3): 1434-1446.

[13] Wu S, Wang C X, Aggoune E H M, et al. A non-stationary 3-D wideband twin-cluster model for 5G massive MIMO channels. IEEE Journal on Selected Areas in Communications, 2014, 32(6): 1207-1218.

[14] Lopez C F, Wang C X, Feng R. A novel 2D non-stationary wideband massive MIMO channel model. Computer Aided Modelling and Design of Communication Links and Networks, Toronto, 2016: 207-212.

[15] Wu H, Jin S, Gao X. Non-stationary multi-ring channel model for massive MIMO systems. Wireless Communications Signal Processing, Nanjing, 2015: 1-6.

[16] Chen Y, Li Y, Sun S, et al. A twin-multi-ring channel model for massive MIMO system. International Symposium on Communications and Information Technologies, Qingdao, 2016: 606-610.

[17] Xie Y, Li B, Zuo X, et al. A 3D geometry-based stochastic model for 5G massive MIMO channels. International Conference on Heterogeneous Networking for Quality, Reliability, Security and Robustness, Taipei, 2015: 216-222.

[18] Li J, Ai B, He R, et al. Measurement-based characterizations of indoor massive MIMO channels at 2GHz, 4GHz, and 6GHz frequency bands. Vehicular Technology Conference (VTC Spring), Nanjing, 2016: 1-5.

[19] Li J, Ai B, He R. Indoor massive multiple-input multiple-output channel characterization and performance evaluation. Frontiers of Information Technology and Electronic Engineering, 2017, 18(6): 773-787.

[20] Li J, Ai B, He R, et al. Directional analysis of indoor massive MIMO channels at 6GHz using SAGE. Vehicular Technology Conference (VTC Spring), Sydney, 2017: 1-5.

[21] Li J, Ai B, He R, et al. Characterization of indoor massive MIMO channel at 11GHz. General Assembly and Scientific Symposium of the International Union of Radio Science (URSI GASS), Montreal, 2017: 1-4.

[22] Ai B, Guan K, He R, et al. On indoor millimeter wave massive MIMO channels: Measurement and simulation. IEEE Journal on Selected Areas in Communications, 2017, 35(7): 1678-1690.

[23] Rappaport T S, Maccartney G R, Samimi M K, et al. Wideband millimeter-wave propagation measurements and channel models for future wireless communication system design. IEEE Transactions on Communications, 2015, 63(9): 3029-3056.

[24] Maccartney G R, Rappaport T S, Samimi M K, et al. Millimeter-wave omnidirectional path loss data for small cell 5G channel modeling. IEEE Access, 2015, 3: 1573-1580.

[25] Maccartney G R, Rappaport T S, Sun S, et al. Indoor office wideband millimeter-wave propagation measurements and channel models at 28 and 73GHz for ultra-dense 5G wireless networks. IEEE Access, 2015, 3: 2388-2424.

[26] Samimi M K, Rappaport T S. 3-D millimeter-wave statistical channel model for 5G wireless system design. IEEE Transactions on Microwave Theory and Techniques, 2016, 64(7): 2207-2225.

[27] IST-4-027756 WINNER II project. WINNER II Channel Models, Deliverable D1.1.2 V1.2, Part I Channel Models, 2005.

[28] CELTIC CP5-026 WINNER+ project. Final channel models, Deliverable D5.3, 2007.

[29] ITU-R M.2135-1. Guidelines for evaluation of radio interface technologies for IMT-Advanced. International Telecommunication Union (ITU), Technology Report, 2009.

[30] Verdone R, Zanella A. Pervasive Mobile and Ambient Wireless Communications: COST Action 2100, 2012.

[31] 3GPP TR 36.873. Study on 3D channel model for LTE, V12.0.0. 3GPP Technical Specification Group Radio Access Networks, Technology Report, 2015.

[32] H2020-ICT-671650 mmMAGIC project. Measurement campaigns and initial channel models for preferred suitable frequency ranges, deliverable D2.1, 2012.

[33] ICT-317669 METIS project. METIS channel models, Deliverable D1.4 V3, 2013.

[34] Li J, Ai B, He R M, et al. Channel characterization for massive MIMO in subway station environment at 6GHz and 11GHz. Vehicular Technology Conference (VTC Fall), Chicago, 2018: 1-5.

[35] Li J, Ai B, He R, et al. Directional analysis of massive MIMO channels at 11GHz in theater environment. Vehicular Technology Conference (VTC Fall), Sydney, 2018: 1-5.

[36] Li J, Ai B, He R, et al. Measurement-based massive MIMO channel characterization in lobby environment at 11GHz. IEEE/CIC International Conference on Communications in China (ICCC), Beijing, 2018: 1-5.

[37] Li J, Ai B, He R, et al. The 3D spatial non-stationarity and spherical wavefront in massive MIMO channel measurement. International Conference on Wireless Communications and Signal Processing, Hangzhou, 2018: 1-5.

[38] Landmann M, Kaske M, Thoma R S. Impact of incomplete and inaccurate data models on high resolution parameter estimation in multidimensional channel sounding. IEEE Transactions on Antennas and Propagation, 2012, 60(2): 557-573.

第 6 章　大规模天线信道建模

6.1　大规模天线信道建模研究综述

6.1.1　大规模天线信道建模研究现状

作为第五代移动通信系统的关键技术之一，大规模多天线技术已经引起了工业界与学术界的广泛关注[1]。大规模天线可以提供更高的频谱效率和功率效率[2]，并且可以通过联合波束赋形技术显著地提升吞吐量和辐射功率效率。因此，越来越多的学者针对大规模天线的信道建模开展研究。

信道建模可以准确地反映实际电波传播场景中信号的点播特性，因此在大规模天线通信系统的仿真和设计中扮演了重要的角色。然而，大规模天线信道建模依旧是一个待研究的公开课题，准确的大规模天线信道模型亟须提出。

为了研究大规模天线信道的传播特性，最近几年已有部分学者开展了相关的研究。最初的信道测量工作在文献[3]中开展，其测量的场景为室外的校园场景，且中心载频为 2.6GHz，带宽为 20MHz。测量在发射端采用了 112 根天线的虚拟天线阵列，从而构成了大规模天线信道。测量的结果显示，大部分前期针对大规模天线系统的理论增益都可以在测量信道中观察到。在文献[4]和[5]中，大规模天线系统的性能通过测量再次进行了评估，其测量分别使用了虚拟的均匀线性阵列以及均匀的圆柱形阵列，且中心载频为 2.6GHz，带宽为 50MHz。测量结果显示，大规模天线的理论优势可以在实际的传播环境中实现。文献[6]和[7]也针对 128 根天线的均匀线性阵列在 2.6GHz 频段开展了室外校园场景的信道测量，并分析了信道的小尺度衰落、信道增益以及角度功率谱等参数。此外，文献[8]和[9]在室内到室内的场景中开展了大规模天线的信道测量，并在发射天线端应用一种混合切换与虚拟的圆柱形天线阵列构成了 480 根有效天线。测量提供了不同基站和终端的水平角和俯仰角的扩展统计值，并且评估了垂直维度的波束赋形以及上行信道容量。在文献[10]中，大规模信道测量在城区宏小区中开展。一种详细的针对传播信道的分簇分析在文献[10]中提出。

除了以上一些研究成果，其他一些针对大规模天线信道的测量与初步分析可以在文献[11]~[13]中给出。室内场景大规模多天线信道的研究在文献[14]~[17]中广泛开展，一些典型的信道参数，如路径损耗、阴影衰落、均方根时延扩展以及相干带宽等在文献[14]~[17]中进行了分析。分析的结果显示，室内场景的信道可以达到独立同分布的瑞利衰落信道所具备的性能。在文献[17]中，测量数据被进一步用于校准一个射线跟踪仿真器，从而开展了大量的大规模天线的射线跟踪仿真，仿真的结果也与测量结果基本保持了一致。

在标准化的信道模型中，现有的 WINNER 模型[18]、WINNER+[19]模型以及 IMT(international mobile telecommunications)-Advanced[20]模型都不具备大规模天线的信道模型，只有 COST 2100[20]模型针对大规模天线的信道模型进行了一些尝试，其通过在基站侧延伸可视区域支持大规模多天线信道的仿真，然而该工作目前还在进行的过程中。3GPP 在其技术报告(TR 36.873)[21,22]中发布了三维的多天线信道模型。然而模型中支持的天线端口数目还没有达到大规模天线系统对于天线数目的要求(如 128、256 或者更多)。其他一些新出现的信道模型，如 mmMAGIC 中的 QuaDRiGa 模型[23]以及 METIS 的混合信道模型[24]都是 WINNER+模型的延伸版本，这两个模型针对大规模天线信道建模的支撑都是有限的，且更多的测量验证都亟须开展[25-30]。

6.1.2 轨道交通场景大规模天线信道建模研究的意义

大规模天线技术预计将应用于若干对于流量或用户数需求极大的场景，轨道交通场景就是其中之一。然而现有针对热点场景的大规模天线信道测量(如购物商场[31]、机场[32]、地铁车站[33]、高速铁路[34-38])还十分有限。进一步针对信道特性的分析以及深入的信道性能评估都是大规模天线技术从理论走向实际的前提。

与传统的多天线系统相比，大规模多天线系统显然使用了更多数目的天线。为了避免实际应用中基站天线排布的限制，并更好地区分位于不同高度的终端，天线阵元可以同时在水平方向和垂直方向进行部署。即便如此，天线阵列的尺寸依旧在数十个波长的量级。基于现有信道测量的观察结果，在大规模多天线信道的天线维度可以观察到许多数量的多径传播簇，并且这些多径簇只对某些部分的天线阵列可见。这种现象在图 6-1 中进行了展示。针对大规模天线信道建模，现有研究中提出了一种基于集合的随机信道模型[25-30]，而所有这些模型都将多径簇在大规模天线维度的非平稳现象考虑在内。总结起来共有两种建模思路，分别是生灭过程建模以及可视区域建模。这些方法都可以将非平稳特性进行有效的描述，但是这些方法所使用的理论假设与实际信道仍有一定的差距。

本章因此针对轨道交通场景的大规模天线信道建模进行了介绍。为了全面地研究轨道交通场景信道的特性，一系列大规模天线信道测量在地铁车站场景中开展；本章提出一种混合的分簇方法，包括多径分量的估计、多径分量的跟踪和分簇以及多径簇的划分。多径分量的估计与多径簇的提取方法都能够更加真实地反映出大规模天线信道的传播特性；基于测量的信道建模参数最终在本章中给出，这些参数可以应用于大规模天线信道的仿真中，从而对大规模多天线系统的设计和应用提供帮助。

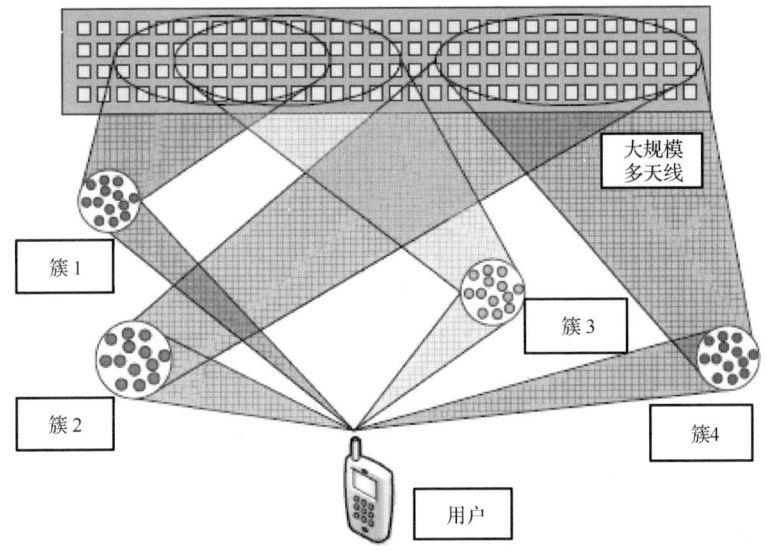

图 6-1　大规模天线信道中多径簇的示意图

6.2　大规模天线信道与天线测量

6.2.1　信道测量系统

轨道交通场景通过在频域处理信号的宽带信道探测仪进行测量。该信道探测仪由国家仪器(NI)的基带信号发生器、安捷伦的矢量信号发生器以及 NI 的矢量信号分析仪构成。发射端使用了一个 256 阵元的虚拟矩形阵列，其中在横向包括了 64 根天线，纵向包括了 4 根天线。为了生成 256 阵元的虚拟阵列，本系统在发射端使用了一个自动控制的三维转台。该转台的移动速度可调，并且精度可以达到毫米级别；其通过一个远程计算机上预编码的程序控制，并可以依次设置天线阵列的配置，如天线阵列的形式、转台的移动速度、子天线阵列之间的间隔等。通过以上配置，本系统实现不同形状虚拟天线阵列的自动控制，而针对 256 阵元的虚拟矩形阵列，测量过程只需要少于 10min 的时间，从而尽量地保持大规模天线信道在一次测量的过程中保持环境的稳定性。

使用虚拟天线阵列的优势在于可以在测量过程中避免由天线阵列之间的互耦合所带来的复杂的预校准。互耦合对信道估计和容量都有一定的影响[39]，从而带来角度估计上的差错[40]，因此需要在信道测量的过程中避免。为了得到纯信道的信息，本系统进行了设备直连的校准，并且在微波暗室中获得了单根天线的方向图。此外，为了尽量地减少由测量设备所带来的无用的反散射径，吸波材料分别覆盖在了基带信号发生器、矢量信号分析仪、上变频仪、功率放大器以及转台上,如图 6-2 所示。其中,图 6-2(a)展示了整个系统的发射端,256 阵元的均匀矩形阵列用黄色圆点进行了标注;图 6-2(b)则展示了整个系统的接收端;图 6-2(c)展示了发射天线后所设置的吸波材料,以避免测量设备对电波传播环境造成不必要的影响。

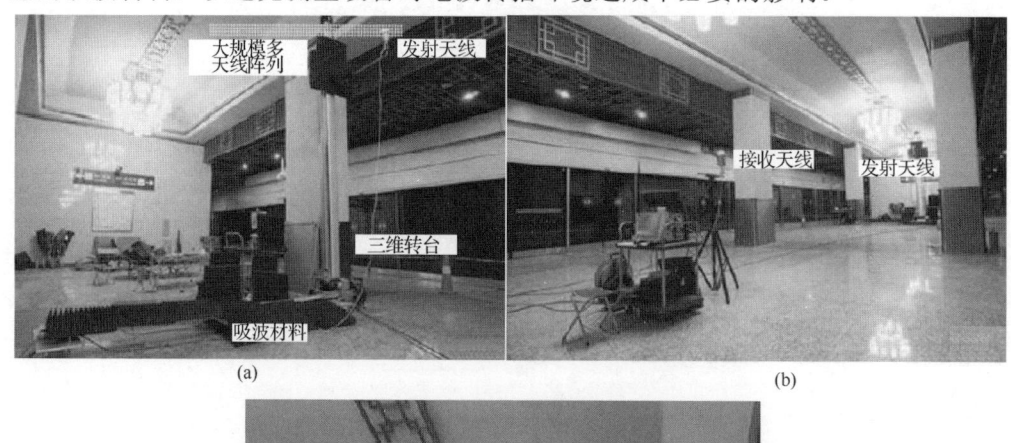

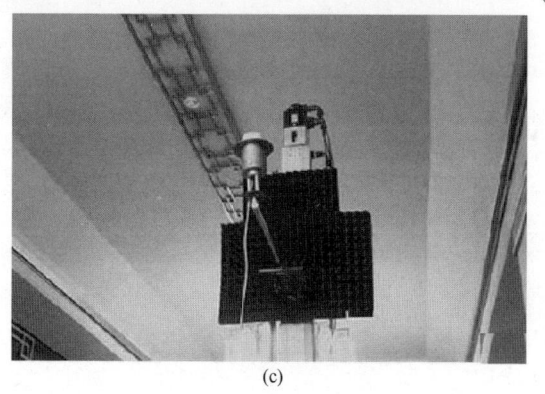

图 6-2　测试系统与环境示意图(见彩图)

为了保证测试系统中的同步性,系统中的所有设备都通过线缆连接到了位于发射端经过 GPS 训练的铷钟上。表 6-1 总结了测试系统的参数。

表 6-1　测试系统的参数

参数	数值
中心载频/GHz	6
带宽/MHz	100
采样率/MHz	200
频域测量点数	512
发射天线阵列形式	64×4 矩形阵列
接收天线阵列形式	单天线

续表

参数	数值
子天线阵列间隔	半波长
天线极化形式	垂直极化
天线方向性	全向
发射功率/dBm	29

6.2.2 信道测量环境

本章轨道交通的测量场景选择了北京地铁 16 号线永丰站内,图 6-2 给出了测量环境的部分照片。如图 6-2(a)和图 6-2(b)所示,三维转台放置在了靠近地铁车站墙壁的一侧。单根天线放置在每一个接收机的位置,用于模拟不同的用户;测量过程共设计了 89 个不同的接收机位置,如图 6-3 所示。其中,编号为 1~11 的接收机位置处分别测量了 5 个均匀设计的位置(共计 55 个接收机位置),且每两个位置之间的间隔为半波长,在图 6-3 中用红色圆点进行了标注。其余的 34 个接收机位置的单天线沿着地铁车辆行驶的方向纵向放置,且相邻位置之间的间隔为 0.4~0.6m,在图中用红色三角进行了标注。在所有测量的接收机位置处,大部分的接收机天线都具有视距的条件,只有极少数的天线会遇到有遮挡的视距条件。而针对接收机位置 9 可能的电波传播多径分量也在图 6-3 中用虚线进行了标识。需要强调的是,为了更为清晰地展示实际场景的示意图,图 6-3 中的比例并非与实际场景完全对应,但实际场景中重要的几何参数都在图 6-3 中进行了标注。其中,车站两侧的屏蔽门之间的距离为 11.6m,车站的高度为 4.67m;发射机天线与接收机天线的高度分别为 3m 和 1.5m;收发天线之间的距离为 4.4~50m。地铁车站的墙壁、方柱和顶面均为混凝土材质,而屏蔽门则主要由玻璃、金属和硬质塑料构成。

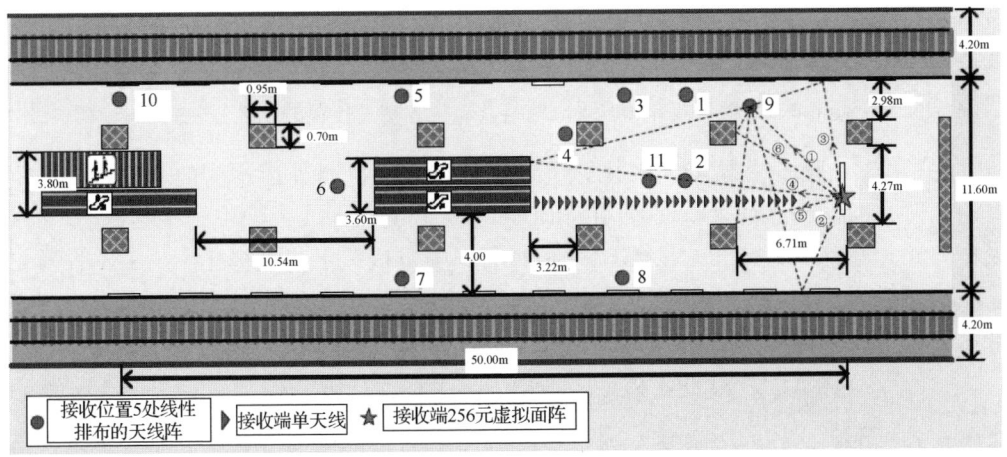

图 6-3 地铁车站测量场景示意图(见彩图)

由于使用到了虚拟天线阵列的测量方式,测量都是在深夜地铁停运的时间段开展的。此外,测量过程中除操作人员外没有其他人员进入测量区域,且没有任何物体移动。为了准确地刻画如地铁车站场景这类人流高密度场景,信道建模的过程最好将本章介绍的静态信道模型加入人移动的影响(如通过测量[41]或者仿真[42])。

6.2.3 天线校准

测量系统的校准包括了设备直连的校准和天线校准。前者意在消除测试设备(如发射机、接收机、功率放大器以及线缆)本身的影响[43];后者则是服务于参数萃取算法SAGE[44],从而在多径分量估计的过程中提取出可靠的结果。发射天线和接收天线的辐射方向图在电波暗室中进行了测量。图6-4展示了发射天线和接收天线共极化和交叉极化的三维方向图。

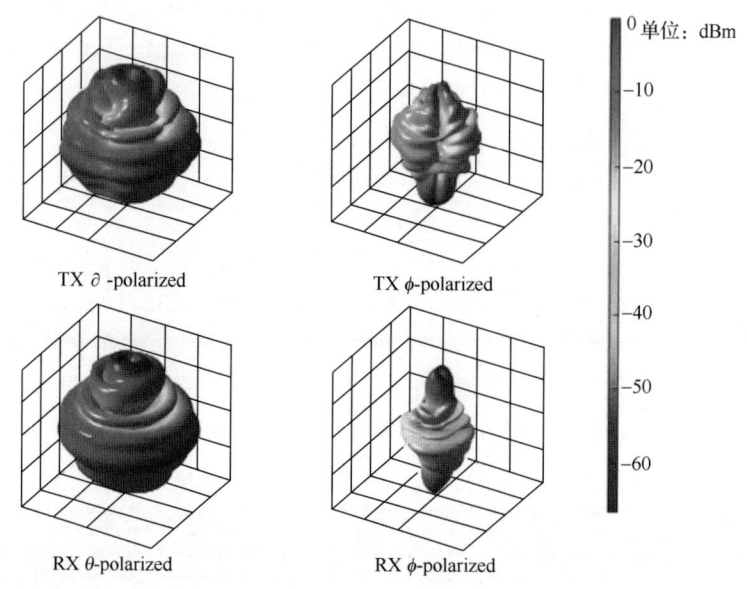

图6-4 发射天线和接收天线测量共极化和交叉极化的三维方向图

文献[45]指出,高精度的多径分量参数估计需要同时使用正交的两个极化方向上的辐射方向图。然而,与文献[46]相似,本章的测试天线只使用到了垂直-垂直的极化方式。在此类方式下,SAGE算法的准确度将依赖于交叉极化率。SAGE算法只能在发射天线和接收天线交叉极化率大的方向上输出准确的参数萃取结果。交叉极化率可以通过测量天线的共极化和交叉极化结果进行计算,如式(6-1)所示:

$$\text{XPD}(\phi,\theta)\big|_{\text{dB}} = G_{\text{co}}(\phi,\theta)\big|_{\text{dB}} - G_{\text{cross}}(\phi,\theta)\text{dB} \qquad (6\text{-}1)$$

式中,G_{co} 和 G_{cross} 分别表示某个固定角度方向上的共极化增益和交叉极化增益。基于天线测量，交叉极化率的数值在较宽的角度范围内都超过了 15～20dB，因此 SAGE 算法萃取的结果是可靠的。

6.3 多径分量估计与多径簇萃取

多径分量在实际的无线信道中通常是以簇的形式分布的[47]。在数据预处理的过程中，多径分量的估计已经完成，本节进一步地利用一种混合的聚类方法对多径簇在天线维度的变化情况进行刻画。图 6-5 给出了多径分量估计和多径簇萃取的流程图。原始数据首先输入到高精度的参数估计算法(如 SAGE 算法)中，估计的结果则依次输入到多径分量的跟踪算法(如基于多径距离的跟踪算法)以及多径分量的分簇算法(如 KPowerMeans 算法)中。其次，基于之前的多径分量跟踪和分簇结果，多径簇的分簇算法对多径簇在天线维度的变化情况进行了划分，从而输出最终的处理结果。

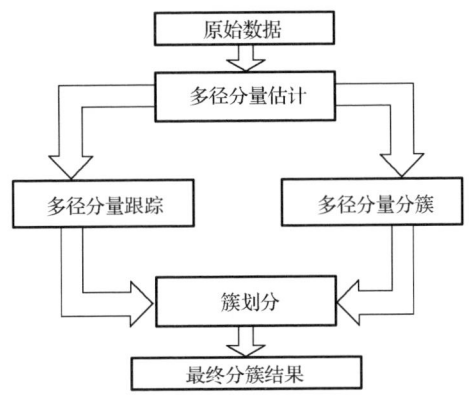

图 6-5 多径分量估计和多径簇萃取的流程图

6.3.1 多径分量的估计

因为本测量系统是在频域对信道开展测试的，所以，在萃取多径分量的复数幅度、时延、离开角和到达角的过程中使用到了频域的 SAGE 算法[48,49]。本系统只在发射端对角度信息进行提取，因为在接收端每个位置使用的天线数目比较有限。此外，水平离开角和垂直离开角在 SAGE 算法中的范围分别设置为 $[-\pi/2,\pi/2]$ 以及 $[0,\pi]$，其中从均匀矩形阵后方反散射的信号认为被吸波材料全部吸收。

SAGE 算法基于平面波的假设，且需要满足远场条件。为了满足以上条件，本节针对均匀矩形阵使用了 4×10 相邻天线阵列的滑动窗口。这样的处理过程同样可以帮助观测在大规模天线维度多径分量的波动，从而反映出大规模天线信道的空间非平稳特性。图 6-6 给出了在接收位置 2 和 9 处估计的多径分量随着发射天线维度的变化情况。其中每一个点代表一个多径分量,而在 dB 域的功率则通过颜色进行了区分。图 6-6(a)给出了接收位置 2 处的测试结果,图 6-6(b)给出了接收位置 9 处的测试结果,并将不同的多径分量根据图 6-4 的编号进行了区分。为了简化处理,当多径分量的功率低于最强多径分量功率 17dB 以上时,则将在结果中移除。但是在接下来的多径分量分簇与多径簇划分的过程中,动态范围仍然保证在 25dB。相应的垂直离开角并未在这里给出,因为从结果中发现大多数强多径分量都在环境中水平传播。从图 6-6 中可以清晰地观察到,多径分量的水平离开角和功率均在大规模天线维度发生了显著变化,并在某些区域伴随有生灭的过程。

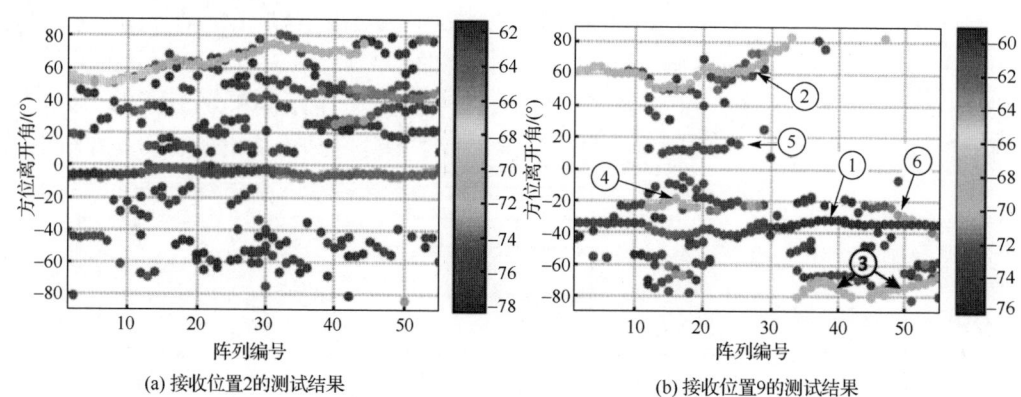

(a) 接收位置2的测试结果　　　　　　(b) 接收位置9的测试结果

图 6-6　SAGE 估计的水平离开角

6.3.2　多径分量的跟踪与识别

本节中的 SAGE 算法可以输出每一个窗口位置处的多径分量参数。为了能够刻画出在天线维度多径分量的变化过程,从而进一步刻画出多径簇的变化过程,每一个多径分量都需要首先被识别出来。通过肉眼识别是最为直接的办法,但是这种办法对于大量的数据显然不具备实用性;此外,肉眼识别缺乏统一准确的定义,尤其是当不同的多径分量在变化过程中出现混叠时。在现有研究中已出现了很多针对多径分量的跟踪算法[50-53],并且这些方法都利用实测数据证明了其可行性。本章选择了文献[50]中基于多径距离的跟踪算法,因为这种算法易于实现并且效率较高,关于该算法详细的实现过程可以参考文献[50]中的附录。为了判定距离当前多径分量/多径簇最近的多径分量/多径簇是否为一个新的多径分量/多径簇,该算法定义了一个特定的门限 ε。这一门限主要是由测量系统在时延域与角度域的精度所决定的,同时会在数据预处理的过程中给出。该门限 ε 在本章中设定为 0.05,在后续的研究中该门限 ε 能够输出较为合理的跟踪结果。图 6-7 给出了接收位置 9 处的跟踪结果作为一个例子。其中,每一个窗口位置处识别出来的同一个多径分量都用一个特定的颜色进行了标注。换句话讲，不同的颜色展示出了不同多径分量的变化过程，并在不同的观察窗口中将他们连接了起来。从图6-7中可以看出，视距分量和强反射分量(图6-7中椭圆标注的多径分量)都在图6-7中成功地进行了跟踪。

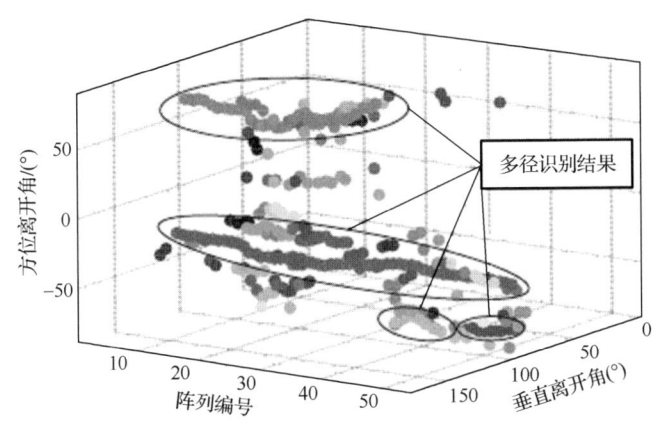

图6-7　接收位置9处基于多径距离的多径分量跟踪结果

6.3.3　多径分量的分簇与多径簇的划分

现有研究中已出现了一系列的多径分量分簇算法[54-58]，而KPowerMeans算法[54]将在本章中作为初始分簇算法被使用。为得到有效的多径分量，低于最强功率的多径分量25dB以上的多径将被删除掉。接下来，所有估计出来的不同窗口位置处的多径分量参数进一步输入到KPowerMeans算法中。这样的处理过程有以下两点优势：①KPowerMeans算法只需要执行一次，从而大大降低算法的复杂度；②估计出来的多径分量的数目足够大，从而能够提升KPowerMeans聚类算法的精度。本章中使用到的混合分簇算法与文献[53]中提到的算法类似，但是本章中针对多径簇划分的最终步骤与文献[53]中所使用的方法不同。从数据处理的结果中可以发现，KPowerMeans算法有时无法分辨具有相似的多径角度但是却来自不同观察窗口的多径分量。换句话说，一些多径簇实际上只能被部分天线阵列所"看见"。显然，不同天线阵列位置处所观察到的多径簇不应该被合并为同一个簇，因此KPowerMeans算法需要增加一个额外的数据处理过程来解决这一问题。

假设 $p_n, n=1,2,3,\cdots,N$ 是任意识别出来的多径分量，且其归属于多径簇 $C_k, k=1,2,3,\cdots,K$。N 是识别出的多径分量的总数，K 是由初始的KPowerMeans算法所得到的多径簇的数目。任意观察窗口位置处的多径分量信息可由式(6-2)来表示：

$$p_n \in C_k : [\alpha(I_n); \tau(I_n); \phi(I_n); \theta(I_n)], \quad I_{ns} \leq I_n \leq I_{ne} \qquad (6\text{-}2)$$

式中,α是$\boldsymbol{p}_n$的复数幅度;τ是$\boldsymbol{p}_n$的时延;ϕ是$\boldsymbol{p}_n$的水平离开角;θ是$\boldsymbol{p}_n$的垂直离开角;I_n则是$\boldsymbol{p}_n$的天线阵列编号;α、τ、ϕ和θ分别可以表示为I_n的函数;I_{ns}是$\boldsymbol{p}_n$的起始编号;而I_{ne}是$\boldsymbol{p}_n$的结束编号。从原理上讲,多径簇的划分方法可以判断多径簇是否沿大规模天线维度发生了变化,而多径分量的跟踪结果则可以被用于作为判断的辅助。多径簇划分方法的框架在算法 6-1 中给出。

算法 6-1　基于多径距离的跟踪算法以及 KPowerMeans 算法结果的多径簇划分方法

对于每一个 KPowerMeans 得到的多径簇 $C_k, k=1,2,3,\cdots,K$:
　对于 C_k 中识别出的每一个多径分量 $\boldsymbol{p}_n$:
　　(1) 根据跟踪结果获得 $\boldsymbol{p}_n$ 在每一个天线阵列位置处的起始点和结束点: I_{ns},　I_{ne}。
　　(2) 获得 $\boldsymbol{p}_n$ 的阵列集合: $A_n=[I_{ns},I_{ns}+1,I_{ns}+2,\cdots,I_{ne}]$,　$n=1,2,3,\cdots,N$。
　$B_k = A_1 \cup A_2 \cup \cdots \cup A_{N-1} \cup A_N$。
　找到 B_k 中的最小和最大元素: I_{ks},　I_{ke};则 $U_k = I_{ks}, I_{ks}+1, I_{ks}+2, \cdots, I_{ke}$。
　如果 $B_k \subset U_k$ 且 $B_k \neq U_k$。
　　对于每一个 U_k 中的元素 I,如果 $I \notin B_k$ 并且 $I+1 \in B_k$:
　　(1) 更新多径簇的编号。
　　(2) 找到多径分量 $\boldsymbol{p}_n$,且其天线阵列起始点 I_{ns} 满足 $I_{ns} > I$,然后将新的多径簇编号赋予这些多径分量。

多径分量 $\boldsymbol{p}_n$ 在天线维度存在的区间可以用集合 A_n 来表示。U_k 可以被认为是 C_k 可能的存在区间,B_k 则代表 C_k 实际的存在区间。在本章中,原始 KPowerMeans 输出的结果用 KPowerMeans 簇来表示。对于每一个 KPowerMeans 簇,算法将跟踪所有检测到的簇内的多径分量,并记录它们生灭的天线编号。因此,如果在 KPowerMeans 簇内出现了未记录到的编号,则 KPowerMeans 簇会被划分为两个或者更多的簇。KPowerMeans 簇在接收天线位置 1 的示意图如图 6-8(a)所示,而相应的多径簇划分方法所得到的结果则在图 6-8(b)中给出。利用平均水平离开角大约为 50°的 KPowerMeans 簇为例(图 6-8(a)中的绿色点标注),该 KPowerMeans 簇被划分为两

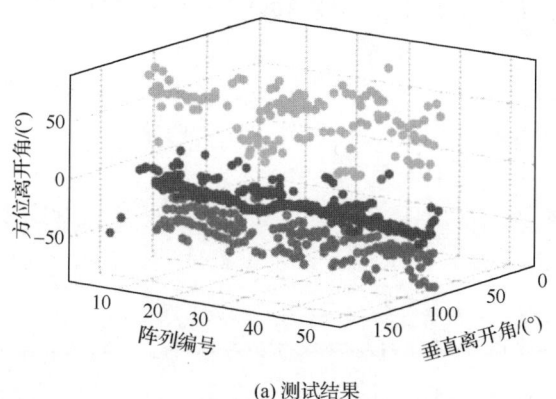

(a) 测试结果

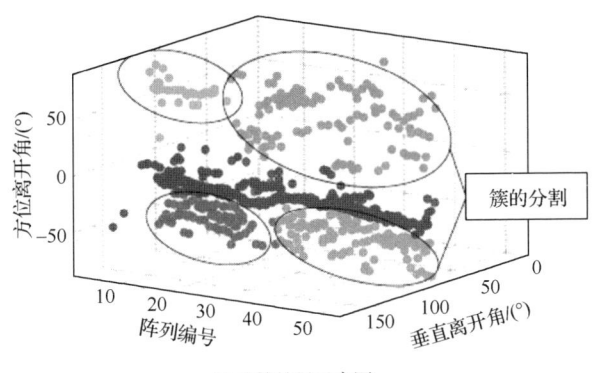

(b) 分簇结果示意图

图 6-8　接收位置 1 处多径分簇结果示意图（见彩图）

个簇（在图 6-8(b) 中分别用绿色和青绿色进行了标注），这两个簇根据肉眼观测分别可见于不同的天线阵列位置。与图 6-1 对比可以发现，除了视距的多径分量所在的多径簇，其余的多径簇均与图 6-8 中的结果相同。这些多径分量所构成的多径簇分别源于实际环境中不同的物理散射体。

6.4　基于多径簇的三维信道特性分析与建模

本节首先针对地铁车站场景内的散射体进行识别；接下来针对总的角度分布以及全部多径分量的角度扩展开展研究,这些参数用于刻画信道总体的角度弥散特性；此外，估计视距功率因子以及多径簇衰减因子，并用于确定视距分量与其他多径簇之间的功率关系；接下来，萃取除了传统的簇内和簇间参数，用于描述信道中多径簇的分布、密度以及形状；最后，本节介绍参数化天线阵列维度的多径簇生灭以及多径簇内多径分量的生灭、多径簇生存长度以及多径分量生存长度，进一步介绍参数化多径簇出现的位置以及多径簇内多径分量出现的位置、多径簇达到间隔以及多径分量达到间隔。

6.4.1　散射体识别

文献[59]指出，多径簇的数量、结构会显著地影响信道容量。对于地铁车站场景，其与其他市内场景最大的区别就在于环境中拥有大量的地铁屏蔽门以及许多的支撑方柱；另外，地铁车站场景更加类似于走廊的结构，但是却比传统的走廊具有更大更长的空间。

最为主要的散射体可以直接通过 SAGE 算法所估计出的结果与物理环境一一对应进行分辨。以图 6-6(b) 中接收天线位置 9 处的结果为例，从发射机到接收机可能的传播多径如图 6-3 中的虚线所示。其中视距分量具有最强的功率，如编号 1 所示，且其水平离开角约为–35°。位于水平离开角 60°附近的多径分量为从屏蔽门反射而来的多径,如编号 2 所示;而从另一侧的屏蔽门反射而来的多径则用编号 3 来表示,且其水平离开角约为–75°;此外,由自动扶梯(编号 4)和支撑方柱(编号 5 和编号 6)散射而来的多径也可以相应地识别出来。而 SAGE 算法中估计出来的多径参数同样可以与相应环境中的散射体一一对应。通过检测所有接收机位置处 SAGE 算法估计出的结果,可以发现地铁车站场景中最重要的散射体为屏蔽门、墙壁、自动扶梯和支撑方柱。

6.4.2 总体角度分布

所有接收机位置处利用 SAGE 算法所估计出来的多径分量的水平离开角和垂直离开角将被合并在一起处理,从而得到总体的角度分布。在计算过程中,只需要考虑相对于视距传播方向的多径角度,因为视距传播方向的角度可以直接通过发射机和接收机的位置得到。本章中所使用的坐标系与 3GPP 信道模型中的相同(如 TR 36.873 V12.0.0[22])。相对于视距分量的水平离开角和垂直离开角可以直接通过多径分量的水平离开角/垂直离开角减去视距分量的水平离开角/垂直离开角得到。从结果中可以看到,总体的水平离开角服从$[-\pi/2,\pi/2]$的均匀分布,且垂直离开角的概率密度分布可以通过拉普拉斯分布进行较好的拟合,如图 6-9 所示。

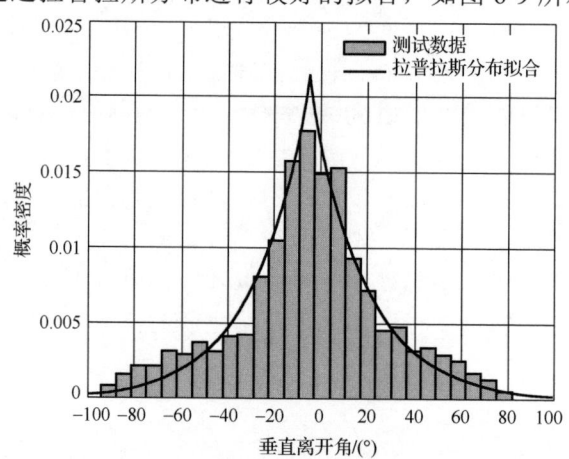

图 6-9 总体垂直离开角的直方图以及拉普拉斯分布拟合

从图 6-9 中可以看到,总体垂直离开角的均值和标准差分别为–5.14°和 23.25°,而较小的均值代表从天花板上反散射而来的多径分量的比例大于从地面反散射而来的多径分量。利用拉普拉斯分布对垂直离开角进行拟合已在现有文献中大量的使用[60-62]。其中,文献[61]中针对两个不同的建筑物场景统计出的标准差分别为 25.5°和 21.5°;文献[60]中统计出的标准差为 38°;文献[62]对视距和非视距条件下的大厅与走廊场景进行了研究,而大厅场景在视距与非视距条件下的标准差分别为 25.4°和 27.9°,走廊场景在视距与非视距条件下的标准差则分别为 15.3°和 15.2°。本节中所得到的标准差结果小于大厅场景中的结果,但是大于走廊场景中的结果。该结果比较合理,因为地铁车站场景的结构类似于走廊场景的结构,但是却比传统走廊场景的尺寸要大得多。

6.4.3 角度扩展统计

角度扩展为角度功率谱的二阶距,其为功率加权的空间参数,并可以反映出角度的弥散特性。以水平角度扩展为例,可用式(6-3)来表示:

$$\text{ASD} = \sqrt{\frac{\sum_{l=1}^{L}(\phi_{\text{AOD},l} - \mu_{\text{APS}})^2 \alpha_l^2}{\sum_{l=1}^{L}\alpha_l^2}} \tag{6-3}$$

式中,$\phi_{\text{AOD},l}$ 代表第 l 条多径分量的水平离开角;α_l 代表第 l 条多径分量的复数幅度;L 为有效多径分量的总数目。在本章所述的测试中,L 介于 100 和 120 之间。μ_{APS} 代表离开角角度功率谱的均值,并且可以表示为

$$\text{ASD} = \frac{\sum_{l=1}^{L}\phi_{\text{AOD},l}\alpha_l^2}{\sum_{l=1}^{L}\alpha_l^2} \tag{6-4}$$

计算垂直离开角角度扩展的过程与以上计算过程相同。而全局的水平离开角角度扩展(azimuth spread of departure,ASD)与垂直离开角角度扩展(elevation spread of departure,ESD)都可以利用对数正态分布进行建模。在现有文献中得到的大规模天线信道测量结果也给出了相同的结论[9,63-67]。图 6-10 和图 6-11 分别给出了 ASD 与

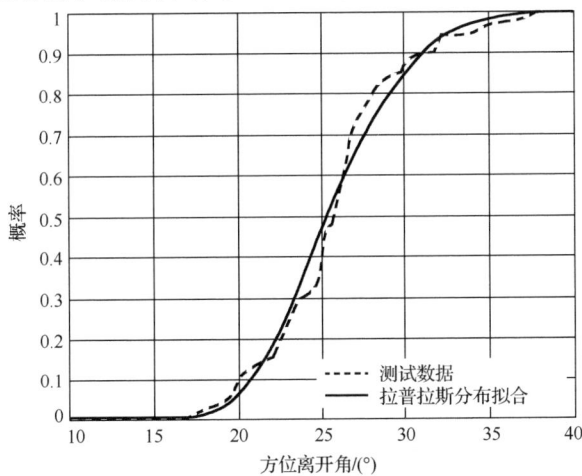

图 6-10 水平离开角角度扩展的累积概率密度分布

ESD 的累积概率密度分布。本节利用 μ_{ASD}、σ_{ASD}、μ_{ESD}、σ_{ESD} 分别表示这两个对数正态分布的参数,且 $\mu_{ASD}=3.24$、$\sigma_{ASD}=0.16$、$\mu_{ESD}=1.86$、$\sigma_{ESD}=0.33$。

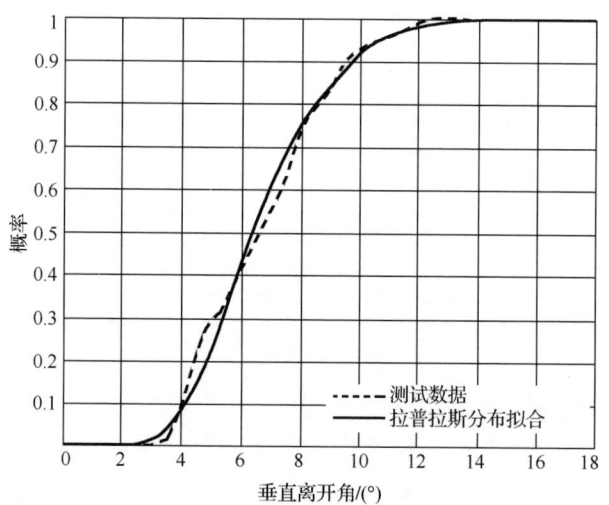

图 6-11 垂直离开角角度扩展的累积概率密度分布

为了进一步地分析,本节中得到的结果与其他一些文献中得到的结果都总结在表 6-2 中。为了进行合理的比较,表 6-2 中仅仅总结了中心载频相差范围不大的结果(即最大的中心载频为 10GHz)。但是表 6-2 还选择了一些室外场景作为比较,因为可供进行比较的数据十分有限。

表 6-2 均方根角度扩展中对数正态分布拟合参数的比较

中心载频		6GHz	2.53GHz[9]	2.53GHz[9]	5.25GHz[65]	10.1GHz[66]	10.1GHz[67]
研究场景		地铁车站	宏蜂窝	微蜂窝	大厅	二层大堂	城区小小区
ASD lg/(°)	μ_{ASD}	3.24	0.87	0.89	1.58	0.86	1.08
	σ_{ASD}	0.16	0.05	0.11	0.22	0.23	0.35
ESD lg/(°)	μ_{ESD}	1.86	0.001	0.032	—	0.91	0.80
	σ_{ESD}	0.33	0.26	0.16	—	0.31	0.17
ASA lg/(°)	μ_{ASA}	—	—	—	1.59	1.44	1.47
	σ_{ASA}				0.18	0.11	0.20
ESA lg/(°)	μ_{ESA}	—	—	—	—	0.61	1.12
	σ_{ESA}					0.17	0.10

在本章得到的结果中,ASD 与 ESD 统计分布的均值分别为 25.73° 和 6.74°,这表明大多数的多径分量都在水平方向上传播,因此水平维度的角度弥散比垂直维度

的角度弥散要大得多。如表 6-2 所示，文献[9]中得到的 ASD 与 ESD 的数值非常小，这是因为在室外场景中多径分量传播的方向更加集中，而相同的结果也可以在文献[67]的统计数值中发现。文献[65]与[66]中研究的场景与本章中研究的场景类似，且均为室内场景，然而得到的统计结果却并不相同。文献[66]中较小的角度扩展可能源于较高的中心载频。与视距分量相比具有较大传播角度的多径分量通常都要经历更长的传播距离，因此这些多径分量的功率会随频率的增大而迅速降低，从而造成较小的角度扩展值。在文献[65]中，较小的 ASD 则主要由不同的环境所引起。总结起来，大规模天线信道在不同的环境与不同的载频频率条件下，会在角度扩展的统计中产生巨大的差异。

6.4.4 多径簇内参数建模

1. 多径簇的数目

本章中使用 KPowerMeans 算法对多径分量进行分簇，同时利用 CaliQnski-Harabasz 和 Davies-Bouldin 两个判断准则[54]确定最佳的多径簇个数，并在此基础上利用划分算法进一步地寻找最佳多径簇的数目。基于一系列方法，本章在地铁车站场景观察到的多径簇数目的均值为 5.40，标准差为 4.38，且测量过程中最小多径簇的数目为 2。此外，最大多径簇的数目达到了 22，但是大部分的多径簇功率非常低。在文献[63]中，室内大厅和办公室的走廊场景是主要的研究对象，而室内大厅场景多径簇数目的均值为 3.69，办公室走廊场景多径簇数目的均值为 4.27。比较而言，本章中的测量结果体现出了较大的均值和标准差。这里主要有以下两个原因：①与室内大厅和办公室的走廊场景[63]相比较，地铁车站场景拥有更加丰富的反散射体；②大规模天线系统拥有更大尺寸的天线阵列，因此与传统多天线系统相比可以观测到更丰富的多径簇。然而，文献[68]在多天线测量中发现多径簇数目的均值为 7.6，且标准差为 2.4，而测量的场景为室内办公室；文献[69]针对室外到室内办公室的场景开展了多天线的测量，且发现多径簇数目的均值为 6.4；文献[70]的结果中发现多径簇数目的均值为 9.5。从以上结果中可以发现，多径簇数目强烈依赖于测量的环境。

2. 视距功率因子

与 COST 2100 模型相同，本章使用到了视距功率因子以及多径簇衰减因子来建模视距分量与其他多径簇之间的功率关系。视距功率因子 K_{LOS} 定义为视距分量的功率与其他全部多径分量的功率之间的比例，可以表示为

$$K_{\mathrm{LOS}} = \frac{P_{\mathrm{LOS}}}{P_{\mathrm{tot}} - P_{\mathrm{LOS}}} \tag{6-5}$$

式中，P_{LOS} 为视距分量的功率；P_{tot} 为所有多径分量的总功率。根据以上定义，

$K_{LOS}=0$ 代表视距分量的功率占有总功率的一半比例。本章中的测量结果显示，K_{LOS} 为 0.75dB，且标准差为 1.51dB。在文献[63]中，室内大厅场景视距功率因子最大为 0.37dB，而对于办公室走廊场景，这一参数则始终为负数，因为测量过程中始终处于非视距的条件。但是本章中测量结果的标准差大于文献[63]中的结果，这样的结论表明地铁车站场景中具有功率较大且稳定的视距分量。

3. 多径簇衰减因子

每一个多径簇在对数域的功率通常随多径簇的时延增加而递减，而功率随时延递减的速率则称为多径簇衰减因子。如图 6-12 所示，多径簇衰减因子可以通过线性回归的方法获得。图 6-12 中的斜率 k_τ 就代表了功率衰减因子，且其数值为 20.47dB/μs。本节继续将统计结果与文献[63]进行了对比。从结果中发现，k_τ 在地铁车站场景中的数值小于在室内大厅场景的数值，但是却大于在办公室走廊场景中的数值。文献[71]中得到的结果则为 21.2dB/μs。与多径簇的数目相同，多径簇衰减因子也依赖于环境；此外，该参数还与视距功率因子保持一致，因为拥有较大时延的多径簇通常不会携带有太多能量。

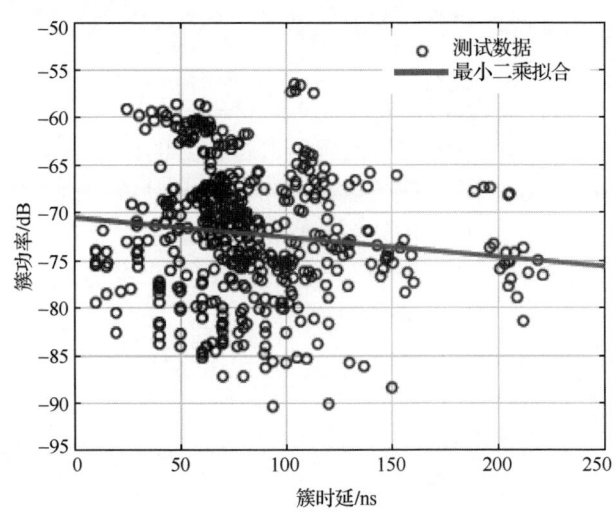

图 6-12 多径簇衰减因子

4. 多径簇生存长度

从测量结果中可以观察到，多径簇在天线维度的变化是大规模天线信道最为重要的特性之一，因此该特性必须准确地建模出来。基于测试数据以及提出的混合分簇算法，在天线维度变化的多径簇特性可以被捕捉下来，多径簇的生存长度就是首先研究的参数。在 COST 2100 信道模型中[63]，可视区域的概念第一次被引入进来。

文献[71]进一步地将多径簇 VR 的概念扩展到基站侧的 VR(BS-VR),并将测量数据中 BS-VR 的生存长度进行了建模。本节主要研究了多径簇的成簇长度,其可以表示为

$$L_{\text{cluster}} = \frac{I_s - I_e}{2} \tag{6-6}$$

式中,I_s 和 I_e 分别表示在天线阵列中多径簇存在的起始编号和结束编号。由于子天线阵列之间的间隔为半波长,多径簇生存长度以波长为单位就可以利用式(6-6)来表示。从多径簇生存长度的结果中,可以将多径簇大致分为两类:只针对部分天线阵列可见的多径簇和针对所有天线阵列都可见的多径簇。如果没有特殊说明,本节中提到的多径簇生存长度就指只针对部分天线阵列可见的多径簇,这部分多径簇在测量中大约占所有多径簇的 30.85%。

图 6-13 给出了多径簇生存长度的累积概率密度分布。从图 6-13 中可以看出,累积概率密度分布可利用指数分布进行建模,对应的指数分布参数 λ 为 0.137。从图 6-13 中还可以看出,多径簇生存长度低于 20 个波长的多径簇比例高达 90%以上,而多径簇生存长度低于 5 个波长的多径簇比例也有 50%。这说明大规模天线信道的空间非平稳特性非常显著,而本节也第一次给出了多径簇生存长度这一概念来描述大规模天线信道的特性。

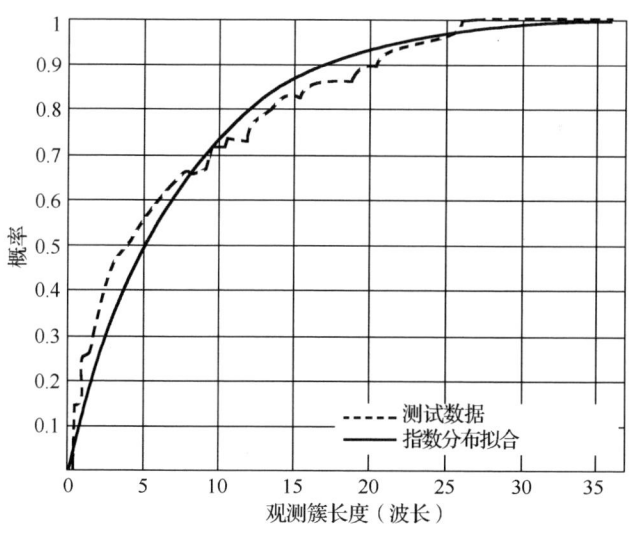

图 6-13 多径簇生存长度的累积概率密度分布

需要指出的是,在 SAGE 算法估计多径分量参数的过程中使用了 1 个滑动窗口,该滑动窗口的大小会对实际的多径簇生存长度造成一定的影响。原则上,SAGE 算法估计过程中的滑动窗口越小,多径簇生存长度的估计值越准确;但是要保证 SAGE 算法估计的准确度,滑动窗口需要保证一定的大小。与传统的波束赋形方法不同,

SAGE 算法的性能不依赖于每次估计过程中天线阵列的数目,而依赖于信噪比。但对于给定的信噪比,较多数目的天线阵列却可以帮助提升 SAGE 算法在最大化过程中的估计精度。因此在选择滑动窗口大小的过程中需要进行权衡,而本章中使用的窗口大小就可以提供较为合理的结果。

5. 多径簇出现的位置

在建模完多径簇生存长度这一参数后,本节利用多径簇出现的位置这一参数来描述多径簇在天线维度产生的具体位置。更具体地讲,该参数就是多径簇出现的天线位置距离大规模天线阵列某一端位置的距离。图 6-14 给出了多径簇出现的位置的累积概率密度分布。该参数的数值可以通过大规模天线阵列的任意一端进行计算,因此本节对两端所计算出来的数值分别进行了统计与比较。从图 6-14 中可以看出,这两种方法计算出来的结果均服从均匀分布,这说明多径簇在大规模天线维度是均匀出现的。

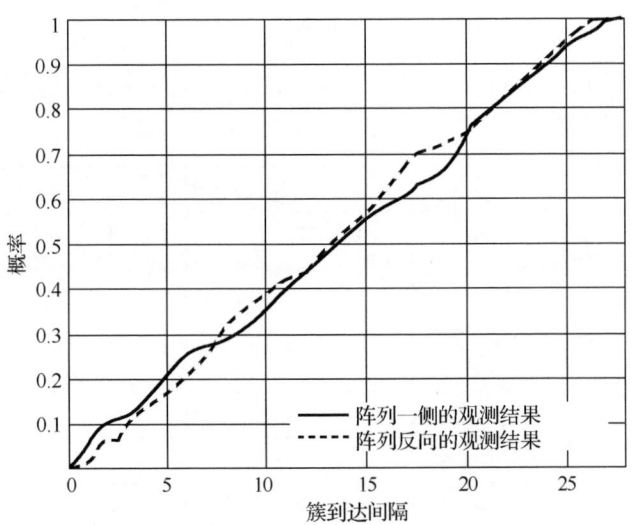

图 6-14 多径簇出现的位置的累积概率密度分布

6.4.5 多径簇间参数建模

1. 多径簇内多径分量的数目

与传统的 MIMO 信道不同,多径簇在大规模天线信道中沿天线维度会不断变化。同时,多径簇内多径分量也会随位置的变化不断产生生灭的现象。因此,本节计算了沿天线维度多径簇内多径分量的数目,并发现其均值为 7.80,标准差为 4.02,相关的结果见表 6-3。文献[74]在多种室内场景开展了中心载频为 2.55GHz 的多天线测量,并发现多径簇内多径分量数目的均值在咖啡厅和两种不同的办公室中分别为 7.8、12.0 和 14.0。这一结果与本节中的结果比较类似。

表 6-3 典型的多径簇间参数

参数	平均值	标准差
每个多径簇内多径分量的数目	7.80	4.02
多径簇水平角度扩展/(°)	5.52	3.84
多径簇垂直角度扩展/(°)	4.09	2.79
多径簇时延扩展/ns	17.46	7.95

2. 多径簇角度和时延扩展

与多径簇内多径分量的数目类似,本节计算了多径簇角度扩展和时延扩展的沿天线维度的均值,相关结果见表 6-3。此外,多径簇水平角度扩展、多径簇垂直角度扩展以及多径簇时延扩展均服从对数正态分布,且相似的结果也可以在文献[10]、文献[72]与文献[73]中看到。图 6-15 给出了多径簇水平角度扩展、多径簇垂直角度扩展以及多径簇时延扩展的累积概率密度分布,同时给出了利用对数正态分布得到

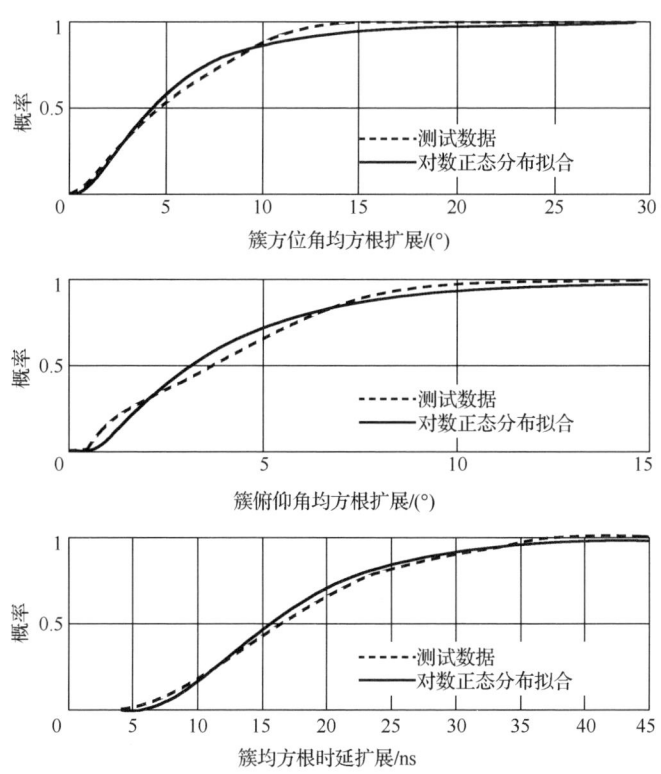

图 6-15 多径簇水平角度扩展、多径簇垂直角度扩展以及多径簇时延扩展的累积概率密度分布

的拟合结果。为了进一步进行比较，以上拟合的分布参数以及现有文献中其他（大规模）多天线测量的结果见表6-4。从结果中可以观察到，室内大厅场景[72]与办公室场景测量[73]所得到的多径簇角度扩展相对较大，而本节中测量场景得到的较小的多径簇角度扩展的原因在于：大部分多径簇内最强多径分量的功率基本保持不变。此外，文献[72]中测量得到的多径簇时延扩展比本节中得到的结果更小，而其可能的原因在于地铁车站场景中存在若干比较强的反射径，这些强反射径来源于两侧屏蔽门的反射，甚至有部分多径分量穿透屏蔽门从两侧墙壁反射而来，这些多径分量也是造成较小的角度扩展以及较大的时延扩展的原因。文献[10]中得到的城区场景的结果也放在了表6-4中，而这也是目前唯一能够用于比较的大规模天线信道中的测量结果。从表6-4可以看出，本节中的角度扩展更大，这是因为室内场景相比于室外场景拥有更丰富的反散射体。

表6-4 多径簇扩展的对数正态分布拟合参数

载波频率		6GHz	2.35GHz[72]	2.53GHz[10]	3.6GHz[73]
场景		地铁车站	大厅	宏小区	办公室
ASD lg/(°)	μ_{ASD}	1.428	2.6	1.0939	—
	σ_{ASD}	0.815	1.3	0.2337	
ESD lg/(°)	μ_{ESD}	1.127	2.5	0.2023	—
	σ_{ESD}	0.811	1.4	0.5504	
ASA lg/(°)	μ_{ASA}	—	0.4	1.3872	2.19
	σ_{ASA}		1.04	0.2504	0.82
ESA lg/(°).	μ_{ESA}	—	0.7	0.9727	2.04
	σ_{ESA}		1.06	0.2450	0.41
DS lg/(ns)	μ_{DS}	2.754	0.37	—	—
	σ_{DS}	0.470	1.41		

3. 多径簇内多径分量的生存长度

多径簇内的多径分量在大规模天线信道中沿天线维度存在生灭现象。与多径簇生存长度类似，本节定义了多径簇内多径分量的生存长度来描述可分辨的多径分量在天线维度可能存在的距离长度。由于我们已定义了多径簇以波长为单位的生存长度，这里只需要进一步地定义多径分量在多径簇内生存长度的比例即可：

$$L_{\mathrm{MPC}} = \frac{I_{sl} - I_{el}}{2 \cdot L_{\mathrm{cluster}}} \tag{6-7}$$

式中，I_{sl} 和 I_{el} 分别代表多径簇内第 l 条可识别多径分量在天线阵列中存在的起始编号和结束编号。计算出来的多径分量生存长度归一化到了相应的多径簇生存长度 $L_{cluster}$ 上。图 6-16 给出了多径簇内多径分量生存长度的累积概率密度分布。从图 6-16 中可以看出，该参数可以利用指数分布进行建模，且指数分布中相应的参数 λ 为 8.299。进一步观察可以发现，多径分量的生存长度低于 0.3 的概率高达 90%，而低于 0.1 的概率也高达 50%，这说明多径簇内的多径分量始终处于生灭的规律中。与多径簇的生存长度相比，多径分量的生存长度显然更短。从 SAGE 算法估计的结果中（图 6-16）可以发现，具有较长生存长度的多径分量通常都具有较高的能量，且被认为在最主要的多径簇内。然而，生灭频繁且功率较低的多径分量不能够被直接忽略，因为这些多径分量的数量比较大，尤其是在反散射体丰富的室内场景中。

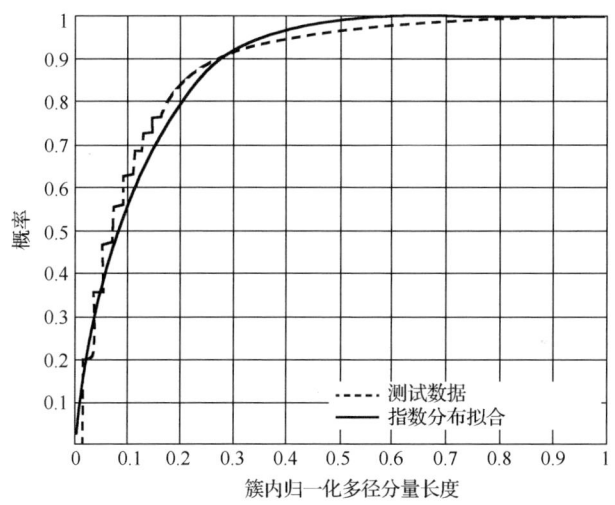

图 6-16　多径簇内多径分量生存长度的累积概率密度分布

4. 多径簇内多径分量出现的位置

与多径簇出现的位置类似，本节定义了多径簇内多径分量出现的位置，用于描述多径分量在相应多径簇中出现的相对位置。该参数就是新出现的多径分量所处的天线位置距离大规模天线阵列某一端位置的距离，且该参数也针对相应多径簇出现的位置进行了归一化。图 6-17 给出了多径簇内多径分量出现位置的累积概率密度分布，并且同时给出了从天线两端为标准计算出来的数值。从图 6-17 中可以看出，该参数依旧服从均匀分布，这说明多径分量在多径簇内出现的位置是随机的。

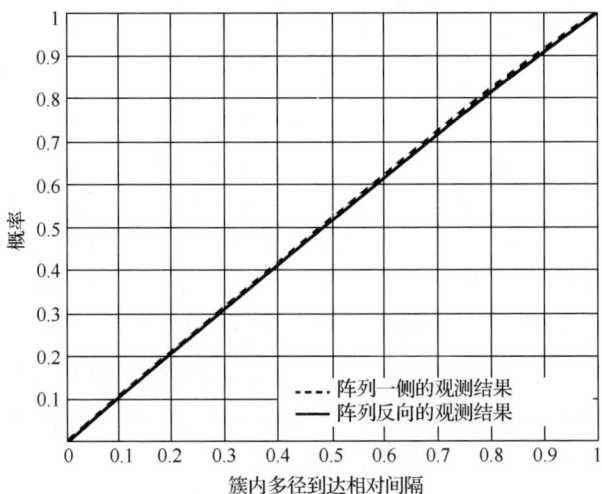

图 6-17 多径簇内多径分量出现位置的累积概率密度分布

参 考 文 献

[1] Fan W, Carton I, Kyosti P, et al. A step toward 5G in 2020: Low-cost OTA performance evaluation of massive MIMO base stations. IEEE Antennas and Propagation Magazine, 2017, 59(1): 38-47.

[2] Cai Y, Lamare R C, Champagne B, et al. Adaptive reduced-rank receive processing based on minimum symbol-error-rate criterion for large-scale multiple-antenna systems. IEEE Transactions on Communications, 2015, 63(11): 4185-4201.

[3] Hoydis J, Hoek C, Wild T, et al. Channel measurements for large antenna arrays. International Symposium on Wireless Communication Systems, Paris, 2012: 811-815.

[4] Gao X, Edfors O, Rusek F, et al. Massive MIMO performance evaluation based on measured propagation data. IEEE Transactions on Wireless Communications, 2015, 14(7): 3899-3911.

[5] Gao X, Tufvesson F, Edfors O, et al. Measured propagation characteristics for very-large MIMO at 2.6GHz. Asilomar Conference on Signals, Systems and Computers, Pacific Grove, 2012: 295-299.

[6] Payami S, Tufvesson F. Channel measurements and analysis for very large array systems at 2.6GHz. European Conference on Antennas and Propagation, Prague, 2012: 433-437.

[7] Payami S, Tufvesson F. Delay spread properties in a measured massive MIMO system at 2.6GHz. IEEE International Symposium on Personal, Indoor and Mobile Radio Communications, London, 2013: 53-57.

[8] Kristem V, Sangodoyin S, Bas C U, et al. 3D MIMO outdoor to indoor macro/micro-cellular channel measurements and modeling. IEEE Global Communications Conference, San Diego, 2015: 1-6.

[9] Kristem V, Sangodoyin S, Bas C U, et al. 3D MIMO outdoor-to-indoor propagation channel measurement. IEEE Transactions on Wireless Communications, 2017, 16(7): 4600-4613.

[10] Sangodoyin S, Kristem V, Bas C U, et al. Cluster-based analysis of 3D MIMO channel measurement in an urban environment. IEEE Military Communications Conference, Tampa, 2015: 744-749.

[11] Xu C, Zhang J, Zheng Q, et al. Measurement-based delay spread analysis of wideband massive MIMO system at 3.5GHz. IEEE International Conference on Computational Electromagnetics, Kumamoto, 2017: 246-248.

[12] Wang C, Zhang C, Tian L, et al. The variation of clusters with increasing number of antennas by virtual measurement. European Conference on Antennas and Propagation, Paris, 2017: 648-652.

[13] Chen J, Yin X, Wang S. Measurement-based massive MIMO channel modeling in 13-17GHz for indoor hall scenarios. IEEE International Conference on Communications, Kuala Lumpur, 2016: 1-5.

[14] Li J, Ai B, He R, et al. Measurement-based characterizations of indoor massive MIMO channels at 2GHz, 4GHz, and 6GHz frequency bands. IEEE Vehicular Technology Conference, Nanjing, 2016: 1-5.

[15] Li J, Ai B, He R, et al. Indoor massive multiple-input multiple-output channel characterization and performance evaluation. Frontiers of Information Technology and Electronic Engineering, 2017, 18(6): 773-787.

[16] Wang Q, Ai B, He R, et al. Parameter estimation using SAGE algorithm based on massive MIMO channel measurements. IEEE Antennas and Propagation Society International Symposium, Fajardo, 2016: 1457-1458.

[17] Ai B, Guan K, He R, et al. On indoor millimeter wave massive MIMO channels: Measurement and simulation. IEEE Journal on Selected Areas in Communications, 2017, 35(7):1678-1690.

[18] Kyösti P. WINNER II channel models, deliverable D1.1.2 V1.2, Part I channel models. Germany. IST-4-027756, 2008.

[19] Meinilä J. Final channel models, deliverable D5.3. Germany. CELTIC CP5-026, 2010.

[20] Guidelines for evaluation of radio interface technologies for IMT-advanced. Switzerland. ITU-R M.2135-1, 2009.

[21] Verdone R, Zanella A. Pervasive Mobile and Ambient Wireless Communications: COST Action 2100 (Signals and Communication Technology). Berlin: Springer, 2011.

[22] Study on 3D Channel Model for LTE, V12.0.0, Document TR 36.873, Technical Specication

Group Radio Access Networks, 3GPP, 2015.

[23] Peter M. Measurement campaigns and initial channel models for preferred suitable frequency ranges, deliverable D2.1. mm-wave based mobile radio access network 5G integrated communications, Samsung, Technology Report. H2020-ICT-671650, 2016.

[24] Nurmela V. METIS channel models, deliverable D1.4 V3. Mobile and wireless communications enablers for the twenty-twenty information society, Technology Report. ICT-317669, 2015.

[25] Wu S, Wang C X, Haas H, et al. A non-stationary wideband channel model for massive MIMO communication systems. IEEE Transactions on Wireless Communications, 2015, 14(3): 1434-1446.

[26] Wu S, Wang C X, Aggoune E H M, et al. A non-stationary 3-D wideband twin-cluster model for 5G massive MIMO channels. IEEE Journal on Selected Areas in Communications, 2014, 32(6): 1207-1218.

[27] Lopez C F, Wang C X, Feng R. A novel 2D non-stationary wideband massive MIMO channel model. IEEE International Workshop on Computer Aided Modeling and Design of Communication Links and Networks, Tornoto, 2016: 207-212.

[28] Wu H, Jin S, Gao X. Non-stationary multi-ring channel model for massive MIMO systems. International Conference on Wireless Communications and Signal Processing, Nanjing, 2015: 1-6.

[29] Chen Y, Li Y, Sun S, et al. A twin-multi-ring channel model for massive MIMO system. International Symposium on Communications and Information Technologies, Qingdao, 2016: 606-610.

[30] Xie Y, Li B, Zuo X, et al. A 3D geometry-based stochastic model for 5G massive MIMO channels. International Conference on Heterogeneous Networking for Quality, Reliability, Security and Robustness, Taiwan, 2015: 216-222.

[31] Haneda K, Tian L, Asplund H, et al. Indoor 5G 3GPP-like channel models for office and shopping mall environments. IEEE International Conference on Communications Workshops, Kuala Lumpur, 2016: 694-699.

[32] Vehmas J, Jarvelainen J, Nguyen S L H, et al. Millimeter-wave channel characterization at Helsinki airport in the 15, 28, and 60GHz Bands. IEEE Vehicular Technology Conference, Montreal, 2016: 1-5.

[33] Kim M D, Kwon H K, Park B S, et al. Wideband MIMO channel measurements in indoor hotspot scenario at 3.705GHz. International Conference on Signal Processing and Communication Systems, Gold Coast, 2010: 1-5.

[34] Ai B, Guan K, Rupp M, et al. Future railway services-oriented mobile communications network. IEEE Communications Magazine, 2015, 53(10): 78-85.

[35] Ai B, Cheng X, Kurner T, et al. Challenges toward wireless communications for high-speed railway. IEEE Transactions on Intelligent Transportation Systems, 2014, 15(5): 2143-2158.

[36] He R, Zhong Z, Ai B, et al. An empirical path loss model and fading analysis for high-speed railway viaduct scenarios. IEEE Antennas and Wireless Propagation Letters, 2011, 10: 808-812.

[37] He R, Zhong Z, Ai B, et al. Measurements and analysis of propagation channels in high-speed railway viaducts. IEEE Transactions on Wireless Communications, 2013, 12(2): 794-805.

[38] He R, Zhong Z, Ai B, et al. Short-term fading behavior in high-speed railway cutting scenario: Measurements, analysis, and statistical models. IEEE Transactions on Antennas and Propagation, 2013, 61(4): 2209-2222.

[39] Waldschmidt C, Hagen J V, Wiesbeck W. Influence and modelling of mutual coupling in MIMO and diversity systems. IEEE Antennas and Propagation Society International Symposium, San Antonio, 2002, 3: 190-193.

[40] Dandekar K R, Ling H, Xu G. Experimental study of mutual coupling compensation in smart antenna applications. IEEE Transactions on Wireless Communications, 2002, 1(3): 480-487.

[41] Hanssens B, Tanghe E, Martens L, et al. Measurement-based analysis of delay-Doppler characteristics in an indoor environment. IEEE Transactions on Antennas and Propagation, 2016, 64(1): 370-374.

[42] Cheffena M. Physical-statistical channel model for signal effect by moving human bodies. Eurasip Journal on Wireless Communications and Networking, 2012, 1: 77.

[43] He R, Molisch A F, Tufvesson F, et al. Vehicle-to-vehicle propagation models with large vehicle obstructions. IEEE Transactions on Intelligent Transportation Systems, 2014, 15(5): 2237-2248.

[44] Fessler J A, Hero A O. Space-alternating generalized expectation-maximization algorithm. IEEE Transactions on Signal Processing, 1994, 42(10): 2664-2677.

[45] Landmann M, Kaske M, Thoma R S. Impact of incomplete and inaccurate data models on high resolution parameter estimation in multidimensional channel sounding. IEEE Transactions on Antennas and Propagation, 2012, 60(2): 557-573.

[46] Gustafson C, Haneda K, Wyne S, et al. On mm-wave multipath clustering and channel modeling. IEEE Transactions on Antennas and Propagation, 2014, 62(3): 1445-1455.

[47] Molisch A F, Tufvesson F. Propagation channel models for next generation wireless communications systems. IEICE Transactions on Communications, 2014, E97-B(10): 2022-2034.

[48] Chong C C, Laurenson D I, Tan C M, et al. Joint detection-estimation of directional channel parameters using the 2-D frequency domain SAGE algorithm with serial interference cancellation. IEEE International Conference on Communications, New York, 2002: 906-910.

[49] Matthaiou M, Razavi-Ghods N. Characterization of an indoor MIMO channel in frequency

domain using the 3D-SAGE algorithm. IEEE International Conference on Communications, Glasgow, 2007: 5868-5872.

[50] Czink N, Mecklenbrauker C, Galdo G D. A novel automatic cluster tracking algorithm. International Symposium on Personal, Indoor and Mobile Radio Communications, Helsinki, 2006: 1-5.

[51] Czink N, Tian R, Wyne S, et al. Tracking time-variant cluster parameters in MIMO channel measurements. International Conference on Communications and Networking in China, Shanghai, 2007: 1147-1151.

[52] Yin X, Steinbock G, Kirkelund G E, et al. Tracking of time-variant radio propagation paths using particle filtering. IEEE International Conference on Communications, Beijing, 2008: 920-924.

[53] Luan F, Molisch A F, Xiao L, et al. Geometrical cluster-based scatterer detection method with the movement of mobile terminal. Vehicular Technology Conference, Glasgow, 2015: 1-6.

[54] Czink N, Cera P, Salo J, et al. A framework for automatic clustering of parametric MIMO channel data including path powers. Vehicular Technology Conference, Montreal, 2006: 1-5.

[55] He R, Chen W, Ai B, et al, On the clustering of radio channel impulse responses using sparsity-based methods. IEEE Transactions on Antennas and Propagation, 2016, 64(6): 2465-2474.

[56] He R, Li Q, Ai B, et al. An automatic clustering algorithm for multipath components based on kernel-power-density. IEEE Wireless Communications and Networking Conference, San Francisco, 2017: 1-6.

[57] He R, Li Q, Ai B, et al. A kernel-power-density-based algorithm for channel multipath components clustering. IEEE Transactions on Wireless Communications, 2017, 16(11): 7138-7151.

[58] He R, Chen W, Ai B, et al. A sparsity-based clustering framework for radio channel impulse responses. Vehicular Technology Conference, Nanjing, 2016: 1-5.

[59] Burr A G. Capacity bounds and estimates for the finite scatters MIMO wireless channel. IEEE Journal on Selected Areas in Communications, 2003, 21(5): 812-818.

[60] Cramer R J M, Scholtz R A, Win M Z. Evaluation of an ultrawide-band propagation channel. IEEE Transactions on Antennas and Propagation, 2002, 50(5): 561-570.

[61] Spencer Q H, Jeffs B D, Jensen M A, et al. Modeling the statistical time and angle of arrival characteristics of an indoor multipath channel. IEEE Journal on Selected Areas in Communications, 2000, 18(3): 347-360.

[62] Zhang Y, Zhang R, Lu S X, et al. Measurement and modeling of indoor channels in elevation domain for 3D MIMO applications. IEEE International Conference on Communications Workshops, Sydney, 2014: 659-664.

[63] Poutanen J, Haneda K, Liu L, et al. Parameterization of the COST 2100 MIMO channel model in indoor scenarios. European Conference on Antennas and Propagation, Rome, 2011: 3606-3610.

[64] Czink N, Bonek E, Yin X, et al. Cluster angular spreads in a MIMO indoor propagation environment. International Symposium on Personal, Indoor and Mobile Radio Communications, Berlin, 2005: 664-668.

[65] Zhang J, Gao X, Zhang P, et al. Propagation characteristics of wideband MIMO channel in hotspot areas at 5.25GHz. International Symposium on Personal, Indoor and Mobile Radio Communications, Athens, 2007: 1-5.

[66] Roivainen A, Dias C F, Tervo N, et al. Geometry-based stochastic channel model for two-story lobby environment at 10GHz. IEEE Transactions on Antennas and Propagation, 2016, 64(9): 3990-4003.

[67] Roivainen A, Kyosti P, Dias C F, et al. Parametrization and validation of geometry-based stochastic channel model for urban small cells at 10GHz. IEEE Transactions on Antennas and Propagation, 2017, 65(7): 3809-3814.

[68] Czink N, Herdin M, Ozcelik H, et al. Number of multipath clusters in indoor MIMO propagation environments. Electronics Letters, 2004, 40(23): 1498-1499.

[69] Wyne S, Czink N, Karedal J, et al. A cluster-based analysis of outdoor-to-indoor office MIMO measurements at 5.2GHz. IEEE Vehicular Technology Conference, Montreal, 2006: 1-5.

[70] Dong W, Zhang J, Gao X, et al. Cluster identification and properties of outdoor wideband MIMO channel. IEEE Vehicular Technology Conference, Baltimore, 2007: 829-833.

[71] Gao X, Tufvesson F, Edfors O. Massive MIMO channels measurements and models. Conference on Signals, Systems and Computers, Pacific Grove, 2013: 280-284.

[72] Huang C, Zhang J, Nie X, et al. Cluster characteristics of wideband MIMO channel in indoor hotspot scenario at 2.35GHz. IEEE Vehicular Technology Conference Fall, Anchorage, 2009: 1-5.

[73] Quitin F, Oestges C, Horlin F, et al. A polarized clustered channel model for indoor multi antenna systems at 3.6GHz. IEEE Transactions on Vehicular Technology, 2010, 59(8): 3685-3693.

[74] Czink N, Bonek E, Ylitalo J. Parameterizing geometry-based stochastic MIMO channel models from measurements using correlated clusters. International ITG/IEEE Workshop on Smart Antennas, Vienna, 2007.

第 7 章　高速铁路场景 5G 非正交多址技术

7.1　5G 非正交多址技术

随着第四代移动通信(4G)进入大规模商用阶段，面向 2020 年及未来的第五代移动通信(5G)已成为全球研发热点。而 5G 技术创新主要来源于无线技术和网络技术两方面。在无线技术领域，大规模天线阵列、超密集组网、新型多址和全频谱接入等技术已成为业界关注的焦点。其中，非正交多址技术是目前的国际前沿科学问题，其不仅能够提供更高的频谱利用率，也能够提供较高的连接过载率，使系统可以利用有限频谱资源来服务大规模连接用户。目前业界提出的 5G 新多址技术主要包括基于功率叠加的非正交多址(power based non-orthogonal multiple access，PNOMA)技术，基于多维调制和稀疏码扩频的稀疏码分多址(sparse code multiple access，SCMA)技术，基于复数多元码及增强叠加编码的多用户共享接入(multi-user shared access，MUSA)技术，基于非正交特征图样的图样分割多址(pattern division multiple access，PDMA)技术，基于连续扩频的串联扩频多址(tandem spreading multiple access，TSMA)技术等。

7.1.1　PNOMA 技术

面向 5G 频谱效率提升 5~15 倍的需求，业内提出采用新型多址接入复用方式，即非正交多址接入(non-orthogonal multiple access，NOMA)。在正交多址(orthogonal multiple access，OMA)技术中，只能为一个用户分配单一的无线资源，例如，按频率分割或按时间分割，而 PNOMA 方式可将一个资源分配给多个用户[1,2]。

PNOMA 不同于传统的正交传输，在发送端采用非正交发送，主动引入干扰信息，在接收端通过串行干扰删除技术实现正确解调。与正交传输相比，接收机复杂度有所提升，但可以获得更高的频谱效率。非正交传输利用复杂的接收机设计来换取更高的频谱效率，随着芯片处理能力的增强，将使非正交传输技术在实际系统中的应用成为可能[3]。

与码分多址(code division multiple access，CDMA)和正交频分多址(orthogonal frequency division multiple access，OFDMA)相比，PNOMA 子信道之间采用正交传输，不会存在跟 3G 一样明显的远近效应问题，多址干扰(multiple access interference，MAI)问题也没那么严重；由于可以不依赖用户反馈的信道状态信息(channel state information，CSI），在采用自动调制编码和功率复用技术后，应对各种多变的链路状态更加自如，即使在高速移动的环境下，依然可以提供很好的速率表现；同一子信道上可以由多个用户共享，与 4G 相比，在保证传输速度的同时，可以提高频谱效率，这也是最重要的一点。

在某些场景中，例如，远近效应场景和广覆盖多节点接入的场景，特别是上行密集场景，采用功率复用的非正交接入多址方式较传统的正交接入有明显的性能优势，更适合未来系统的部署。目前已经有研究验证了在城市地区采用 PNOMA 的效果，并已证实，采用该方法可使无线接入宏蜂窝的总吞吐量提高 50%左右。非正交多址技术通过在接收端与串行干扰消除或最大似然解调方式相结合才能达到容量极限，因此技术实现的难点在于是否能设计出低复杂度且有效的接收机算法。

虽然 5G 的具体技术标准目前还没有制定，但是从国际的一些主要研究组织发布的研究状况来看，频谱效率将是 5G 重点关注的一个方向。从这一点来看，既能满足移动业务速率需求又能提高频谱效率的 PNOMA 很可能将被 5G 采用为新的多址技术。

1. PNOMA 技术原理

PNOMA 在时域、频域、空域的基础上增加了一个新的维度，也就是功率域。在发送端，对同一子信道上的不同用户采用功率复用技术进行发送，不同的用户的信号功率按照相关的算法进行分配，这样接收端收到的每个用户的信号功率都不一样。用户进行信号分离时，利用不同用户间的功率区别，应用串行干扰消除（successive interference cancelation，SIC）技术提取到有用信号[4]。

PNOMA 的子信道传输依然采用 OFDM 技术，子信道之间是正交的，互不干扰，但是一个子信道上不再只分配给一个用户，而是多个用户共享。同一子信道上不同用户之间是非正交传输，这样就会产生用户间干扰问题，这也就是在接收端要采用多用户检测技术的目的。接收机通过根据不同用户信号功率大小按照一定的顺序进行干扰消除，实现正确解调，同时也达到了区分用户的目的。

从信息论的角度，我们可以知道非正交复用的用户在发送端使用叠加编码，在接收端使用 SIC，这样不仅在性能上能够优于使用正交复用的用户，而且从实现下行广播信道的容量域的意义上来说，也是最优的。同样，PNOMA 技术也可以使用在上行信道。本书中我们使用下行信道来介绍 PNOMA 的原理。

为了简单起见，我们假设发送端和接收端都为单天线，整个系统的传输带宽为 1Hz，共有两个用户。基站传输信号给用户 1 和用户 2 的消息分别为 x_1 和 x_2，其中 $E\left[|x_i|^2\right]=1$，传输功率分别为 P_1 和 P_2，$P_1+P_2=P$。在 NOMA 中，使用叠加编码后的消息为

$$x = \sqrt{P_1}x_1 + \sqrt{P_2}x_2 \tag{7-1}$$

因此我们在用户 i 处接收到的消息为

$$y = h_i x + w_i \tag{7-2}$$

式中，h_i 表示用户 i 和基站的信道系数；w_i 表示用户 i 处接收到的加性高斯白噪声。其功率密度为 δ_i。

在下行 PNOMA 中，SIC 被使用在用户接收端。最优的解码顺序是依照信道增益由小到大的顺序。假设 $\frac{|h_1|^2}{\delta_1} > \frac{|h_2|^2}{\delta_2}$，基于这一顺序，我们假定每个用户都能正确解码排在前面用户的消息。因此，用户 1 可以移除来自用户 2 的干扰。用户 2 不使用干扰消除，因为用户 2 的解码顺序排在用户 1 之前。用户 1 首先解码用户 2 的消息，然后将用户 2 的消息从收到的信号中移除，进一步地在无用户 2 消息干扰的情况下，解码出有用信号，如图 7-1 所示。

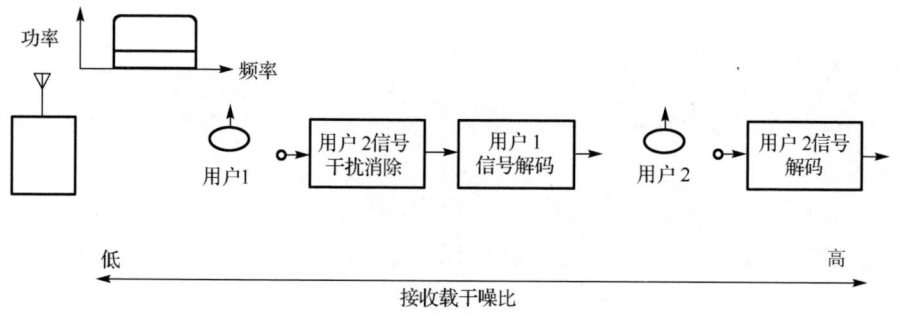

图 7-1　PNOMA 工作原理

因此，用户 1 和用户 2 的吞吐量 R_1 和 R_2 分别为

$$R_1 = \log_2\left(1 + \frac{P_1|h_1|^2}{\delta_1}\right), \quad R_2 = \log_2\left(1 + \frac{P_2|h_2|^2}{P_1|h_2|^2 + \delta_2}\right) \tag{7-3}$$

从式(7-3)中可以看出，功率分配能够极大地影响系统吞吐量并决定所使用的调制编码方案。基站通过调整功率分配比，即 P_1/P_2 的值，可以灵活地控制每个用户的吞吐量。明显地，整个小区的吞吐量、边缘用户的吞吐量以及用户公平都与功率分配方案有着密切的关系。

2. 串行干扰消除

多用户检测实际上是为了有别于传统的单用户检测提出的。两者主要的差别是传统接收机是把多址干扰视为高斯噪声来处理的；而多用户检测则是强调了接收机所处的系统是一个多用户通信系统。多址干扰与高斯噪声同时存在，但是却具有互不相同的统计特性,多址干扰可以看作整个系统的一部分信息,其信号特征可以被估计。多用户检测接收机的基本思想就是充分地挖掘和利用系统内各用户参数信息来消除多址干扰,进而提高检测系统的性能。

SIC 作为一项多用户检测技术,早在第三代移动通信技术中被采用。SIC 在性能上与传统检测器相比有较大的提高,而且在硬件上改动不大,从而易于实现。SIC 的基本原理是逐步地减去最大信号功率用户的干扰,SIC 检测器在接收信号中对多个用户逐个地进行数据判决,判决出一个用户就同时减去该用户信号造成的多址干扰(multiple access interference,MAI),按照信号功率大小的顺序来进行操作,功率较大信号先进行操作。这样一直进行循环操作,直至消除所有的多址干扰。

SIC 检测器的每一级只检测一个信号,因此 K 个用户就需要 K 级判决。各用户的操作顺序是根据其功率值排列进行的,功率越大的信号越先处理,因为最强的用户越容易捕获。每级输出的是功率最大用户的数据判决和去除该用户造成的 MAI 以后的接收信号,这样可以将多址干扰降到最低,并且信号越弱获益越大,大大增加了检测的可靠性。多级结构将上一级的输出信号作为下一级的输入信号,重复检测、估计、检测……的循环操作,逐步消除接收信号中的多址干扰。SIC 检测器的结构框图如图 7-2 所示。

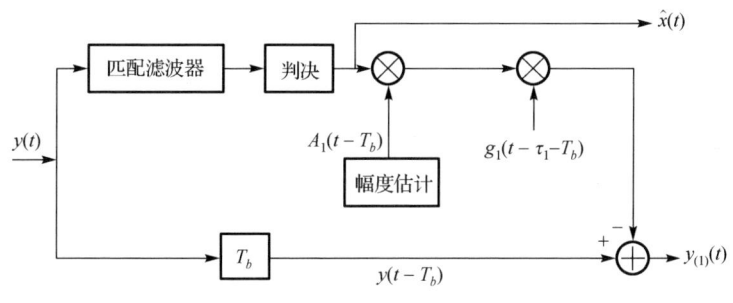

图 7-2 SIC 检测器的结构框图

例如,在一个由 2 个用户共享的子信道上,叠加后的信号为

$$x = x_1 + x_2 \tag{7-4}$$

式中,x_1、x_2 分别代表用户 1 和用户 2 的消息,其中信号功率 $x_1 > x_2$,我们简单地描述接收端接收到的信号为

$$y_i = h_i x + w_i \tag{7-5}$$

式中,h_i 为用户 i 与发送端的信道参数;w_i 为信道高斯白噪声和小区间干扰。则 SIC 接收机解码两个用户过程如图 7-3 所示。

在第一级检测之前,先要将接收信号按照信号功率大小进行排序,由于 x_1 信号功率最强,因此首先对 x_1 进行判决,输出 x_1。然后恢复对 x_1 的信号估计值,从接收

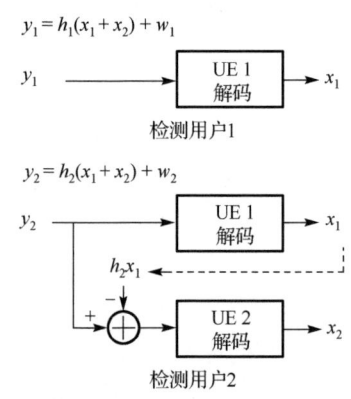

图 7-3 SIC 接收机用户解码

信号中减去 x_1 的估计值，得到 x_2。若有多级信号，再将 x_1,x_2 作为下一级输入。按照功率顺序依次执行相同的操作，最后先后输出 x_1 和 x_2，完成对所有的用户信号检测。

在 SIC 信号检测过程中，很重要的一点是用户检测顺序。这里进行排序是根据用户的信号功率来进行的。在 PNOMA 中，发送端会对不同的用户进行功率分配。通常，信道增益高的用户会少分配一些功率资源，而信道增益低的用户会多分配一些功率资源。到达接收端后，每个用户的信号功率会不一样，SIC 接收机根据用户的信道增益进行排序，依次对不同的用户进行解调，同时达到区分用户的目的。

虽然 SIC 技术有很好的信号检测性能，但要在 PNOMA 中采用，有 3 个问题。首先，相对于传统的 SIC 接收机，PNOMA 中采用的 SIC 接收机要更复杂，要求具备更强的信号处理能力；其次，从上述过程可知，根据信号功率排的用户顺序决定了最佳的接收效果，而在实际过程中，用户的功率是不断变化的，这就要求 SIC 接收机不断地对用户功率进行排序；最后，从 SIC 结构图中可以看出，每一级处理都会产生一定的时延，在现实多级处理过程中，产生的时延很大。前一个问题的解决有赖于未来芯片处理能力的提升，而后两个问题则需要对相关的处理算法进行进一步的研究。

3. 功率复用

SIC 在接收端消除多址干扰，需要在接收信号中对用户进行判决来排出消除干扰的用户的先后顺序，而判决的依据就是用户信号功率大小。基站在发送端会对不同的用户分配不同的信号功率，来获取系统最大的性能增益，同时达到区分用户的目的，这就是功率复用技术。功率复用技术在其他几种传统的多址方案中没有被充分地利用，其不同于简单的功率控制，而是由基站遵循相关的算法来进行功率分配。

功率分配的不同方式，可以直接对通信系统的总吞吐量、用户公平等性能指标造成直接的影响。例如，比例公平的功率分配方式，能够权衡同一小区内不同用户间最大化平均用户吞吐量。

与 CDMA 和 OFDMA 相比，PNOMA 子信道之间采用正交传输，不会存在跟 3G 一样明显的远近效应问题，多址干扰问题也没那么严重；由于可以不依赖用户反馈的 CSI 信息，在采用 SIC 和功率复用技术后，应对各种多变的链路状态更加自如，即使在高速移动的环境下，依然可以提供很好的速率表现；同一子信道上可以由多个用户共享，跟 4G 相比，在保证传输速度的同时，可以提高频谱效率，这也是最重要的一点。

虽然 5G 的具体技术标准目前还没有制定，但是从国际的一些主要研究组织发布的研究状况来看，频谱效率将是 5G 重点关注的一个方向。从这一点来看，既能满足移动业务速率需求又能提高频谱效率的非正交多址技术（PNOMA）很可能将被 5G 采用为新的多址技术。

7.1.2 SCMA 技术

SCMA，全称是稀疏码分多址技术，是一种全新的频域非正交多址技术，可以明显地提高无线接入的频谱效率。SCMA 仍然使用低复杂度接收技术，但是与低密度扩频(low density spreading, LDS)相比有更好的性能,可以说 SCMA 是 LDS-OFDM 的演进技术[5]。

1. LDS-OFDM 基本原理

LDS-OFDM 是一种上行多载波多址接入技术，是在频域给每个扩频符号加上低密度签名序列。如图 7-4 所示，原始的数据流先与低密度扩频序列相乘，然后在不同的子载波上进行传播。可以看出，正是这种低密度的签名结构，使得每个数据符号只在一部分子载波上传播，而每个子载波也只传播一部分数据符号。

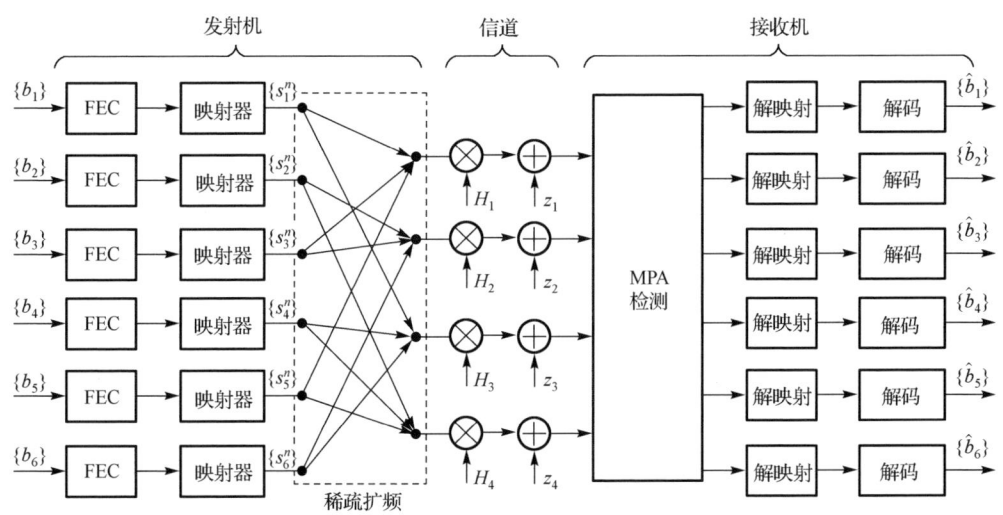

图 7-4 LDS-OFDM 系统原理框图

与传统的 OFDMA 相比，LDS-OFDM 在性能方面有明显提升[6]。首先，LDS-OFDM 通过稀疏扩频序列，使得系统可以支持多于子载波数 400%的并行数据流传播，获得频率分集增益；其次是采用稀疏扩频，使得每个用户在给定一组子载波上传播，从而只会受到其他用户的一小部分信号的干扰，也就是使每个子载波上只承载较少的干扰；最后是 LDS-OFDM 采用消息传递算法(message passing algorithm, MPA)，这种算法虽然有较大的复杂度，但是从性能增益上来说，还是更适合 LDS-OFDM 系统[7,8]。

2. SCMA 系统模型

1) SCMA 编码器

总的来说，SCMA 编码器是 CDMA 编码器演进的产物。CDMA 编码器是将 QAM 符号直接扩展到一系列复数扩频符号上，并且加入给定的 CDMA 签名，再通过 OFDMA 多载波进行传播，我们可以发现 QAM 符号在多个载波上重复传播。而 LDS 是 CDMA 的一种变形，通过使用低密度扩频序列，使得在接收端可以使用十分灵活的 ML 接收机，而性能接近最优。

如图 7-5 所示，CDMA 调制器是将编码以后的比特映射到一系列复数域符号上，再经过扩频加入签名序列生成码字。而 SCMA 则是将上述正交幅度调制(quadrature amplitude modulation, QAM)映射模块和 CDMA 扩频器模块融合在一起，也就是将编码后的比特直接映射到一个复高斯的向量上，即可生成所需的码字。整个过程是一个从比特域到多维复数域的编码过程。

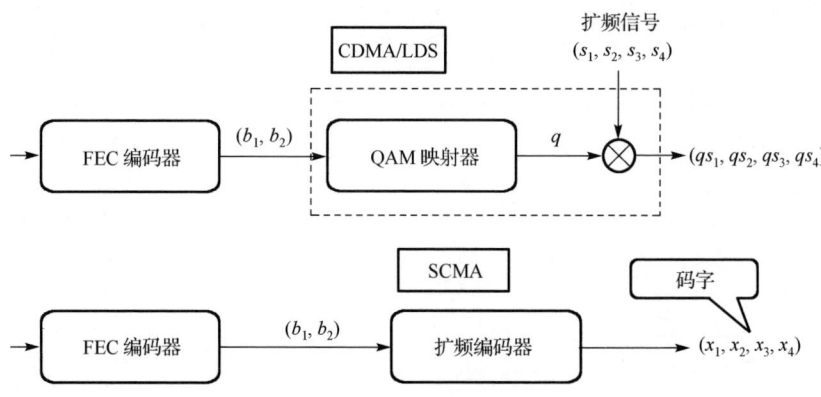

图 7-5 SCMA 扩频编码器结构为 QAM 调制与扩频的结合

具体编码器定义：令 $f:B^{\log_2 M} \to x, x = f(b)$，其中 $x \subset C^K$，且 $|x| = M$。则 K 维复数码子 x 是稀疏向量，且含有 $N<K$ 个非零项。令 c 表示 N 维复星座图上的点集合 $c \subset C^N$，则有 $B^{\log_2 M} \to c, c = g(b)$。因此 SCMA 编码器可以重新定义为 $f := Vg$，$V \in B^{K \times N}$ 是二进制映射矩阵，将 N 维星座图上的点映射到 K 维 SCMA 码字上。并且映射矩阵 V 包含 $K-N$ 个全零行，因此所有的码字在 $K-N$ 维都包含 0。如果把映射矩阵 V 中的全零行删去，则刚好是一个单位阵 I_N，可以看出这种映射并没有改变多维星座图点空间的顺序。最后生成的码本包含 M 个码字，每个码字包含 K 个复数值。

2) SCMA 复用

每个 SCMA 编码器包含 J 个独立的分层,因此可以把编码器定义为 $s_j(V_j,g_j;M_j,N_j,K), j=1,2,\cdots,J$,$g_j$ 是星座图生成函数,生成一系列的星座图 c_j,每个星座图包含 M_j 个长度为 N_j 的字符。映射矩阵 V_j 就是将 N_j 维的星座图点映射到 SCMA 码字形成码符号集 x_j。假设令 $M_j=M, N_j=N, \forall j$,则 SCMA 编码可以简化为 $S([V_j]_1^J,[g_j]_1^J;J,M,N,K)$。因此 SCMA 码字在复用时共享这 K 个正交资源,如 OFDMA 子载波。且接收信号可以表示为

$$\begin{aligned} \boldsymbol{y} &= \sum_{j=1}^{J}\operatorname{diag}(\boldsymbol{h}_j)\boldsymbol{x}_j+\boldsymbol{n} \\ &= \sum_{j=1}^{J}\operatorname{diag}(\boldsymbol{h}_j)V_j g_j(\boldsymbol{b}_j)+\boldsymbol{n} \end{aligned} \quad (7\text{-}6)$$

式中, $\boldsymbol{x}_j=(x_{1j},\cdots,x_{Kj})^{\mathrm{T}}$ 是第 j 层的 SCMA 码字;$\boldsymbol{h}_j=(h_{1j},\cdots,h_{Kj})^{\mathrm{T}}$ 是第 j 层信道矢量。$\boldsymbol{n}$ 为加性噪声,服从高斯分布。由于每层都是从同一个发射点到同一个接收用户,经历的信道是同一个,则有 $\boldsymbol{h}_j=\boldsymbol{h}, \forall j$。因此接收信号可以进一步简化为 $\boldsymbol{y}=\operatorname{diag}(\boldsymbol{h})\sum_{j=1}^{J}\boldsymbol{x}_j+\boldsymbol{n}$。通过在 K 维资源上复用 J 个子层,则码字的过载因子为 $\lambda=J/K$。

令在 K 资源上接收到的信号为 y_k,如果码字 $\boldsymbol{x}_j$ 是稀疏的,则只有一部分会在 k 资源上产生碰撞,而 j 子层占用的资源取决于映射矩阵 V_j,并且由映射矩阵 V_j 的非 0 行对应的二进制指示向量 $\boldsymbol{f}_j$ 里面非零元素的个数决定,其中 $\boldsymbol{f}_j=\operatorname{diag}(V_j V_j^{\mathrm{T}})$。每层占用的资源总数影响取决于 $\boldsymbol{d}_f=(d_{f1},\cdots,d_{fK})^{\mathrm{T}}=\sum_{j=1}^{J}\boldsymbol{f}_j$。因此 SCMA 可进一步地用因子图矩阵 $\boldsymbol{F}=(\boldsymbol{f}_1,\cdots,\boldsymbol{f}_J)$ 表示,当且仅当 $(F)_{jk}=1$ 时,层节点 j 与资源节点 k 才是相连的。图 7-6 为 6 个符号节点与 4 个资源节点的 SCMA 系统因子图。

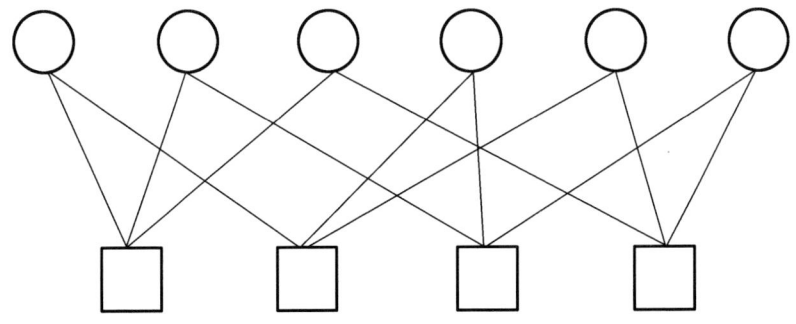

图 7-6 $J=6$,$K=4$,$N=2$,$\boldsymbol{d}_f=3$ 时 SCMA 系统因子图

3) SCMA 接收端 MPA 检测

已知接收信号和信道信息 $\{h_j\}_{j=1}^J$，可以通过联合优化最大后验概率（maximum a posteriori，MAP）检测算法，则每层接收码字 $X=(x_1,\cdots,x_j)$ 可表示为

$$X = \mathrm{argmax}_{x\in(x_{j=1}^J)x_j}\, p(X\,|\,y) \tag{7-7}$$

式中，$(x_{j=1}^J)x_j := x_1\times\cdots\times x_j$。此问题可以简化为函数乘积边缘化（marginalize product of functions，MPF）问题。且最优 MPF 的计算复杂度随着编码器层数指数增长，随着星座图尺寸的多项式增长。但是 MPA 可以利用潜在因子图接近最优地解决问题。

MPA 是一种迭代译码算法，在此算法的迭代过程中，各个节点的置信消息需要在变量节点和校验节点之间互相传递。算法的性能随着量化阶数的增加而提高，同时复杂度也随之增加。

采用一般线性检测没办法支撑过载，而采用 MPA 检测，仿真结果表明可以支持高达 1.5 倍的过载。

4) SCMA 码本生成

SCMA 中码字结构 $S(V,g;J,M,N,K)$，$V:=[V_j]_1^J$，$g:=[g_j]_1^J$ 的码本设计可以简化为

$$V^*,g^* = \mathrm{argmax}_{V,g}\, m(S(V,g;J,M,N,K)) \tag{7-8}$$

式中，m 为给定的设计准则。由于 m 的定义和多维问题的解决方法还未知，而多级优化方法可以达到次优解决问题的效果[9]。

5) 映射矩阵

映射矩阵 V 决定了在每个资源节点受干扰的层数，进而决定了 MPA 检测复杂度。码字越稀疏，MPA 检测复杂度越低。映射矩阵的定义规则：① $V_j\in B^{K\times N}$；② $V_i\neq V_j$，$\forall i\neq j$；③ $V_j^{[\varPhi]}=I_N$，$V_j^{[\varPhi]}$ 是将 V_j 移除所有全 0 行所得。因此解决方案 V^+ 就是只要在 I_N 中插入 $K\text{-}N$ 行全 0 矢量即可，且具有以下特性：

$$J = \binom{K}{N},\ d_{fj}=d_f=\binom{K-1}{N-1}=\frac{JN}{K},\ \forall j, \lambda=\frac{J}{K}=\frac{d_f}{N} \tag{7-9}$$

6) 星座图点

有了映射集 V^+，则 SCMA 的优化问题又可以简化为

$$g^+ = \mathrm{argmax}_g\, m(S(V^+,g;J,M,N,K)) \tag{7-10}$$

问题在于，定义 J 个不同的 N 维星座图，每个星座图上有 M 个点。优化问题可以简化为基于母星座图和每层具体算子的问题，如 $g_j=(\Delta_j)g,\forall j$，$\Delta_j$ 为星座图算子。根据这个模型，SCMA 码字优化问题可以进一步写成

$$g^+,[\varDelta_j^+]_{j=1}^J = \arg\max\nolimits_{g,[\varDelta_j^+]_{j=1}^J} m(S(V^+,g=[(\varDelta_j^+)g]_{j=1}^J;J,M,N,K)) \qquad (7\text{-}11)$$

因此作为次优算法,只要分别确定母星座图和星座图算子即可。

7) 多维母星座图

设计母星座图的目的在于设计一个紧凑的多维格状星座图,在星座图间给定的最小欧氏距离时,平均符号能量最小;另一个方法是通过独立正交振幅调制(quadrature amplitude modulation,QAM)星座图间的笛卡儿积建立多维星座图,再在保证不增加欧氏距离的前提下对网格星座图进行旋转。网格图的优化旋转可以提高星座图距离内积,导致星座图之间有一定相关性,减少每个网格星座图计算的点数,从而减少检测的计算复杂度。而且通过网格的旋转改变多维星座图的功率特性,MPA 检测算法可以利用重叠码字的远近效应的特性得到更好的收敛效果[10]。

8) 星座图函数算子

解决母星座图之后,原始的 SCMA 优化问题进一步简化为

$$[\varDelta_j^+]_{j=1}^J = \arg\max\nolimits_{[\varDelta_j^+]_{j=1}^J} m(S(V^+,g=[(\varDelta_j^+)g]_{j=1}^J;J,M,N,K)) \qquad (7\text{-}12)$$

一般规定这些算子在时域都有统一的表述,保证不同码字之间的欧氏距离没有改变。主要有三种典型的算子:复数共轭、相位旋转和晶格星座图多维置换。SCMA 的码本就是通过母星座图和各层具体的函数算子构成的,而 MPA 的作用就是采用迭代的方式使互相干扰的符号之间分离。

3. SCMA 优缺点

1) 优点

(1) SCMA 与传统 LDS 和 CDMA 相比,在性能方面有明显提升。CDMA 只是在数据符号正交或接近正交的码字上进行传播,而正交码域有限;LDS 只是在各个资源上重复发送的符号,这实际上是构成了重复编码;而 SCMA 采用多维星座图调制,充分地利用了信号空间,对发送符号在各个资源上进行编码,从而提供了编码增益和功率分集增益。

(2) SCMA 采用 MPA 检测可以实现过载,从而提高频谱效率。

2) 缺点

(1) 尽管 SCMA 的码字结构可以很好地定义,但是码本的设计和优化问题始终是 SCMA 技术的一大挑战。而对于这些问题,目前还没有找到最优的解决办法,只能通过次优的多级优化的方法进行逼近。

(2) 在 SCMA 中,一方面需要进行多维星座图及其最优旋转关系的优化设计,以提高 MPA 检测性能和复杂度;另一方面如何充分地利用稀疏性消除符号之间的碰撞也是 SCMA 面临的重要问题。

7.1.3 图样分割多址技术

1. PDMA 技术

PDMA 的一般图案都出现在跳频中，形成跳频图案以控制载波频率的跳变来实现频谱扩展，同时，正交的跳频图案可以使多个收发信机在同一个频段进行跳频通信而又不互相干扰[11]。跳频图案分布在以时域及频域构成的资源空间内，单个用户在不同时间选择不同频率以避免干扰其他用户从而实现有效多址。这里时域及频域可以成为图案的两个维度。

图案分多址即让发射机设计一定的图案以让更多的用户在一定的资源空间内实现多址。但目前正交的图案设计并不能满足大量用户的多址需求，因此图案分多址便需要着力于设计合适的非正交图案以实现大量用户的多址[12]。

2. PDMA 的系统实现

1) PDMA 发射机实现

如前面所述，PDMA 旨在现有时频空间上实现非正交图案多址技术。在 PDMA 中，多个用户将要共享一个图案设计，即多个用户在同一时间内所跳的频率是一样的。在 4G 中，发射机会给 5 个用户设计 5 个相互正交的跳频图案，然而在 PDMA 及未来的 5G 中，发射机仅设计一个跳频图案来让这 5 个用户共享，即从正交向非正交的演化。

显而易见，非正交多址可以大大提升系统的频谱效率、接入能力以及吞吐量。目前图案的维度仅限于时间维度与频率维度，因此在这个二维空间内设计出的正交图案是十分有限的。于是我们便需要考虑将信号其他的一些特征作为一个新的图案维度对现有资源空间进行扩展。目前可用的信号特征包括信号的功率、信号中数据所混叠的伪随机码、信号的极化方向等。在图案维度根据上述信号特征进行扩展后，多用户便可根据其新扩展的维度来进行区分，从而其既可共享同一时频图案也可实现互不干扰的多址方式。

同样，处于同一发射功率的用户可以用不同频率的图案来区分。如果有多个用户在同一时间内具有相同的频率及功率图案，那么图案维度可以进一步地进行扩展以使各个用户的图案相互独立。另外，在上述功率域扩展中，多个用户使用的不一定都是完全相同的跳频图案。

大多数情况下多个用户的跳频图案只是部分重叠，而后用功率来使其相互独立。多个用户使用同一跳频图案仅是一种极端情况。

由上述关于 PDMA 的发射机原理可以看出，尽管发射机所设计的图案在时域及频域上是非正交的，但是，当功率域或码域等作为扩展维度加入资源空间后，所设计的图案实际上仍是彼此独立的。因此在 PDMA 中，非正交技术其实上是图案维度扩展技术。如果在未来 5G 中，如 PDMA 这种维度扩展技术得以使用的话，那么原先长期技术演进标准中关于上下行的帧结构就会发生变化。

PDMA 使发射机设计扩展图案来增加接入数量，是 5G 中一个强有力的候选技术。然而，PDMA 在发射机方面也仍然存在许多挑战，例如，在功率扩展中，如何更好地控制功率域的分配以使小区边缘用户的通信容量得到提升，再如，如何降低由图案的扩展而带来的额外复杂度，以及如何更合理地设计发射图案以便接收机 SIC 技术的使用。关于 PDMA 发射机的研究仍在继续。

2) PDMA 接收机实现

如前面所示，PDMA 发射机通过在功率域、码域及其他一些信号特征域上进行扩展来给每个用户设计独立的发射图案。设计好的图案再由不同的波束赋形发送至各个接收机，一个波束内往往有多个接收机，因此如何设计接收机使得一个波束内的用户得以相互独立便成了 PDMA 需要考虑的问题。在 PDMA 中，基于 SIC 的接收机如图 7-7 所示。

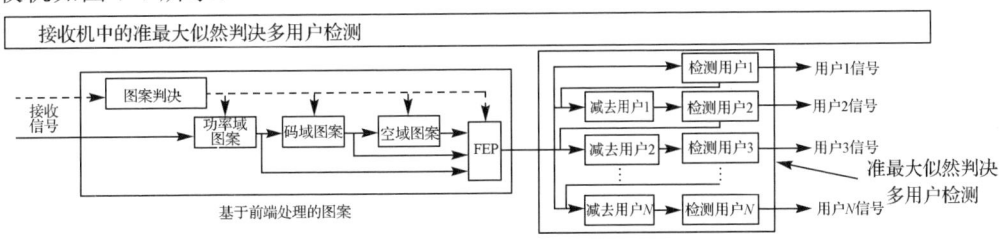

图 7-7 PDMA 接收机设计

从图 7-7 可以看出，接收机收到信号后，现将接收信号传入图案判决模块以识别信号中图案所扩展的维度。图案判决模块在识别信号中图案所扩展的维度后，就给相应的维度扩展模块发送激活信号以激活该模块来处理所要经过的信号。当经过图案扩展模块后，信号会进入前端处理模块并进行一定的处理，而后便进入 SIC 模块。在串行消除处理中，数据流的判决采用最大似然判决，因此结合串行消除技术的最大似然判决被称为准最大似然判决。准最大似然判决在性能上要比完全的最大似然判决低，但由于 SIC 技术的使用，在一定的情况下，准最大似然判决的计算复杂度较完全的最大似然判决要低。准最大似然判决是通过牺牲部分性能来实现复杂度的降低，其优势在大量用户接入的情况下十分明显。

3. PDMA 的优缺点

1) 优点

（1）PDMA 的优势主要表现在用户负载超过 100%时，其性能要比之前的正交多址技术有所提升。

（2）对于 PDMA，其具有充足的图案设计来承担 150%的用户负载，所以其在高信噪比的情况下可以处于一个很低的误码率。

（3）PDMA 在接收机中使用了准最大似然判决，其复杂度要较之前的判决方法有所降低。对于 Q 阶调制的用户通信系统，准最大似然判决将降低计算复杂度。由此可见，在高阶调制下，准最大似然判决的复杂度要低于之前所使用的判决，但在低阶调制如二进制相移键控（binary phase shift keying，BPSK）及正交相移键控（quadrature phase shift keying，QPSK）下，准最大似然判决的复杂度则可能要比之前所使用的判决高。

2）缺点

尽管 PDMA 相较于之前的正交技术具有性能优势，但是其计算复杂度也会较之前而有所增加。首先在发射端，额外维度的引入，使得发射机需要耗费额外的时间及空间来计算存储扩展后的图案设计；在发射端，同样由于维度的扩展，接收机需要额外的部分来判断扩展维度。因此，如何减少 PDMA 的计算复杂度将是未来研究 PDMA 技术的重点。其次，SIC 虽然具有性能优势，但其也同时存在一个缺点，就是误差传播，即如果第一个数据流解码错误，那么将直接影响到后面所有数据流的解码，因此如何控制 SIC 中的误差传播也是 PDMA 将来需要探讨的一个话题。最后，目前可以得到的关于 PDMA 的资料十分有限，因此关于 PDMA 技术的进一步研究也十分困难。

7.1.4 多用户共享接入技术

1. MUSA 技术

MUSA 的全称为多用户共享接入。这里的共享指一个信道自由度可以被多个用户共享[13]。在正交多址中，时频资源被分为两个部分以分配给两个用户，而在 MUSA 中，整个时频资源是可以被两个用户共享的，但这两个用户具有不同的功率，所以依然可以被分辨出来。MUSA 与上面提到的图案分多址有许多相同之处。图案分多址通过图案维度的扩展以使多个用户可以在时频空间内使用有重叠的跳频图案；而在 MUSA 中，资源空间同样是进行了扩展以使多个用户可以在时频空间内共享一个自由度。

2. MUSA 的系统实现

与 PDMA 类似，MUSA 也是在功率域、码域等信号特征域上进行扩展，以实现自由度的共享。图 7-8 为一个上行 MUSA。

从图 7-8 中可以看出多用户接入技术是将资源空间在码域上进行了扩展。在发射端，每个用户将自己的数据符号用一个特定序列进行延展，以形成一个长随机序列，而后所有延展的序列同时在一个信道自由度内传输。

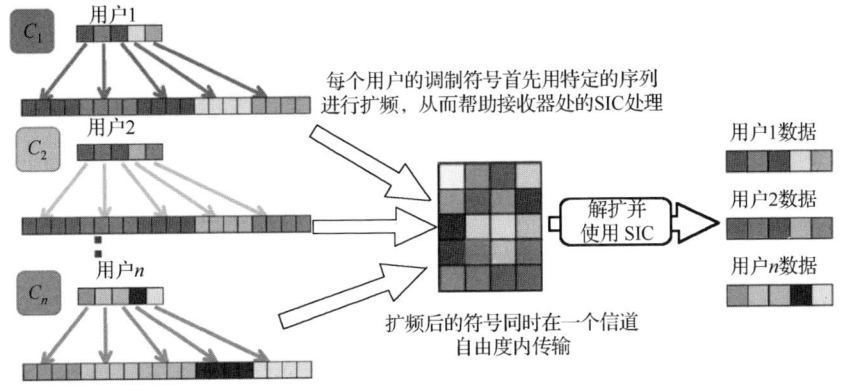

图 7-8 上行 MUSA 码域扩展

在接收端，接收机使用与串行干扰消除相结合的解扩方式。由于发射机分配给每个用户的延展序列相互正交，因此接收机首先用用户 1 的延展序列对接收到的数据进行解扩，从而得到用户 1 的数据流，而后在原接收数据中减去用户 1 的数据以去解扩用户 2 的数据，并由此交替至用户 n。

由上面可以看出，MUSA 实际上与 CDMA 十分相似。CDMA 是通过设计正交扩频序列以使发射信号的频带可以扩展到整个带宽，也是一种码域上的扩展。但是，与 CDMA 不同的是，MUSA 在接收端使用了串行干扰技术，因此其性能要比 CDMA 高。

3. MUSA 的缺点

与 PDMA 类似，MUSA 在进行维度扩展时需要额外的计算复杂度，同时其 SIC 也存在误差传播的现象。另外，目前关于 MUSA 的相关资料也是十分有限。因此，MUSA 的下一步研究也是十分困难。

7.1.5 串联扩频多址技术

1. TSMA 技术

TSMA 的全称为串联扩频多址技术，为一种适用于大规模机器通信系统（massive machine type communication，mMTC）的非正交多址技术[14]。在 mMTC 中，一个基站需要支持大量各类设备的随机接入。这里，随机接入可以分为基于调度的随机接入和免调度的随机接入。在基于调度随机接入系统中，数据的传输过程是由控制信号进行协调的，从而可以避免碰撞，但是协调大量用户连接的控制信号的资源开销是巨大的。而在免调度随机接入系统中，传输过程不被协调，相应的控制信号资源开销便可被节约下来。然而，由于缺乏协调，这种传输是匿名的，因此必须在免授权随机接入系统的多用户接入设计中考虑用户识别问题。同时，自主性的传输会造成用户数据包碰撞的不确定性。针对以上两个挑战，文献[14]~[16]提出了串联扩频多址技术。其基本思想是将用户数据包划分为段,然后进行段编码,生成冗余段,并使用多个序列扩频对这些冗余段进行扩频。因此,碰撞只发生在特定的数据段,并可以通过冗余段来解决,从而通过牺牲用户的数据传输率来实现高连接性和高可靠性。

2. TSMA 发射机设计

图 7-9 表示了 TSMA 的系统结构,包括接收机与发射机的设计。与传统的收发信机相比较,TSMA 方案在发射端特有的结构有数据分割、段编码、串联扩频;在接收端特有的结构有用户识别、段解码、数据组合。在接下来会详细地介绍这些结构的具体设计与承载的功能[15]。

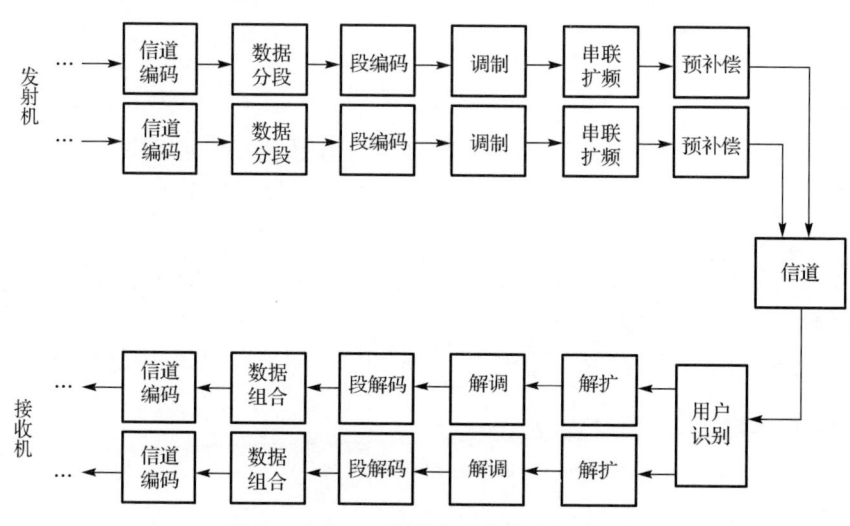

图 7-9 TSMA 的系统结构设计流程图

在信道编码之后,具有 b 比特的数据包被划分为 m 段(如果 b 不能满足被 m 整除,那么在数据包后补零以保证每个段有相同的比特数)。在数据分割之后,m 数据段将被段编码处理形成 n 段编码段以产生 $n-m$ 个冗余数据段,如图 7-10(a)所示。

段编码后,编码段被多个正交扩频序列扩频。多个扩频序列串联形成不同的串联扩频组合,分配给所有连接用户。同时,所有用户的串联扩频组合构成了一个串联扩频码本。该码本的目的是在有效地控制碰撞影响的情况下最大限度地提高用户的数量。当 K_a 个激活用户中的任意两个在同一段中有相同的扩频序列时,就会发生碰撞,而该段则被称为碰撞段。为了控制碰撞段,TSMA 提出了一种设计准则:在码本中,任意两个串联扩频组合的碰撞段数不应大于 r。这个标准保证 K_a 个激活用户中任意一个激活用户最多只有 $(K_a-1)r$ 个碰撞段。因此,对于一个确定的激活用户数量的传输场景,如果冗余段的数量 $n-m$ 不小于 $(K_a-1)r$,那么所有激活用户的数据都可以从碰撞中恢复。

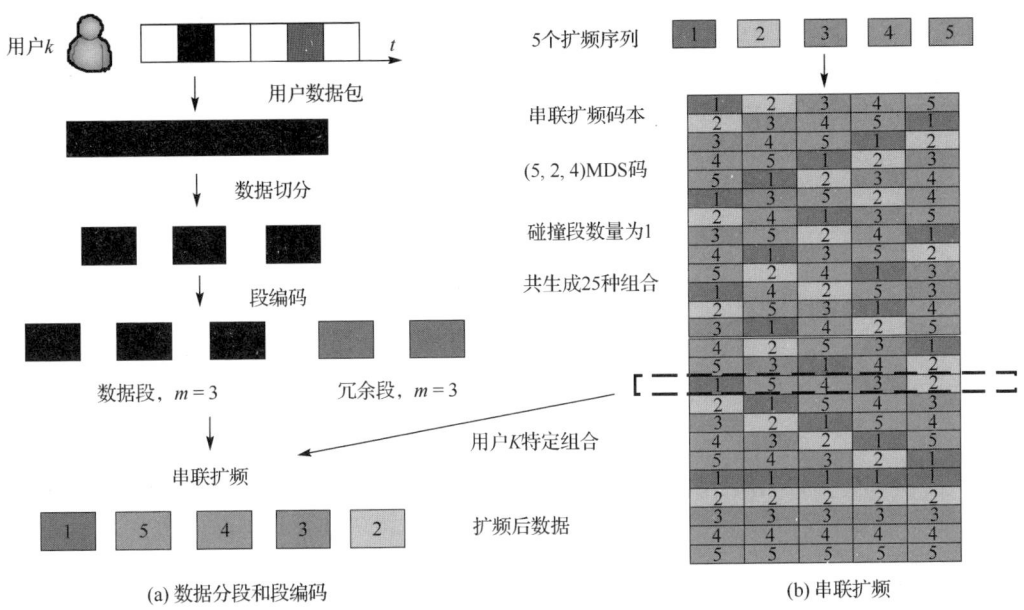

图 7-10 TSMA 发射机段编码及串联扩频过程示意图

TSMA 的码本设计适用于任意的碰撞段数 $r \geq 1$。其码本设计如下：假设有 q 个正交扩频序列和一个具有 n 段编码段的数据包。其中，q 个扩频序列可以由有限域 GF(q) 中的元素表示。由此，串联扩频码本中的每个串联扩频组合都可以表示为一个长度为 n 的 q 进制码字。假设码本可以表示成 C，则码本设计标准可以解释为在 C 中的任何两个码字，具有相同元素的码位个数最多为 r。换句话说，C 中码字的最小汉明距离是 $d = n - r$。同时，根据辛格顿界限（Singleton bound），C 的最大尺寸是 $|C| = q^{n-d+1} = q^{r+1}$。由于 C 的大小决定了用户的组合的数量，只有当代码是最大距离可分离（maximum distance separable，MDS）的代码时，才可以实现最大的代码大小。因此，码本设计应用了一个 q 进制 (n, $r+1$, $n-r$) 广义里德-所罗门（generalized Reed-Solomon，GRS）码作为 MDS 代码，其中 $r+1 < n \leq q$。在码本构造中，首先所有的 q^{r+1} 可能的长度为 $r+1$ 的 q 进制码字，构成了消息码字的集合 C_0，而后生成矩阵 $G \in \text{GF}(q)^{(r+1)*n}$ 由范德蒙德矩阵构造。由此，码本 C 的设计基于编码消息码字矩阵 C_0，在其基础上使用生成矩阵 G，通过 $C = C_0 G$ 生成码本 C。其中 C 和 C_0 是矩阵，其行是 C 和 C_0 中的码字。图 7-10 展示了一个参数为 $q = 5$、$n = 5$ 和 $r = 1$ 的串联扩频码本的设计。5 个正交扩频序列由 GF(5) 中的元素表示，MDS 码本 C 由一个 (5，2，4) GRS 码构建，并将构建好的码本 C 中的每个码字转换成正交扩频序列的组合从而生成串联扩频码本。由于 $q = 5$ 和 $r = 1$，该码本共有 25 个合格的串联扩频组合可以分配给 25 个用户。如果用户 K 被激活，它将使用其分配的组合来对 5 个编码的片段进行串联扩频。

在串联扩频后,信道预补偿将在传输信号上实现。在时分双工(time division duplexing,TDD)的下行周期中,基站会向所有用户广播一个信道估计的训练序列,每个用户通过接收的训练序列估计自己的下行信道状态。根据信道的互异性,下行信道状态的估计可以用于上行链路的预补偿。由此,训练序列不再必须是非正交的,并且相应的估计性能下降可以被避免。但是,利用信道预补偿就需要用户设备必须具有一定的计算能力。

3. TSMA 接收机设计

对于接收机端,TSMA 的接收机配备了用户识别模块和段解码器。在 TSMA 中,参数 m、n、q 和设计的串联扩频码本是预先确定的,接收方能够获得这些参数和码本的信息。在 mMTC 中,每个用户都有一个唯一的身份标识,接收方可以根据这些标识来区分不同用户,成功的用户识别是正确数据检测的前提。在接收到来自激活用户的叠加信号后,接收方首先将该信号分成 n 段,然后通过能量检测来检测每个编码段的潜在正交扩频序列。在串联扩频代码本中,多个用户会在每个段中被相同的正交扩频序列扩频,将在第 i 段编码段由第 j 个正交扩频序列扩频的用户集合到一个用户组 G_{ij} 中。如果接收器在第 i 段检测到的第 j 个正交扩频序列,那么 G_{ij} 中至少有一个用户是激活的。以此类推,为所有的数据段 $i \in [1, n]$ 确定了候选用户组之后,通过对这些候选用户组进行交集便可得到识别的用户集。图 7-11 中展示了一个参数为 $m=3$、$n=5$、$q=5$ 及 $r=1$ 的例子。用户 UE_8、UE_{12} 和 UE_{20} 都是激活的。如果能量检测是完美的,可以检测到所有的正交扩频序列,那么接收机就可以确定每

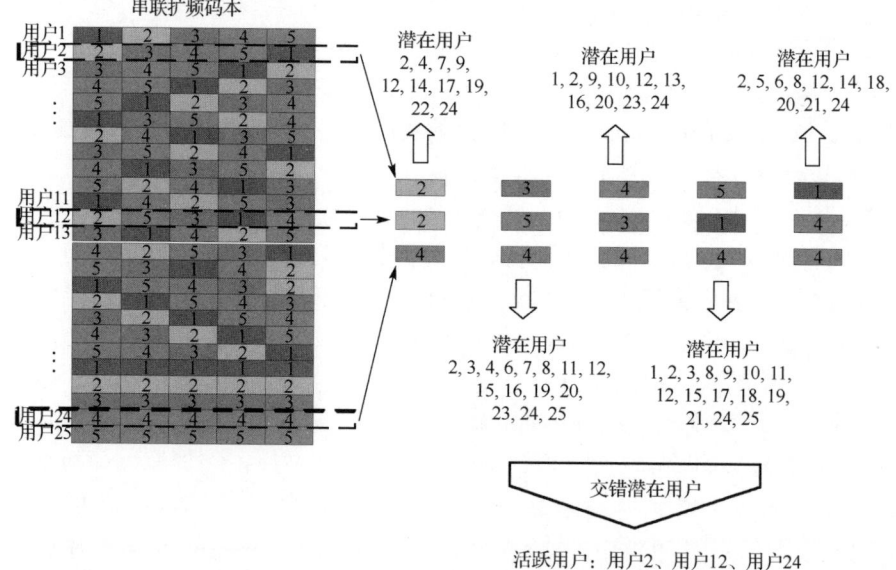

图 7-11 用户识别

个段的相应的扩频序列。随后,可以根据图 7-11 右顶部显示的每个片段的检测结果来获取候选用户组。用户 2、用户 12、用户 24 可以通过对这些候选用户组进行交际来得到,说明这些用户实际上是激活用户。

对于用户识别是否存在漏检用户和错检用户,在 TSMA 的设计中进行如下考虑。

用户识别定理:假设有完美的正交扩频序列的能量检测,并且满足不等式 $K_a r < n$,那么被识别的用户就是实际的激活用户。

该定理的证明如下:首先对于漏检用户,由于假设有完全的能量检测,每个激活用户的每个段上的正交扩频序列都可以被接收机检测到。因此,在这种情况下,没有漏检用户;其次对于错检用户,如果传输中存在一个错检用户,那么我们就可以知道,对于该用户的每个段,至少有一个实际的激活用户在这个段内应用相同的正交扩频序列,因此,错误警报用户的所有段都是碰撞段。而任何两个用户至多有 r 个碰撞段,总共有 K_a 个活跃用户,但是 $K_a r < n$ 又是假定的,因此,K_a 个活跃用户不能贡献 n 个碰撞段,这就与错检用户(n 个碰撞段)的存在相矛盾。所以最后我们知道,在本设计方案中,该用户识别方案没有漏检和错检用户。这个命题是建立在完全的能量检测基础上的。如果在正交扩频序列的能量检测中存在错误,那么可能会有一些激活用户被遗漏。

在用户识别之后,通过相对应的正交扩频序列组合对每个已识别用户的信号进行解扩。由于接收方具有关于串联扩频码本的信息,所以接收机可以使用已识别用户的扩频序列组合来了解每个已识别用户的碰撞段。基于段编码,每个激活用户的数据都有 $n-m$ 冗余段。这表明,已识别的用户的碰撞段不超过 $n-m$ 就可以进行解码。因此,接收方找到不超过 $n-m$ 个碰撞段的用户进行解扩并且丢弃不合格的用户。

在解扩后,每个可解码的用户的数据符号被解调到二进制比特数据。由于所有可解码的用户的碰撞段都不超过 $n-m$,所以接收方能够恢复每个可解码用户的 m 个数据段。图 7-12 基于这些组合,用户 2、用户 12 和用户 24 是具有两个碰撞段的可解码的用户。在段解码中,用户 2 编码段的碰撞段是第 2 段和第 3 段,所以需要通过第 1、4、5 段来恢复用户 2 的数据。类似地,对于用户 12,第 1 段和第 5 段碰撞段可以通过解码第 1、4、5 段来恢复,但因为最后两个段是由段编码而造成的冗余段,所以对于用户 12,我们只需要操作恢复第 1 段数据;对于用户 24,第 3 段碰撞段可以通过第 1、2、4 段来恢复。

4. TSMA 性能分析

根据前面 TSMA 的描述,我们知道碰撞是由串联扩频码本控制的和通过段编码来解决的[16]。首先,对于 K_a 个活跃用户,用户数据段为 m,编码段为 n,每两个用户最大碰撞段为 r,可知每个用户最大的碰撞数量为 $(K_a-1)r$。只要 K_a 个激活用户满足条件

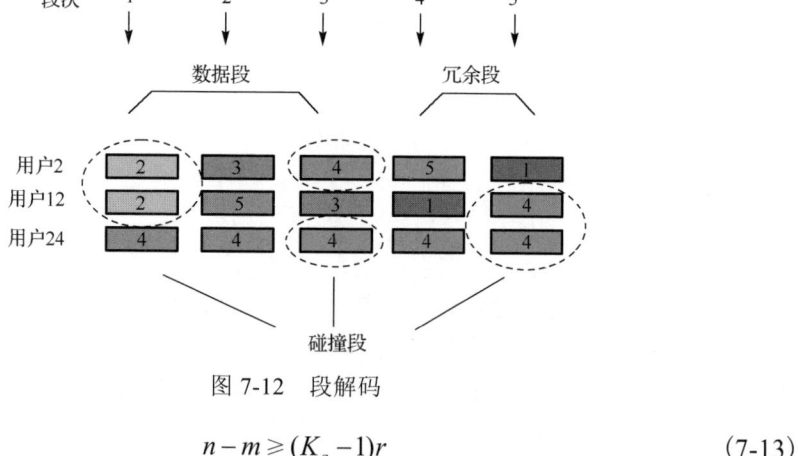

图 7-12 段解码

$$n - m \geq (K_a - 1)r \tag{7-13}$$

那么，碰撞是可以解决的。其次，当假设接收方有完全的能量检测可以检测到所有正交扩频序列并没有错误时，满足条件

$$K_a r < n \tag{7-14}$$

那么，K_a 个活跃用户可以完全确定。此外，编码段 n 在码本设计时有约束 $n \leq q$，因此 n 可以设置为 $n = q$ 使得 K_a 最大化。根据码本大小，r 是由连接数确定

$$r = \lceil \log_q K - 1 \rceil \tag{7-15}$$

因此，对于 $K > q$，如果满足

$$K_a \leq \min\left(\frac{q(1-\rho)}{\lceil \log_q K - 1 \rceil} + 1, \frac{q-1}{\lceil \log_q K - 1 \rceil}\right) \tag{7-16}$$

式中，$\rho = m/n$ 是段编码的编码速率；$1-\rho$ 表示用户数据速率的牺牲。对于免调度随机接入系统，每个用户在每个时隙都有概率 p_a 是处于激活状态的。对于 K 个用户，在每个时隙激活用户的数量都遵循二项分布 $B(K, p_a)$。如果 K_a 满足式(3-4)，那么所有的传输都能从碰撞中解码。

图 7-13 说明了 TSMA 的可靠性、连接性和用户数据速率之间的关系。概率 P 表示碰撞解决概率，这是在条件下的二项累积分布函数。$\rho = m/n$ 表示段编码速率。在此仿真中，假设有 AWGN 信道，连接数设置为 $K=64$，活跃概率设置为 $p_a = 0.02$，扩频因子设置为 $q=16$，总码率设为 $1/2$。从图 7-13 中我们可以看出：在确定碰撞解决概率前提下，用户传输段编码速率较低时，每个序列可承载用户数(过载率)比较高。同时，随着用户传输段编码速率不断增高，过载率不断下降。在每个可靠性级别上可实现的连接在低段编码率上有上限，这个界限是由用户标识造成的。通过分析我们可以得出：TSMA 可靠性、连接性和用户数据速率之间的关系是通过牺牲用户数据速率，TSMA 能够提高连接性和可靠性。

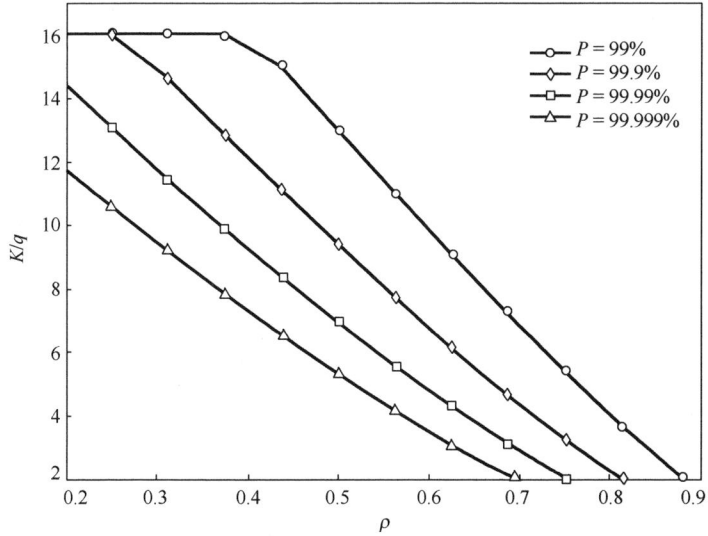

图 7-13 TSMA 的可靠性、连接性和用户数据传输速率的关系

7.2 5G 非正交多址技术在高速铁路场景中的应用

2015 年国际电信联盟定义未来 5G 通信包括三大类典型应用场景：增强型移动宽带（enhance mobile broadband，eMBB）、mMTC，以及超可靠低时延通信（ultra-reliable and low latency communication，URLLC）。其中，超可靠通信要求通信系统在满足 99.999%的可靠性传输下，时延小于 0.5ms[17,18]。消费市场对于 5G 通信的需求不仅包括更高的通信速率，更广的用户覆盖，以及更多的接入用户，还包括对轨道交通高速移动场景的适用性[19-21]。

截至 2016 年底，我国铁路运营里程已达到 12.4 万 km，居世界第二位，其中高速铁路运营里程已达到 2.2 万 km，居世界第一位，高速铁路网络的建设初具规模。而我国的高速铁路仍在持续发展中。2016 年国务院在《中华人民共和国国民经济和社会发展第十三个五年规划纲要》[22]中指出，铁路里程将在 2030 年达到 15 万 km，其中高速铁路里程将达到 3 万 km。为确保高速铁路系统运营安全、可靠、舒适、高效和绿色环保，我国正在研究和发展以高服务质量为特征的高速列车运行控制系统，以舒适、快捷、优质、可靠、泛在服务为特征的高速铁路旅客信息系统。这些发展趋势的根本是旅客服务，核心是安全，关键是信息通信网络。我国高速铁路的平均行驶速度已达 350km/h，随着轨道交通移动速度不断提升，最大速度 600km/h 的列车已经研制成功，超可靠通信在轨道交通传输中的实现面临的挑战越来越大。高速移动引起信道快速时变、非平稳特性[23,24]、严重的多普勒效应、频繁越区切换和应用场景快速切换,稀疏导频图样设计及信道估计技术难以及时跟踪快速时变信道,导致收发信机同步、信道估计、解调、译码等信号检测性能恶化,误码增加,传输速率降低,传输效率下降。目前,我国高速铁路移动通信系统主要是基于成熟的第 2 代和 2.5 代窄带移动通信技术。铁路专用数字通信系统成功承载了语音和列控数据业务;正在研发的宽带铁路通信系统有望满足视频和宽带业务需求。此外,光载无线通信以及 IEEE 802.11(WiFi)、802.16(WiMAX)等无线宽带标准也都尝试在铁路部署之中。然而,这些系统的传输速率、可靠性以及时延指标仍然和国际电信联盟定义的需求有数量级上的差距,尤其对于列车速度 350km/h 的情况,指标要求基本空白。轨道交通中的旅客业务传输在高速移动场景同样面临严峻的挑战,目前旅客业务主要采用针对中低速移动应用场景的 LTE 和 LTE-A 标准,目标为确保用户服务质量和较好的数据传输速率;对于列车速度 350km/h 的情况,仅要求保持通信连接,无法满足高速列车中旅客数据业务及其他多媒体业务的通信需求。高速移动导致收发信机同步、信道估计、信号检测性能恶化,误码增加,可靠性难以得到保证。同时,高速移动的列车中聚集了大量的用户,数据业务需求量大,频谱资源有限,传统的正交多址的方式无法满足大规模用户连接和高吞吐量的需求。因此,亟待研究高速移动应用场景下能够有效地对抗复杂无线信道环境、保证大规模用户连接和高频谱利用率的超可靠通信的关键技术。

大规模机器类型通信可以在未来的高速铁路应用场景中为大规模小型化设备提供通信服务。若要通过稀缺的无线电资源支持 mMTC 中的大规模连接,在设计多址接入协议时需要使用非正交多址技术。同时,由于高速列车传感系统中的高速移动性,必须在 mMTC 系统中考虑 NOMA 技术的移动性要求。

图 7-14 展示了一种灾害警告和铁路缺陷警报的传感系统。该系统为大规模机器类型通信在高速铁路应用场景中的一个实例。在该系统中,沿着轨道分配的具有单个天线的大型传感器设备与具有单个天线的单基站连接。如果没有警报,则传感器处于睡眠待机状态中。如果传感器检测到警报,则设备的发射器立即将事故信号发送到警告控制室的基站。为了及时有效地接收警告信号,基站需要与所有大型传感器保持连接,从而需要识别每个发射传感器。然而,有限的铁路无线电资源可能会限制大规模传感器的正交识别,从而必须利用非正交资源分配来支持过载连接。同时,由于灾害和铁路瑕疵等事故的发生,事故信号的传输可视为零星的,即每个传感器激活的概率极低。因此,该系统可以利用上面提到的 TSMA 技术来实现大规模连接的传感器设备的识别及传输。

图 7-15～图 7-17 中评估了 TSMA 在高速铁路应用场景中的性能。在该性能评估中,系统由 K 个连接用户及单个基站构成,每一个用户以概率 p_a 激活并发起传输。同时,高速铁路应用场景中的高速移动性影响由载波频率偏移(carrier frequency offset,CFO)表示。这里假设每个用户的信道条件被完全补偿而 CFO 没有得到补偿。

第 7 章　高速铁路场景 5G 非正交多址技术

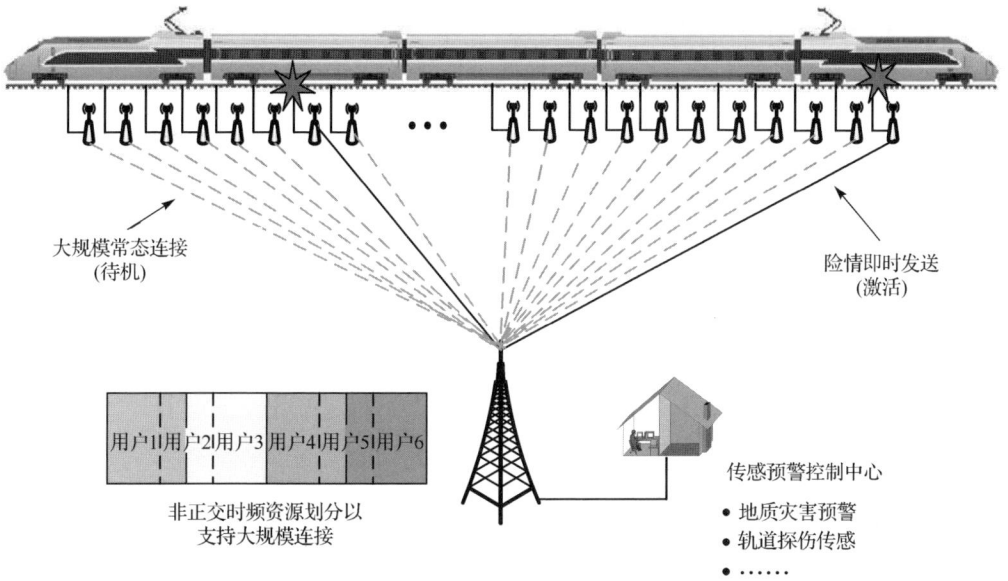

图 7-14　灾害警告和铁路缺陷警报的传感系统

图 7-15 展示了 TSMA 在不同信噪比（signal to noise ratio，SNR）及移动速率下的误块率（block error rate，BLER）性能。四条曲线分别对应于[0km/h;100km/h;300km/h;500km/h]四种不同的移动速度。在该仿真中，用户总数设为 $K=64$，每个用户的激活概率为 $p_a=0.02$，TSMA 的扩频因子设为 $q=8$。在图 7-15 中可以观察到所有曲线在 -2dB 处发散并在 5dB 处合并。在低 SNR 区域，由于强噪声功率，所有速度条件下

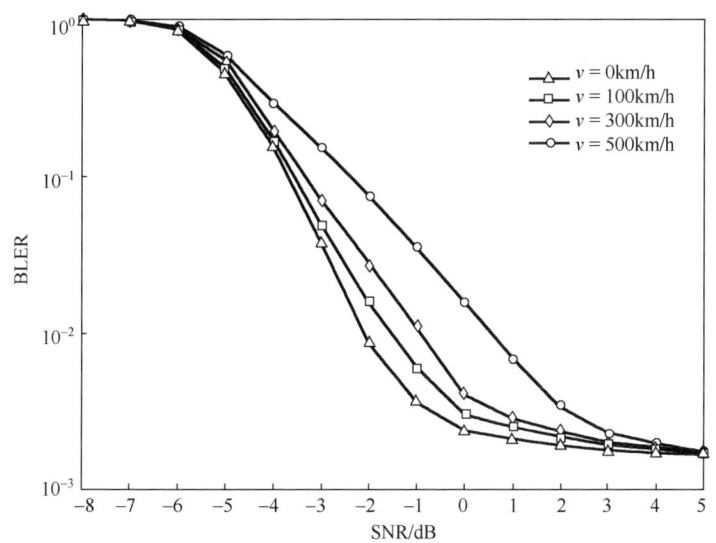

图 7-15　TSMA 在不同信噪比及移动速率下的误块率性能

的 BLER 都很高。在中等 SNR 区域，TSMA 的性能随着移动速率的增加而降低。在高 SNR 区域中，由于用户碰撞，每条曲线上出现错误平底。因此可以看出，TSMA 系统性能在中等 SNR 区域会受到 CFO 的影响，但在低 SNR 区域与高 SNR 区域中，与 CFO 相比，强噪声及用户碰撞仍然是影响 TSMA 性能的主要因素。

图 7-16 展示了 TSMA 针对不同活动概率 p_a 及不同移动速率的 BLER 性能。同样，这里用户总数设为 $K=64$，SNR 设置为 0dB。在图 7-16 中可以观察到四条曲线在高活动概率区域的合并。在 mMTC 中，激活用户 K_a 的数量由用户数 K 和活动概率 p_a 确定。对于固定的 K，激活用户的数量 K_a 和相应的碰撞影响随着 p_a 的增加而增加。因此，由于用户碰撞，所有曲线在高 p_a 区域合并。此外，对于 $v \leqslant 300$ km/h，TSMA 的性能下降并不显著。因此可以得出结论，TSMA 能够适应一定程度的移动性。

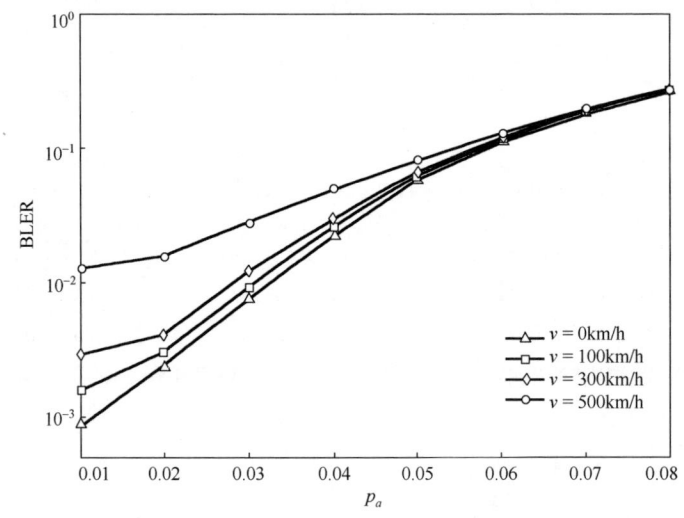

图 7-16 TSMA 针对不同活动概率 p_a 及不同移动速率的 BLER 性能

最后，图 7-17 展示了不同过载因子及移动速率的 BLER 性能。这里，过载因子由用户数 K 和扩展因子 q 之间的比率定义，即 K/q。同时，在该仿真中，激活概率设为 $p_a=0.05$，扩频因子设为 $q=8$，SNR 设为 0dB。同样，对于固定的 p_a，用户碰撞的影响随着 K 的增加而增加。值得注意的是，在移动速度为 300km/h 和过载率为 500% 的情况下，TSMA 能够实现 10^{-2} 的 BLER 性能。因此，TSMA 有可能在高速情况下支持 mMTC 系统。

基于以上分析评估，可以得出结论，用户碰撞仍然是影响 TSMA 系统性能的主导因素。此外，即使 TSMA 具有对移动性的鲁棒性，也不能在相对高的速度下实现可靠的传输。因此，必须考虑 CFO 估计和补偿以减轻相应的性能衰退。BS 侧的 CFO 估计需要大量用户设备的正交前导码。同时，非正交前导码 CFO 估计会导致数据传输中类似的性能下降。因此，建议在用户侧估计和预补偿 CFO。

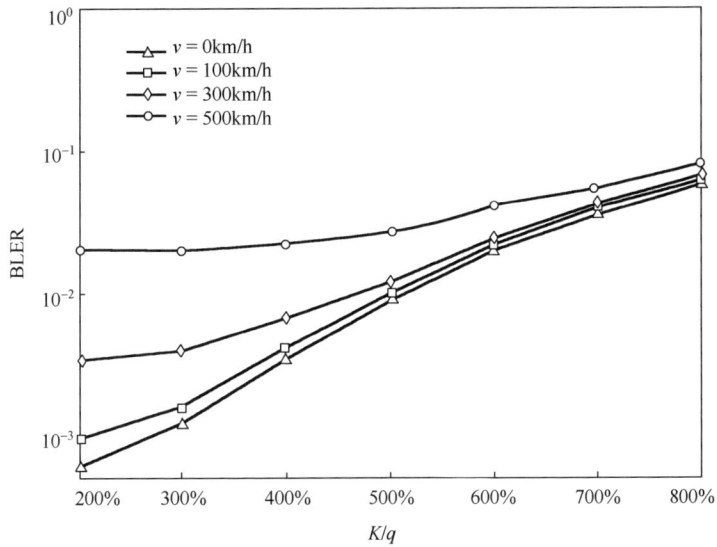

图 7-17 不同过载因子及移动速率的 BLER 性能

参 考 文 献

[1] Benjebbour A, Saito Y, Kishiyama Y, et al. Concept and practical considerations of non-orthogonalmultiple access（NOMA） for future radio access. 2013 International Symposium on Intelligent Signal Processing and Communications Systems（ISPACS）, Naha, 2013.

[2] Saito Y, Kishiyama Y, Benjebbour A, et al. Non-orthogonal multiple access（NOMA）for cellular futureradio access. IEEE 77th Vehicular Technology Conference（VTC Spring）, Dresden, 2013.

[3] Higuchi K, Kishiyama Y. Non-orthogonal access with random beamforming and intra-beam SIC for cellular MIMO downlink. IEEE 77th Vehicular Technology Conference（VTC Spring）, Dresden, 2013.

[4] DOCOMO. 5G White Paper, 2014.

[5] Nikopour H, Baligh H. Sparse code multiple access. 2013 IEEE 24th International Symposium on Personal Indoor and Mobile Radio Communications（PIMRC）, London, 2013: 332-336.

[6] Hoshyar R, Wathan F P, Tafazolli R. Novel low-density signature for synchronous CDMA systems over AWGN channel. IEEE Transactions on Signal Processing, 2008, 56(4): 1616-1626.

[7] Wu S, Kuang L L, Ni Z Y, et al. Low-complexity iterative detection for large-scale multiuser MIMO-OFDM systems using approximate message passing. IEEE Journal of Selected Topics in Signal Processing, 2014, 8(5): 902-915.

[8] Hoshyar R, Razavi R, Al-Imari M. LDS-OFDM an efficient multiple access technique. 2010

IEEE 71st Vehicular Technology Conference（VTC 2010-Spring），Taipei, 2010: 1-5.

[9] Taherzadeh M, Nikopour H, Bayesteh A, et al. SCMA codebook design. 2014 IEEE 80th Vehicular Technology Conference（VTC Fall），Vancouver, 2014: 1-5.

[10] Beko M, Dinis R. Designing good multi-dimensional constellations. IEEE Wireless Communications Letters, 2012, 1（3）: 221-224.

[11] Sun S H. Technology and Standard Routes toward 5G and Enabling Technologies. Cambridge: River Publishers, 2016.

[12] 3GPP Technical Specification Group Radio Access Network; Evolved Universal Terrestrial Radio Access（E-UTRA）; Physical channels and Modulation（Release 10），3GPP TS 36.211 v10.7.0, 2013.

[13] Xiang J Y. ZTE 5G Perspective. [2019-09-01]. http：// www.zte.com.cn/global/about/news/ 20190717e1.html.

[14] Ma G. Coded tandem spreading multiple access for massive machine-type communications. IEEE Wireless Communications, 2018, 25（2）: 75-81.

[15] Ma G, Ai B, Wang F, et al. Joint design of coded tandem spreading multiple access and coded slotted ALOHA for massive machine-type communications. IEEE Transactions on Industrial Informatics, 2018, 14（9）: 4064-4071.

[16] Ma G, Ai B, Wang F, et al. Tandem spreading network-coded division multiple access. IEEE Transactions on Industrial Informatics, 2017, 13（1）: 390-398.

[17] IMT-2020（5G）Promotion Group. 5G White Paper, 2015.

[18] DOCOMO. 5G Paper, 2014.

[19] Andrews J G, Buzzi S, Choi W, et al. What will 5G be?. IEEE Journal on Selected Areas in Communications, 2014, 32（6）: 1065-1082.

[20] Ai B, Guan K, Rupp M, et al. Future railway traffic services oriented mobile communications network. IEEE Communications Magazine, 2015, 53（10）: 78-85.

[21] Ai B, Cheng X, Kürner T, et al. Challenges toward wireless communications for high-speed railway. IEEE Transactions on Intelligent Transportation Systems, 2014, 15（5）: 2143-2158.

[22] 国务院. 中华人民共和国国民经济和社会发展第十三个五年规划纲要, 2016.

[23] Karedal J. A geometry-based stochastic MIMO model for vehicle-to-vehicle communications. IEEE Transactions on Wireless Communications, 2009, 8（7）: 3646-3657.

[24] Molisch A F. A survey on vehicle-to-vehicle propagation channels. IEEE Wireless Communications, 2009, 16（6）: 12-21.

第 8 章　高速铁路场景 5G 超可靠低时延技术

8.1　概　　述

国际铁路联盟于 2010 年提交了铁路移动用户需求报告，归纳了超过 200 种铁路业务需求；并于 2018 年进一步归纳出六大类业务，即关键性通信应用(critical communication applications)、性能性通信应用(performance communication applications)、商业性通信应用(business communication applications)、关键性支撑应用、性能性支撑应用以及商业性支撑应用。未来铁路移动通信系统所承载的列控新业务包括如高清晰度视频安全监控、实时多路视频会话、远程实时操控、铁路物联网、高速铁路自动驾驶相关业务等。中国国家铁路集团(原中国铁路总公司)已成立了 5G 需求分析组，正在针对未来铁路业务与应用需求展开研究。新的铁路通信业务需要有新的通信系统加以支撑，如铁路物联网的大规模机器对机器通信业务、高安全等级的列控关键(mission-critical)业务等，都需要针对业务、用户、物理属性等对帧结构、传输机制进行全新设计。

铁路关键业务超可靠低时延通信的性能与公网相似，也主要体现在两个核心指标上，即数据包的传输可靠性和端到端传输时延。自动驾驶这一典型车联网应用要求传输 32 字节的数据包达到 99.999% 的可靠性，用户平面时延小于 1ms。但在铁路关键业务中，相应的指标仍然有待研究和定义。从 3GPP 的角度而言，5G NR 也需要支撑高速铁路无线通信业务的需求。为此，从信道模型到仿真场景、移动速度等各个方面，5G NR 都给出了相应的考虑，并试图将其纳入一般的无线通信系统而加以解决。这方面的措施主要包括适合于高速铁路 URLLC 业务的帧结构、控制信道和半静态调度机制。本章将从这三个方面加以展开叙述。

8.2　高速铁路场景的 URLLC 帧结构设计

5G NR 物理层信号的基本单元是无线帧，为物理层信号的定时同步提供了基准。因此，帧结构是无线通信物理层传输协议的一个核心。由于 OFDM 在抵抗多径信号时域色散、系统实现复杂度、资源调度灵活性等方面的优势，5G NR 仍然采用 OFDM 作为物理层传输的基础技术。但为了匹配多种多样的 5G 部署场景、支持更多类型的 5G 业务传输需求、适应 450MHz～52.6GHz 的频谱范围，3GPP 在 5G 标准中引入了帧结构参数集(numerology)的概念，支持 TDD 和频分双工(frequency division duplex，FDD）传输，可以同时工作于授权频段和非授权频段。它能够实现极低的时延、快速混合自动重传请求（hybird automatic repeat request，HARQ）确认、动态 TDD 和时长可变的传输，从而可以在频谱效率、传输时延等方面进行灵活的传输机制设计。

为了保证前向兼容性，减少不同功能间的互操作，5G NR 的帧结构遵循三个设计原则。

(1) 5G NR 帧是自包含(self-contained)的。解码一个时隙内的数据时，所有的辅助解码信息都能够在本时隙内找到，不需要依赖其他时隙；解码一个波束内的数据时，所有的辅助解码信息都能够在本波束内找到，不需要依赖其他波束。这就是说，数据解码所需要的参考信号(reference signal, RS)和 ACK 消息都在数据负荷所在的时隙或者波束内。

(2) 无论在时域还是频域，信息传输都是非常集中的。将信息传输集中起来，有助于在未来开发新的传输方式，并后向兼容现有的传输。NR 帧结构不会像 LTE 那样，将控制信息散布在整个载波带宽。

(3) 避免不同时隙之间，或者不同传输方向之间静态或者僵化的时间同步联系。例如，用异步 HARQ 代替预先确定的重传输定时。5G NR 支持快速的 HARQ ACK 确认，即数据解码与下行数据接收同时进行，而移动终端在上下行链路切换的保护间隔准备 HARQ ACK，一旦从下行链路切换到上行链路，就立刻发送 ACK。为了获得低时延，控制信号和参考信号被放在一个时隙(或者一个时隙组)的头部位置。

5G NR 系统中帧结构的参数集(numerology)由 OFDM 子载波间隔和循环前缀(cyclic prefix，CP)定义。系统可以根据传输需要进行灵活的参数集配置，从而使得系统的子载波间隔灵活可变、每一帧的时隙数灵活可变、上下行时隙的配置灵活可变、不同参数集的复用灵活可变、mini-slot 结构与低时延业务的需求灵活适配。

8.2.1 灵活可变的子载波间隔

在 LTE/LTE-A 系统中，子载波间隔是固定的 $\Delta f_{ref}=15\text{kHz}$，而 NR 系统的基本子载波间隔也是 15kHz，但可以根据基本子载波间隔进行灵活的扩展，从而支持不同业务的 QoS、时延和传输带宽需求。具体而言，NR 系统的子载波间隔可以扩展为 $15\times 2^\mu \text{kHz}$，其中 $\mu \in \{0,1,\cdots,5\}$，相应的循环前缀同时进行成比例的调整，如表 8-1 所示。

表 8-1　5G NR 支持的帧结构参数集

μ	$\Delta f = 2^\mu \cdot 15 / \text{kHz}$	循环前缀(CP)
0	15	正常 CP
1	30	正常 CP
2	60	正常 CP，扩展 CP
3	120	正常 CP
4	240	正常 CP

对于固定带宽的无线通信系统而言，子载波间隔越小，则系统可以同时并行传输更多的数据流。然而，不同的子载波间隔有其适用的场景，例如，小的子载波间隔可以支持大面积覆盖场景、低频段传输场景、窄带宽设备和增强型广播/多播 (eMBMSs)业务，而大的子载波间隔可以支持时延敏感型业务的需求、小面积覆盖的部署场景和高频段的传输场景。实际上，参数 μ 的选择取决于很多因素，包括载频、双工方式(FDD 或者 TDD)、业务需求(时延、可靠性和数据速率)、硬件品质(本地晶振的相位噪声)、终端移动性，以及系统的实现复杂度。

首先，5G NR 针对不同的系统载频限定了不同的参数集选择。当前，3GPP 为 5G NR 分配了两个频段[1]分别是 FR1 频段(又称 Sub 6GHz 频段)和 FR2 频段(又称为 mmWave 频段)，相应的频率范围分别为 450MHz～6GHz、24.25～52.6GHz，而 6～24.25GHz 这一频段目前则还没有被分配使用。根据 3GPP TR 38.104 的规范，FR1 频段可以工作于时分双工模式、频分双工模式、补充下行链路(supplemental down link, SDL)或者补充上行链路(supplemental up link, SUL)，最大支持 100MHz 的信道带宽，可以使用的子载波间隔为 15kHz、30kHz、60kHz；FR2 频段只能工作于 TDD 模式，其最大信道带宽高达 400MHz，可以使用的子载波间隔为 60kHz 和 120kHz 这两种情况。同时，不同的参数集所允许承载的信道也有不同。表 8-2 列出了各种参数集所能承载的信道和信号，其中同步信道指主同步信号(primary synchronization signal, PSS)、辅同步信号(secondary synchronization signal, SSS)和物理广播信道(physical broadcast channel, PBCH)，数据信道指物理下行共享信道(physical downlink shared channel, PDSCH)、物理上行共享信道(physical uplink shared channel, PUSCH)等。通信频段一直以来都是限制我国铁路无线通信发展的一个关键问题，即使目前正在标准化过程中的 LTE-R 系统，其频段也尚未确定。目前而言，国家分配给四大运营商的 5G 频段分别是中国移动拥有 2.6GHz 频段(2515～2675MHz)和 4.9GHz 频段(4800～4900MHz)，中国电信拥有 3.5GHz 频段(3400～3500MHz)，中国联通拥有 3.5GHz 频段(3500～3600MHz)，中国广电拥有 4.9GHz 频段(4900～5000MHz)。而面向铁路的无线通信系统可能拥有的频段是将 452.5～457.5MHz 作为上行频段，462.5～467.5MHz 作为下行频段，或者 450～455MHz 作为上行频段，460～465MHz 作为下行频段。无论两者中的哪一种情况，上下行信道各 5MHz 带宽是基本确定的分配方案，因此 LTE-R 与 GSM-R 一样，两者都是传输带宽严格受限的无线通信系统。再看未来面向高速铁路 5G 无线通信系统，不难想象其载频、带宽的分配仍将成为一个艰巨的挑战，特别是高频段在高铁无线通信中的应用更加有待研究。

其次，参数集的选择除了规范的限制、利益的博弈，更要考虑子载波间隔对系统性能的影响[2]。在数字通信系统中，本地晶振产生时钟信号，驱动整个系统的运行。但由于本地晶振的精度受限而产生相位噪声。相位噪声是一个随机过程，直接影响基带信号、射频信号的稳定性,在时域中引起信号的抖动。随着载频的提升,如毫米波频段,相位噪声的影响更大。如果相位的变化速率相对于 OFDM 符号持续时间较慢,则可以通过相位估计来补偿相位失真,否则相位噪声将带来较大的性能损失。因此,为了抵抗相位噪声的性能恶化,越小的子载波间隔要求本地晶振的精度越高。同时,子载波间隔越小,系统也更容易受多普勒频偏的影响而造成较大的载波间干扰,尤其是在高速移动场景下多普勒频偏和多普勒扩展带来的性能损失就会比较严重。另外,如果子载波间隔过大,则 OFDM 符号中循环前缀的持续时间就会较短。循环前缀的作用是尽可能地消除时延扩展,从而克服多径干扰带来的消极影响,这就要求循环前缀的持续时间必须大于信道的时延扩展。那么,子载波间隔的最大值需要充分地考虑循环前缀,即信道时延扩展的影响。

表 8-2　子载波间隔与所能承载的信道/信号的对应关系

μ	Δf /kHz	信道/信号
0	15	数据/同步信道
1	30	数据/同步信道
2	60	数据信道
3	120	数据/同步信道
4	240	同步信道

图 8-1 给出了不同子载波间隔所对应的循环前缀的长度,其中循环前缀的长度为 288 个采样样点的时长,FFT 点数为 $N_f = 4096$。从图 8-1 中可以看到,不同子载波间隔配置下的循环前缀克服信道时延扩展的能力有较大区别,从 $0.2930 \sim 4.6875 \mu s$。

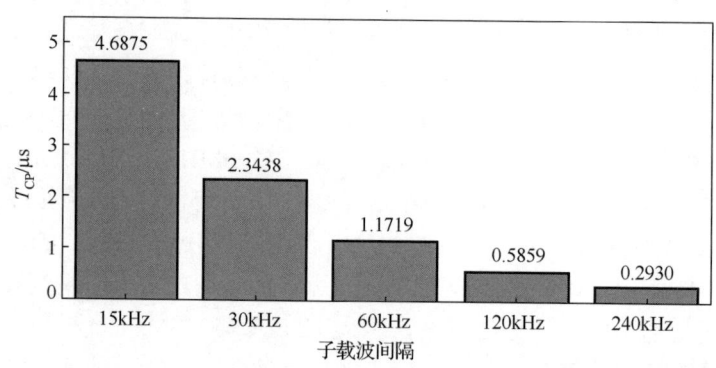

图 8-1　不同子载波间隔所对应的循环前缀的长度

同时,目前 Sub 6GHz 频段和 mmWave 频段的实际测量结果表明:①不同频段下信号传播的时延扩展情况大致相当,基本不受频段高低的影响;②与非视距传输场景相比,视距传输场景下的时延扩展要更小;③在毫米波频段,利用大规模天线的窄波束进行通信使得信号传播的多径数降低,又由于 mmWave 频段的信号传播特性，mmWave 频段的多径时延扩展可以较小。在高速铁路无线通信中，高架桥、U 形槽是其中最为典型的传输场景。目前国内外针对高速铁路场景也进行了一系列的信道测量。在郑州—西安(郑西)高速铁路线开展的信道测量中，针对 2.35GHz 的载波频率、50MHz 的带宽、198km/h 的列车速度，图 8-2 给出了时延扩展的均方根值的经验累积分布和伽马分布拟合结果[3]。我们可以明显地看到高架桥场景下时延扩展 RMS 基本在 0.4μs 内，而 U 形槽场景下时延扩展基本在 0.3μs 内，这意味高架桥场景下子载波间隔最大可以选择 120kHz，而在 U 形槽场景下则可以选择 240kHz 的最大子载波间隔。在京津城际铁路开展的信道测量中，针对列车与相邻两个基站同时保持通信连接的传输机制，以及系统载频为 460MHz、传输带宽为 20MHz、列车运行速度为 120km/h 的高架桥场景，测量结果表明每条链路的时延扩展 RMS 均值约为 0.3μs，95%的概率在 0.5μs 和 0.73μs 内[4]。这意味着对于双链路通信的传输机制，子载波间隔的最大值不能超过 60kHz。对于面向高速铁路的 5G 系统，这些实际测量结果也充分地说明了我们必须针对不同的场景和系统参数对子载波间隔进行优化配置，从而保证系统传输的性能。另外，我们也要进一步地从实际测量和理论分析的角度来刻画 mmWave 频段在高铁无线通信系统下的传播特性，从而评估 mmWave 频段下时延扩展特性和多普勒扩展特性对高速铁路无线通信帧结构的影响。

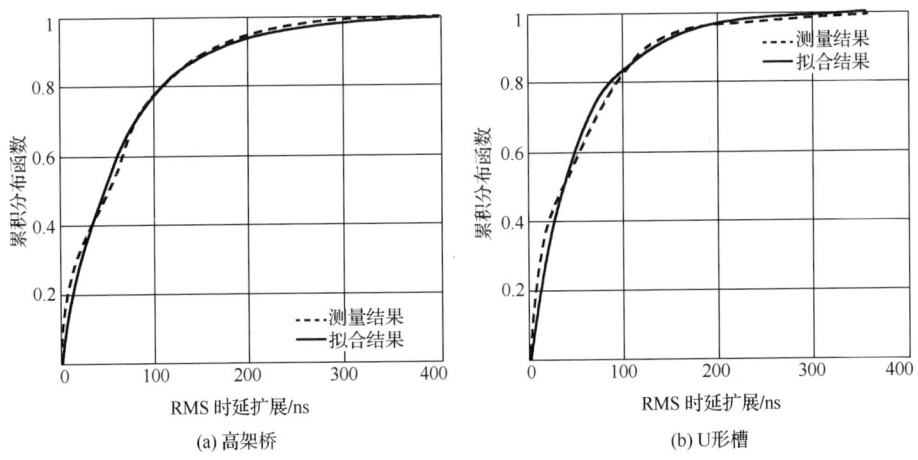

图 8-2 郑西线实际测量的 RMS 时延扩展累积分布函数

8.2.2 灵活可变的每帧时隙数

上行链路与下行链路的传输均以帧为单位，每个帧包括固定结构部分和可变结构部分。固定结构是指每一帧的长度 $T_f = 10$ ms，由两个等长的半帧(half-frame)组成，每个半帧又包含 5 个子帧(subframe)，每个子帧的时间长度为 $T_{sf} = 1$ ms。这样的固定结构，有利于 LTE 和 NR 共同部署模式下时隙与帧结构同步，简化小区搜索和频率测量。可变结构部分指每个子帧所含时隙和 OFDM 符号的长度可以根据子载波间隔加以灵活的定义。具体而言，每个子帧由 $N_{\text{slot}}^{\text{subframe},\mu} = 2^{\mu}$ 个时隙组成，即每个时隙的时间长度为 $T_{\text{slot}} = 2^{-\mu}$ ms，其中每个时隙又包含 $N_{\text{symb}}^{\text{subframe},\mu} = N_{\text{slot}}^{\text{subframe},\mu} \times N_{\text{symb}}^{\text{slot},\mu}$ 个连续的 OFDM 符号。在正常 CP 情况下，每个时隙由 14 个 OFDM 符号组成，而在扩展 CP 的情况下，每个时隙的 OFDM 符号数为 12。表 8-3 和表 8-4 给出了不同参数集所对应的时隙数、符号数等参数，图 8-3 给出了正常 CP 情况下 $\mu=2$ 时的帧结构。图 8-4 给出了 $\mu \in \{0,1,2,3\}$ 时正常 CP 下 OFDM 符号、循环前缀的配置。可以看到，除了第一个 OFDM 符号，后续 OFDM 符号的循环前缀均为 288 个采样时间，每个 OFDM 符号均采样 4096 点 DFT。

表 8-3 正常 CP 情况下 $N_{\text{slot}}^{\text{subframe},\mu}$、$N_{\text{symb}}^{\text{slot}}$、$N_{\text{symb}}^{\text{subframe},\mu}$ 对应于 μ 的取值

μ	$N_{\text{slot}}^{\text{subframe},\mu}$	$N_{\text{symb}}^{\text{slot}}$	$N_{\text{symb}}^{\text{subframe},\mu}$	T_{slot}
0	1	14	14	1ms
1	2	14	28	500μs
2	4	14	56	250μs
3	8	14	112	125μs
4	16	14	224	62.5μs

表 8-4 扩展 CP 情况下 $N_{\text{slot}}^{\text{subframe},\mu}$、$N_{\text{symb}}^{\text{slot}}$、$N_{\text{symb}}^{\text{subframe},\mu}$ 对应于 μ 的取值

μ	$N_{\text{slot}}^{\text{subframe},\mu}$	$N_{\text{symb}}^{\text{slot}}$	$N_{\text{symb}}^{\text{subframe},\mu}$	T_{slot}
2	4	12	48	250μs

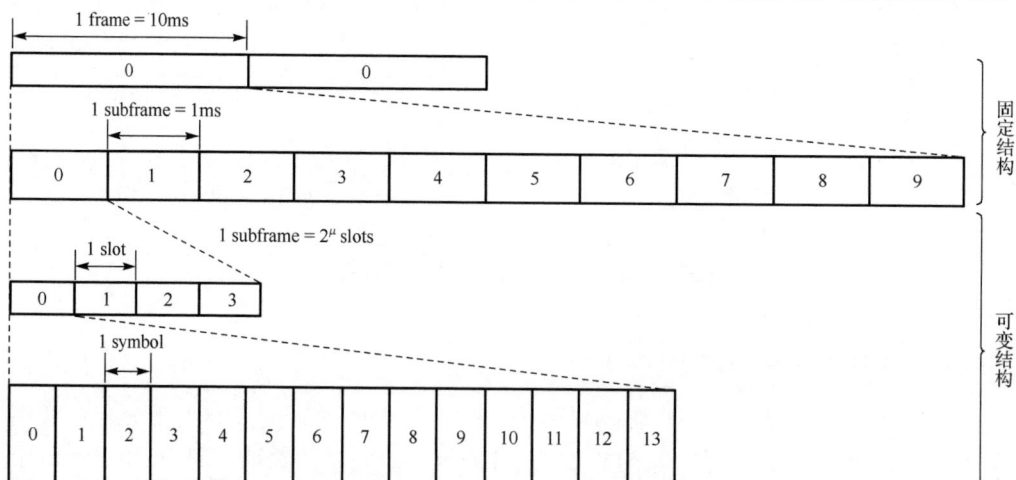

图 8-3 正常 CP 情况下 $\mu=2$ 时的帧结构

我们可以看到，扩展系数 2^μ 意味着不同参数集的时隙和 OFDM 符号在时域是对齐的，这对于 TDD 网络有着重要的意义。同时，在这种帧结构中，随着参数集索引 μ 的变大，每个无线帧的子载波间隔变大，时隙长度变小但时隙数增加，进而在给定时间内提高系统传输的 OFDM 符号数。

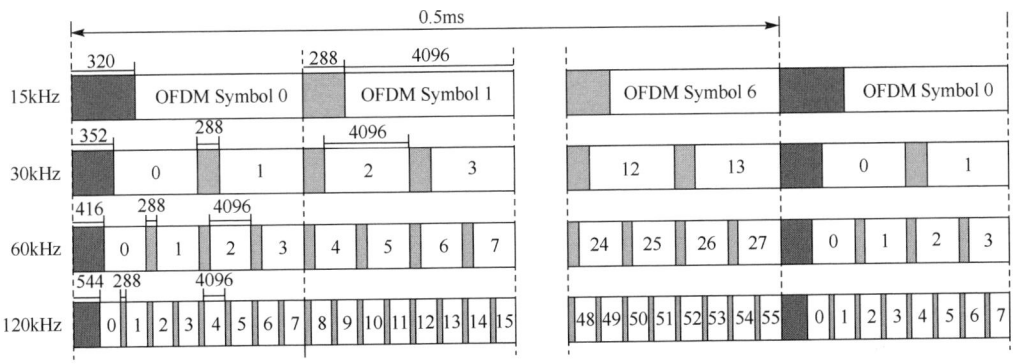

图 8-4　正常 CP 下子帧中的 OFDM 符号与循环前缀

8.2.3　灵活可变的上下行时隙配置

在 4G LTE/LTE+中，上下行业务是以子帧作为切换点，但是在 5G NR 定义的帧结构中，上下行业务的传输以每个时隙中的 OFDM 符号作为切换点。如图 8-5 所示，系统可以根据业务需求动态地调整每个时隙内的 OFDM 符号是否作为上行(UL)或者下行(DL)传输，既可以利用整个时隙进行下行传输，或者上行传输，也可以利用部分 OFDM 符号进行下行传输，然后进行上行传输。因此，与 LTE TDD 上下行子帧的配置相比，在 NR 时隙格式中，上下行符号配置类型更多，可以更好地平衡上下行业务量、传输时延等的动态要求。具体的时隙结构配置格式需要根据 5G NR 的规范进行选择。表 8-5 给出了正常 CP 情况下，时隙结构的 55 种可选的配置格式，其中 D 表示下行传输符号，U 表示上行传输符号，F 表示可以灵活配置为上行或者下行的 OFDM 符号[5]。

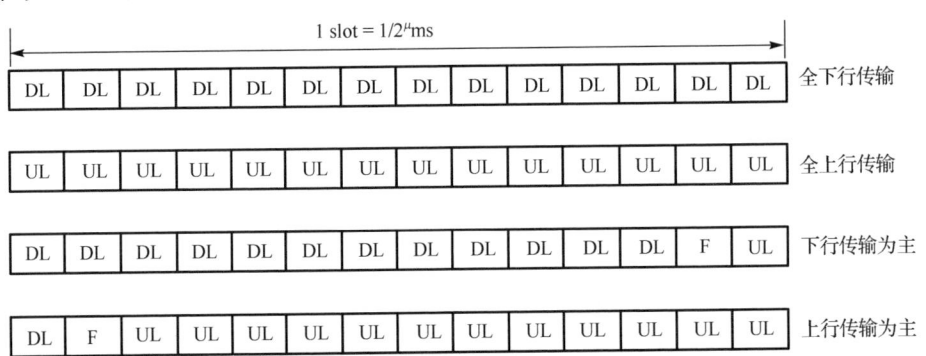

图 8-5　灵活可变的时隙结构

表 8-5 正常 CP 下的时隙结构

格式	每一时隙内的 OFDM 符号													
	0	1	2	3	4	5	6	7	8	9	10	11	12	13
0	D	D	D	D	D	D	D	D	D	D	D	D	D	D
1	U	U	U	U	U	U	U	U	U	U	U	U	U	U
2	F	F	F	F	F	F	F	F	F	F	F	F	F	F
3	D	D	D	D	D	D	D	D	D	D	D	D	D	F
4	D	D	D	D	D	D	D	D	D	D	D	D	F	F
5	D	D	D	D	D	D	D	D	D	D	D	F	F	F
6	D	D	D	D	D	D	D	D	D	D	F	F	F	F
7	D	D	D	D	D	D	D	D	D	F	F	F	F	F
8	F	F	F	F	F	F	F	F	F	F	F	F	F	U
9	F	F	F	F	F	F	F	F	F	F	F	F	U	U
10	F	U	U	U	U	U	U	U	U	U	U	U	U	U
11	F	F	U	U	U	U	U	U	U	U	U	U	U	U
12	F	F	F	U	U	U	U	U	U	U	U	U	U	U
13	F	F	F	F	U	U	U	U	U	U	U	U	U	U
14	F	F	F	F	F	U	U	U	U	U	U	U	U	U
15	F	F	F	F	F	F	U	U	U	U	U	U	U	U
16	D	F	F	F	F	F	F	F	F	F	F	F	F	F
17	D	D	F	F	F	F	F	F	F	F	F	F	F	F
18	D	D	D	F	F	F	F	F	F	F	F	F	F	F
19	D	F	F	F	F	F	F	F	F	F	F	F	F	U
20	D	D	F	F	F	F	F	F	F	F	F	F	F	U
21	D	D	D	F	F	F	F	F	F	F	F	F	F	U
22	D	F	F	F	F	F	F	F	F	F	F	F	U	U
23	D	D	F	F	F	F	F	F	F	F	F	F	U	U
24	D	D	D	F	F	F	F	F	F	F	F	F	U	U
25	D	F	F	F	F	F	F	F	F	F	F	U	U	U
26	D	D	F	F	F	F	F	F	F	F	F	U	U	U
27	D	D	D	F	F	F	F	F	F	F	F	U	U	U
28	D	D	D	D	D	D	D	D	D	D	D	D	F	U
29	D	D	D	D	D	D	D	D	D	D	D	F	F	U
30	D	D	D	D	D	D	D	D	D	D	F	F	F	U
31	D	D	D	D	D	D	D	D	D	D	D	F	U	U
32	D	D	D	D	D	D	D	D	D	D	F	F	U	U

第 8 章　高速铁路场景 5G 超可靠低时延技术

续表

格式	每一时隙内的 OFDM 符号													
	0	1	2	3	4	5	6	7	8	9	10	11	12	13
33	D	D	D	D	D	D	D	D	F	F	F	U	U	U
34	D	F	U	U	U	U	U	U	U	U	U	U	U	U
35	D	D	F	U	U	U	U	U	U	U	U	U	U	U
36	D	D	D	F	U	U	U	U	U	U	U	U	U	U
37	D	F	F	U	U	U	U	U	U	U	U	U	U	U
38	D	D	F	F	U	U	U	U	U	U	U	U	U	U
39	D	D	D	F	F	U	U	U	U	U	U	U	U	U
40	D	F	F	F	U	U	U	U	U	U	U	U	U	U
41	D	D	F	F	F	U	U	U	U	U	U	U	U	U
42	D	D	D	F	F	F	U	U	U	U	U	U	U	U
43	D	D	D	D	D	D	D	D	D	F	F	F	F	U
44	D	D	D	D	D	D	F	F	F	F	F	F	U	U
45	D	D	D	D	D	D	F	F	U	U	U	U	U	U
46	D	D	D	D	D	D	D	D	D	D	D	D	F	U
47	D	D	F	U	U	U	U	U	U	U	U	U	U	U
48	D	F	U	U	U	U	U	U	U	U	U	U	U	U
49	D	D	D	D	F	F	U	U	U	U	U	D	U	U
50	D	D	F	F	F	U	U	U	U	U	U	U	U	U
51	D	F	F	F	F	U	U	U	U	U	U	U	U	U
52	D	F	F	F	F	F	F	F	F	F	F	F	U	U
53	D	D	F	F	F	F	F	F	F	F	F	F	U	U
54	F	F	F	F	F	F	F	F	F	F	F	D	D	D
55	D	D	F	F	F	U	U	U	D	D	D	D	D	D
56～254	保留													
255	UE 根据相关参数进行确定													

时隙结构的具体选择主要考虑到两个大的方面，即容量和覆盖。首先，时隙结构需要平衡上下行业务的负载，兼顾调度的开销、传输效率和时延等性能指标；其次需要考虑到上下行切换的保护间隔（GP）对覆盖范围的影响。对于给定的 GP 长度 T_{GP}，为了避免上下行干扰而能达到的最大覆盖范围为

$$d_{\max} \approx \frac{c}{2}(T_{GP} - T_{Rx\text{-}Tx,UE})$$

式中，$c = 3.0 \times 10^8$ m/s 表示光速；$T_{GP} = N_{GP} \times T_{symb}$，$T_{symb}$ 表示 1 个 OFDM 符号的时长；$T_{Rx\text{-}Tx,UE}$ 表示终端从下行接收到上行发送的转换时间，典型值为 10～40μs。图 8-6

给出了不同参数集（$\mu \in \{0,1,2,3,4\}$），$T_{\text{Rx-Tx,UE}} = 10\mu s$ 的参数下，N_{GP} 的取值对覆盖距离的影响。可以看到，子载波间隔太大时，即使 4 个 OFDM 符号的保护间隔也不能避免上下行传输的交叉干扰；在子载波间隔为 30kHz 的情况下，1~4 个 OFDM 符号的保护间隔对应的最大覆盖距离分别为 3.5km、8.5km、13.5km 和 18.5km。目前，郑西高速铁路正在测试的 LTE-R 网络中，基站间距的典型值为 3.5km。如果以此站间距为参考，那么 NR 系统如果采用 30kHz 的子载波间隔，则 1 个 OFDM 符号可以避免上下行干扰，而对于 60kHz 的子载波间隔，则需要至少设置 2 个 OFDM 符号作为保护间隔才能避免上下行干扰。可见，在面向高速铁路的无线通信系统中，我们需要充分地考虑业务需求和实际系统中基站的部署机制，才能合理选择时隙结构以及保护间隔的配置，从而避免上下行交叉干扰，提高传输可靠性。

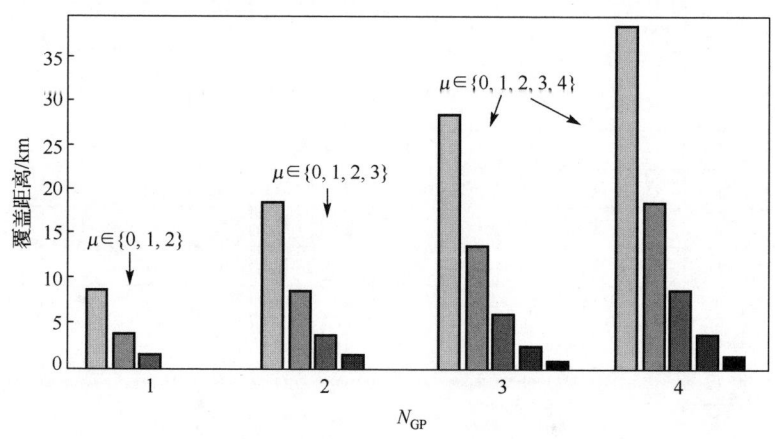

图 8-6　不同保护间隔对覆盖距离的影响

8.2.4　灵活可变的参数集复用

3GPP NR 的传输带宽为 5~400MHz，范围很大，而且，终端也几乎不会同时利用整个 400MHz 的带宽进行传输，所以从功耗、复杂度、成本等角度而言，难以强制要求所有终端都支持最大的传输带宽。为了减少终端的功耗，5G NR 允许进行终端自己对接收带宽进行调整。带宽调整机制意味着终端可以使用合适的带宽、较小的功耗监听和发送控制信道，然后在业务需要时启用大的接收带宽，并以很高的传输速率来接收大流量数据。为此，5G NR 定义了带宽分块(bandwidth parts, BWP)机制来解决上述问题[6,7]。BWP 也被称为自适应带宽(bandwidth adaptation)技术。图 8-7 给出了一个带宽分块传输的配置实例[7]，其中 BWP_1 的带宽为 40MHz、子载波间隔为 15kHz；BWP_2 的带宽为 10MHz、子载波间隔为 15kHz；BWP_3 的带宽为 20MHz、子载波间隔为 60kHz。

BWP 的应用场景可能包括：①终端可用带宽比载波带宽小，从而通过 BWP 支持窄带宽能力终端或节省终端功耗；②灵活的资源分配，如 URLLC 和 eMBB 业务

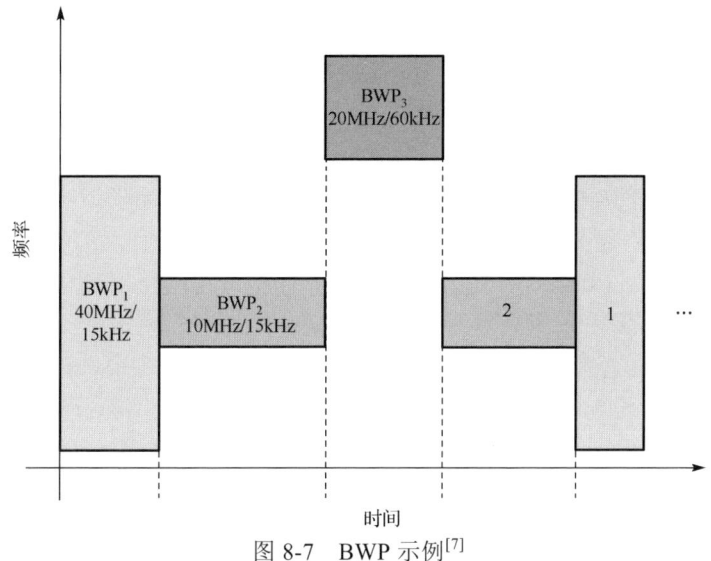

图 8-7 BWP 示例[7]

分别在两个独立的 BWP 上进行传输,但根据业务需求配置不同的参数集。

BWP 的技术优势主要有四个方面,即终端无须支持全部带宽,只需要满足最低带宽要求即可,有利于低成本终端的开发,促进产业发展;当终端业务量不大时,终端可以切换到低带宽运行,可以非常明显地降低功耗;当 5G 添加新的技术时,可以直接将新技术在新的 BWP 上运行,保证了系统的前向兼容;适应业务需要,为业务动态配置 BWP。然而,BWP 机制也使得 NR 系统的复杂度大为提高,如果一个终端能够同时接收多个带宽分块,那么原则上,这个终端就有可能在一个载波上传输不同参数集的数据。

8.2.5 适配于低时延业务的 mini-slot 帧结构

每个时隙的时间长度为 $T_{\text{slot}} = 2^{-\mu}$ ms,即时隙长度随着子载波间隔变大而缩短。理论上,这能被用于实现较低时延的数据传输,但如 8.2.1 节所分析的,由于循环前缀也随着子载波间隔的增大而缩短,所以不适用所有的部署场景。基于上述考虑,5G NR 使用一种更有效率的机制来支持低时延业务,即允许一次传输一个时隙的一部分,也就是 mini-slot 传输机制。每个 mini-slot 包含 7 个、4 个或者 2 个 OFDM 符号,其中第一个 OFDM 符号包含控制信息。

Mini-slot 传输机制主要用于超高可靠低时延的应用场景。Mini-slot 无须等待 slot 的边界,可以立刻插入到已经存在的某个常规时隙传输数据前,从而通过改变数据传输队列的顺序来支持低时延数据包的即时响应。这种不受限于在每个时隙的开始之处才可以开始数据传输的特性,在非授权频段的场景中将特别有用。在非授权频段,发射机在发送数据前,需要确定无线信道未被占用,即使用所谓的对话前监听

(listen-before-talk，LBT)策略。显然，一旦发现无线信道有空，就应该立刻开始数据传输，而不是等本时隙结束，下一时隙开始。否则，等到下一时隙开始时，无线信道可能又会被另一个传输队列占用。

除了低时延业务的传输场景，可以基于 mini-slot 机制实现时隙颗粒度的灵活调度。这一优势在使用毫米波频段的场景中非常有用。由于毫米波载频的带宽很大，往往若干个 OFDM 符号就足够传输完数据比特，从而无须占用 1 个时隙中所有的 14 个 OFDM 符号。Mini-slot 机制也特别适合模拟波束赋形的使用场景，因为使用模拟波束赋形时，传输到多个终端的不同波束只能在时域复用，而不能通过相位叠加等方式实现频域的复用。同样，在 NR 与 LTE 共存的系统中、在初始接入等环节的波束扫描阶段、在低时延的 HARQ 配置与反馈等情况下，均可基于 mini-slot 机制实现时隙颗粒度的调度，从而提高系统响应速度，改善系统性能。

8.3 高速铁路场景的 URLLC 控制信道设计

无线通信系统中控制信道设计的一般原则是满足各种业务的控制需求。然而这一设计原则对于 5G NR 而言显然是不合理的，因为 URLLC 业务只是 NR 业务的一种典型场景，如果就此需要 NR 系统对所有业务的控制信道设计都按照 URLLC 业务的指标进行设计，则系统的代价和开销太大，系统性能将恶化。因此，对于 5G NR 系统的控制信道设计需要根据业务需求的不同而有所区别，对于面向高速铁路的 5G 通信系统当然需要根据业务需求而对控制信道进行专门的设计。

考虑端到端时延指标为 1ms，上下行传输进行独立的指标控制，且假定上下行传输的时延指标分别为 0.5ms。记单向传输的可靠性指标为 ρ，相应的分块错误率为 ε，则 $\rho=1-\varepsilon$。一般的上下行传输流程如图 8-8 所示，其中图 8-8(a)为上行传输的信令流程，图 8-8(b)为下行传输的信令流程。

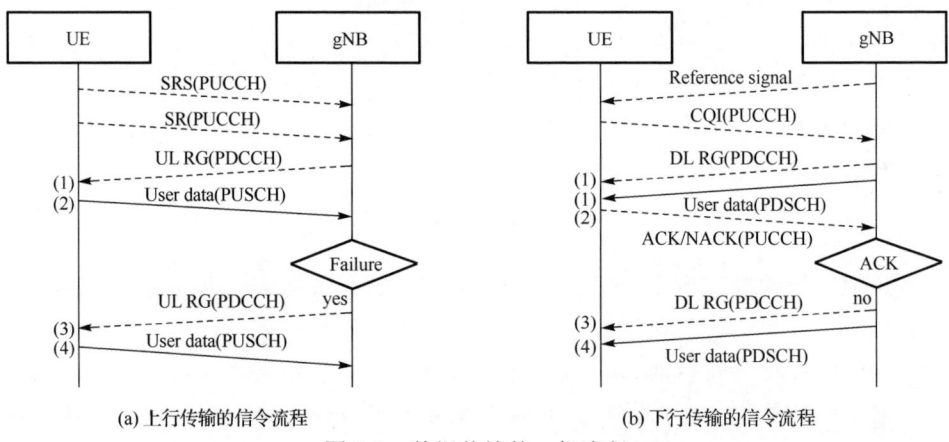

(a) 上行传输的信令流程　　　　　　　　　(b) 下行传输的信令流程

图 8-8　数据传输的一般流程

8.3.1 上行传输的控制信道设计

上行传输时，终端 UE 发起探测参考信号（sounding reference signal，SRS），gNB 侧接收到该信号后进行信道估计。如果 UE 需要发送数据业务，则发起随机接入流程或发送一个调度请求（scheduling request，SR）信号。一般而言，SR 信号具有更好的可靠性和时延性能，因此图 8-8 中我们以 SR 信号为例加以说明；当 gNB 收到 UE 的调度请求后将给该 UE 的后续数据传输分配资源，并通过上行资源授权（resource grant，RG）信号通知 UE；UE 则在相应的资源块上进行数据的传输；如果 gNB 不能在相应的资源块上译码信号，则再次分配资源块并通过 RG 信号通知 UE；UE 进而完成数据的上行重传；gNB 利用两次传输的信号进行数据译码。在这一个完整的流程中，我们需要注意到数据传输的前提是 gNB 和 UE 可以分别正确地接收 SR 和 RG 信号。如果 UE 发送 SR 后没有接收到 RG，则需要重发 SR 信号进行资源请求。在面向高速铁路的 URLLC 业务传输过程中，如果不能正确地接收 SR 和 RG 信号，则判定 URLLC 数据包的时延要求将不能保障。

假定 URLLC 传输中受限于时延指标，最多只能 1 次重传，同时假定 gNB 可以精确地估计上行信道。URLLC 数据包传输错误率的主要原因包括 SR 译码错误、上行 RG 译码错误、数据译码错误。整个传输如前面所述，可以分为三种情况。

（1）gNB 不能译码 SR：此时 UE 再次发送 SR，如果后续 SR 和 RG 可以正确译码，则 UE 发送上行数据，记 BLER 为 p_2。

（2）gNB 正确译码 SR，但 UE 不能译码上行 RG：此时 gNB 再次发送 RG，如果 UE 可以正确接收则发送上行数据，其 BLER 为 p_2。

（3）gNB 正确译码 SR、UE 正确译码上行 RG：此时，记 SR、RG、第一次数据译码的译码错误率分别为 ϵ_{SR}、ϵ_{RG} 和 P_1，如果重传，则 gNB 需要发送 RG，然后将两次上行传输的数据包进行联合译码，记 BLER 为 $p_{1,2}$。

基于上述三种情形，gNB 正确接收到 URLLC 数据包的概率，即上行可靠性，为

$$P_{UL} = \epsilon_{SR}(1-\epsilon_{SR})(1-\epsilon_{RG})(1-p_2) + (1-\epsilon_{SR})\epsilon_{RG}(1-\epsilon_{RG})(1-p_2)$$
$$+ (1-\epsilon_{SR})(1-\epsilon_{RG})[(1-p_1)+p_1(1-\epsilon_{RG})p_{12}]$$
$$= (1-\epsilon_{SR})(1-\epsilon_{RG})[(1-p_1)+p_1(1-\epsilon_{RG})p_{12}]$$
$$+ (\epsilon_{SR}+\epsilon_{RG})(1-\epsilon_{SR})(1-\epsilon_{RG})(1-p_2)$$

下面我们给出具体化参数的例子说明不同 BLER 对控制信道设计的影响。假定上行可靠性指标为 $1-10^{-5}$，数据译码的 BLER 为 $p_1 = p_2 \in \{10\%, 1\%, 0.1\%\}$，$p_{1,2} = 10^{-5}$。图 8-9 给出了上行传输是 SR 与 RG 信号的可达 BLER 区域。我们可以观察到，SR 和 RG 的可靠性要求几乎对称，所以从控制信道设计的角度而言，需要对 SR 和 RG 进行同等可靠性指标的设计较为合理；当数据传输的 BLER 从 0.1%提高到 10%时，

SR 和 RG 的 BLER 要求可以从 10^{-3} 下降到 10^{-4} 这一量级，所以控制信道的设计需要充分地考虑后续数据载荷部分的 BLER。如果进一步考虑到信道估计误差带来的影响，我们需要进一步地提高 SR、RG 和数据载荷部分的传输可靠性指标，相关的分析可以参考文献[8]。

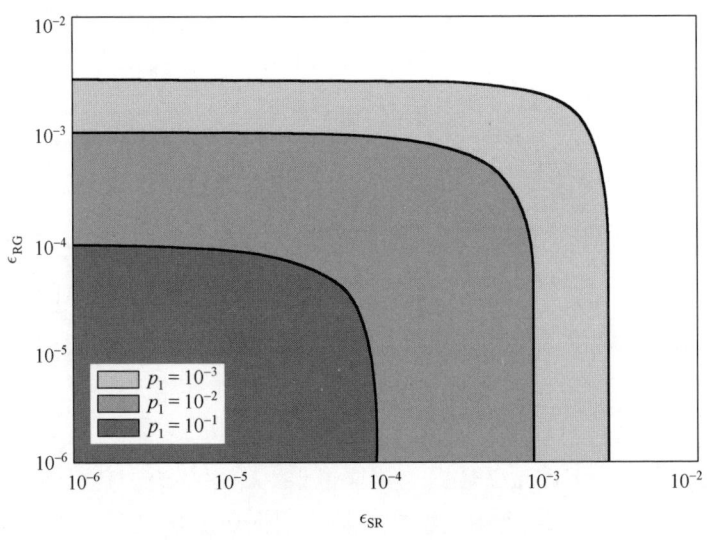

图 8-9　上行传输时 SR 和 RG 的 BLER 指标区域

8.3.2　下行传输的控制信道设计

下行传输时，gNB 发送参考信号（reference signal，RS）给 UE；UE 据此进行信道估计并将估计的信道质量指示（channel quality indication，CQI）通过 PUCCH 报告给 gNB。gNB 如果需要发送数据给 UE，则为其分配资源块，并通过下行 RG 信号通知 UE 监测该资源块，跟着就发送下行数据；如果 UE 接收 RG 成功，则接收数据部分。此时，如果 UE 对相应资源块的数据检测成功，则反馈 ACK 信号，否则反馈 NACK；gNB 一旦收到 NACK 就认定 UE 已经具有部分数据信息，进而发起数据重传（发送一个下行 RG 后再发送数据）。gNB 如果没有收到 ACK 则传输数据；如果 UE 不能正确接收下行 RG 信号，则 UE 也就不能发送 ACK/NACK 给 gNB，此时，gNB 需要将该情况辨识为非连续传输（discontinuous transmission，DTX），并认定 UE 没有收到任何数据信息，进而主动发起数据重传。

为了确定下行传输时控制信道的设计指标，首先假定 UE 可以根据 gNB 发送的参考信号进行理想的信道估计，并正确地反馈相应的 CQI 给 gNB。这时，下行 URLLC 数据包传输错误的原因包括下行 RG 译码错误、ACK/NACK 错误和数据译码错误这三个方面。

图 8-10 给出了 gNB 发送下行 RG 后整个信令流程中可能发生的错误情况。

(1) UE 译码 RG 失败，反馈 DTX：此时 gNB 将 DTX 误解为 UE 反馈 ACK 或 NACK，或者正确检测到 DTX。记 gNB 将 DTX 译码为 ACK 和 NACK 的错误概率分别为 $\epsilon_{D \to A}$ 和 $\epsilon_{D \to N}$，则 gNB 将 DTX 译码为 DTX 的正确概率为 $(1-\epsilon_{D \to A}-\epsilon_{D \to N})$。

① 如果 gNB 将 DTX 译码为 ACK，则流程结束，整个数据包传输失败。

② 如果 gNB 将 DTX 译码为 NACK 或 DTX，则进入数据包重发流程。

(2) UE 译码 RG 失败，反馈 NACK：此时 gNB 可能将 NACK 译码为 UE 反馈 ACK、NACK 或者 DTX。记 gNB 将 NACK 译码为 ACK 和 NACK 的错误概率分别为 $\epsilon_{N \to A}$ 和 $\epsilon_{N \to D}$，则 gNB 将 NACK 译码为 NACK 的正确概率为 $(1-\epsilon_{N \to A}-\epsilon_{N \to D})$。

① 如果 gNB 将 NACK 译码为 ACK，则流程结束，整个数据包传输失败。

② 如果 gNB 将 NACK 译码为 NACK 或 DTX，则进入数据包重发流程。

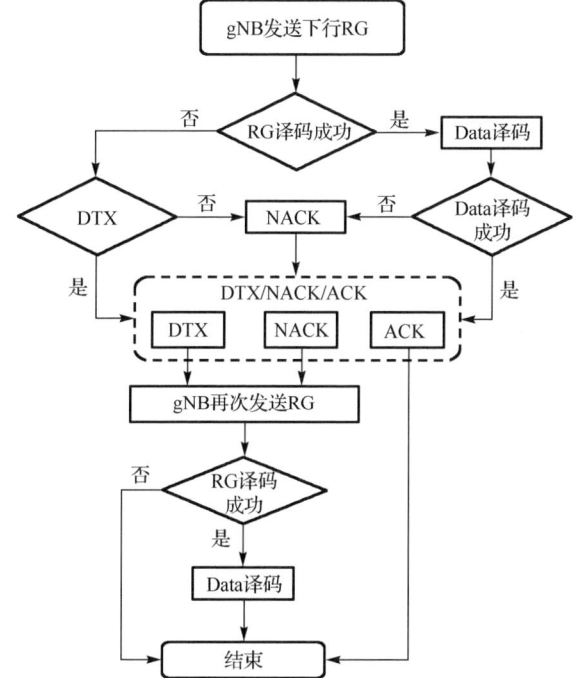

图 8-10 下行 URLLC 数据包传输的误包分析

(3) UE 译码 RG 成功，则对数据进行译码。

① 数据译码成功，后续流程不再影响该数据包的可靠性；记数据译码的 BLER 为 p_1。

② 数据译码失败：UE 反馈 NACK 信号，此时 gNB 可能将 NACK 译码为 ACK、NACK 或者 DTX。

如果 gNB 将 NACK 译码为 ACK，则流程结束，整个数据包传输失败。

如果 gNB 将 NACK 译码为 NACK 或 DTX，则进入数据包重发流程。

(4) 数据包重发阶段，为了考察传输可靠性，我们仅仅需要考虑正确传输的概率，即

①UE 必须正确译码 RG。

②UE 必须正确译码数据部分。

基于上述整个信令流程的具体分析，我们可以看到，URLLC 数据包正确译码的可能性可以表示为

$$P_{DL} = (1-\epsilon_{RG})[(1-p_1) + p_1(1-\epsilon_{N\to A}-\epsilon_{N\to D})(1-\epsilon_{RG})(1-p_{1,2}) \\ + \epsilon_{N\to D}(1-\epsilon_{RG})(1-p_{2D})] + \epsilon_{RG}(1-\epsilon_{RG})[\epsilon_{D\to N}(1-p_{2N}) \\ + (1-\epsilon_{D\to A}-\epsilon_{D\to N})(1-p_{2D})]$$

式中，ϵ_{RG} 表示译码 RG 的 BLER；$p_{1,2}$ 表示对数据联合译码的 BLER；p_{2D} 表示 gNB 将 DTX 译码为 NACK 后重传导致的接收端数据 BLER；p_{2N} 表示 gNB 正确判别出 DTX 后重传导致的接收端数据 BLER。

同样地，为了更好地理解各个参数对控制信道设计的影响，我们给出具体参数下的实例。假定 $p_1 = p_{2N} \in \{10\%, 1\%, 0.1\%\}$，$p_{1,2} = p_{2D} = 10^{-5}$，$\epsilon_{N\to A} = \epsilon_{N\to D} = \epsilon_{D\to A} = \epsilon_{D\to N} = \epsilon_{NACK}$。数据包传输的目标 BLER 为 $\epsilon = 10^{-5}$。图 8-11 给出了满足可靠性指标时 ϵ_{NACK} 与 ϵ_{RG} 的可行区域。我们可以看到下行 RG 的 BLER 对整体可靠性的影响较大，其原因是 RG 信号直接关系到第一次传输和第二次传输的数据包可靠性，而 ACK/NACK/DTX 的影响相对较小，其原因是这几个信号仅仅决定了重传的数据包

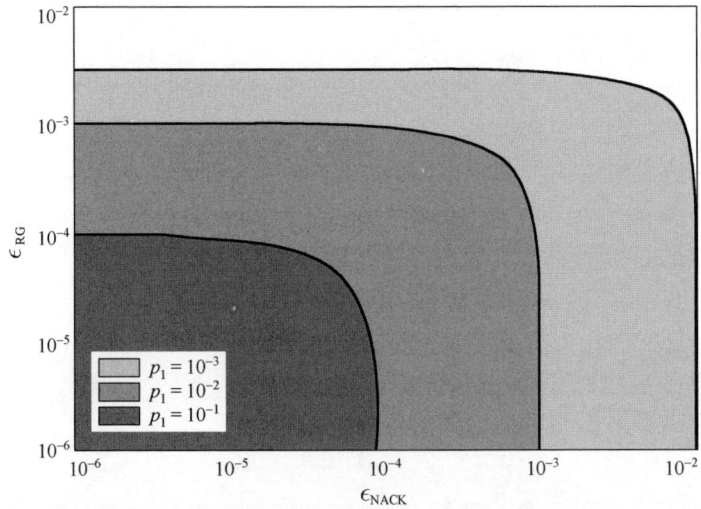

图 8-11　下行传输时 NACK 和 RG 的 BLER 指标区域

可靠性。此外，与上行传输类似，数据包首次传输的 BLER 对系统性能的影响很大，例如，p_1 从 10^{-3} 提升到 10^{-1} 时，RG 的指标要求可以降低一个量级，而 NACK 的指标要求可以降低两个量级。如果进一步地考虑 CQI 误差带来的影响，所有指标将有进一步提高。

8.4　高速铁路场景的半静态 URLLC 包调度

5G NR 系统采用动态共享式的资源调度方式可以提高系统资源的分配效率，优化系统的频谱效率。但同时，由于每个资源分配都需要通过控制信道进行相应的指示，从而产生额外的控制信道开销。在大容量数据传输场景下，这一开销相对于数据载荷的比重较小，因而可以忽略不计。但是在超可靠低时延业务的传输场景中，严格的时延指标要求数据包最多在两个 TTI 内完成传输，因而如前面所述，控制信令的开销和可靠性将极大地影响整个数据包的传输可靠性，使得制约系统容量的因素不再是系统带宽，而是控制信道的容量。此外，在面向高速铁路的无线通信系统中，存在大量周期性业务，如关键传感器的安全确认信息等。对于这一类周期性的 URLLC 业务，我们可以采用半静态调度(semi-persistent scheduling，SPS)机制提高传输的有效性和可靠性。

半静态调度，又称为半永久性调度。动态调度机制中，系统通过上行(图 8-8(a))或下行 RG(图 8-8(b))，在每个 TTI 都需要为 UE 分配一次无线资源。而在半静态调度机制中，系统可以对资源进行半静态的配置，从而将某一固定的资源块周期性地分配给某个特定 UE。由于 SPS 有一次分配，多次使用的特点，不需要在每个 TTI 都为 UE 发送 RG 信号，从而降低了对应的控制信道开销。这一调度机制的灵活性稍差，但控制信令开销小，非常适合周期性的 URLLC 业务。

在采用半静态调度的上行传输中，UE 一旦发起 URLLC 业务则立即在给定的资源块上进行传输。因此，相比于动态调度机制，允许最多一次重传的情况下，数据包传输可靠性客户可以刻画为

$$P_{\text{UL}}^{\text{SPS}} = (1-p_1) + p_1(1-\epsilon_{\text{RG}})p_{12}$$

式中，ϵ_{RG} 的影响来自第一次传输失败而需要进行重传时，gNB 为 UE 重新分配资源导致的 RG 接收错误。上述公式表明，在 SPS 机制下，上行 URLLC 数据包的可靠性主要取决于首传数据包的可靠性、RG 的可靠性，以及 HARQ 接收后的数据可靠性。

图 8-12 给出了 $P_{\text{UL}}^{\text{SPS}}$ 分别取 $1-10^{-5}$ 和 $1-10^{-6}$ 时 RG 可靠性要求与首传数据包可靠性的关系，其中 $p_{12}=10^{-5}$。可以观察到，数据首传可靠性提高一个量级，则 RG 可

靠性指标可以降低一个量级，而且这一折中关系与 URLLC 数据包的整体性能指标无关，因此系统设计和资源调度时需要对 RG 和数据包进行有效的平衡，进而在满足传输指标的前提下优化系统的频谱效率。

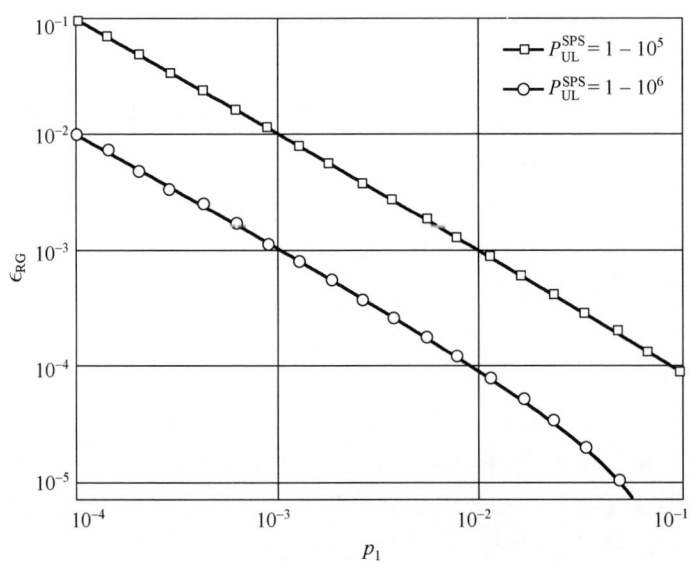

图 8-12 基于半静态调度机制的上行 URLLC 数据包传输性能

对于下行 URLLC 的数据包传输，UE 需要在预定的时间监测预定资源块的状态，而 gNB 一旦发起传输业务，则直接在该资源块进行传输。如果首传失败，则 UE 需要反馈 NACK 给 gNB 以请求数据重传。此时，根据 8.3.2 节的分析，我们可以得到半静态调度机制中下行传输的可靠性

$$P_{\mathrm{DL}}^{\mathrm{SPS}} = (1-p_1) + p_1(1-\epsilon_{\mathrm{N \to A}})(1-\epsilon_{\mathrm{RG}})(1-p_{12})$$

同样假定 $p_1 \in \{10\%, 1\%, 0.1\%\}$，$p_{12} = 10^{-5}$，图 8-13 给出了达到 $P_{\mathrm{DL}}^{\mathrm{SPS}} = 1-10^{-5}$ 时 $\epsilon_{\mathrm{N \to A}}$ 与 ϵ_{RG} 的折中关系。首先，两者对数据包可靠性的影响完全相同，其次，数据包首传的可靠性指标 $1-p_1$ 提高一个量级，则 $\epsilon_{\mathrm{N \to A}}$ 与 ϵ_{RG} 均可以放松一个量级；最后，与图 8-11 相比，半静态调度机制降低了 RG 传输可靠性的要求，其原因是 RG 的可靠性此时仅仅影响到重传的可靠性。

基于半静态调度机制的上行及下行传输性能表明，在既定的传输时延内，SPS 可以有效地提高 URLLC 数据包传输的可靠性指标。但在实际系统部署中，我们必须充分地考虑到 SPS 机制对资源块的半静态调度导致的频谱效率损失问题，因此，针对高速铁路 URLLC 业务的特性进行具体的设计而达到性能与效率的平衡，是其中的关键问题。

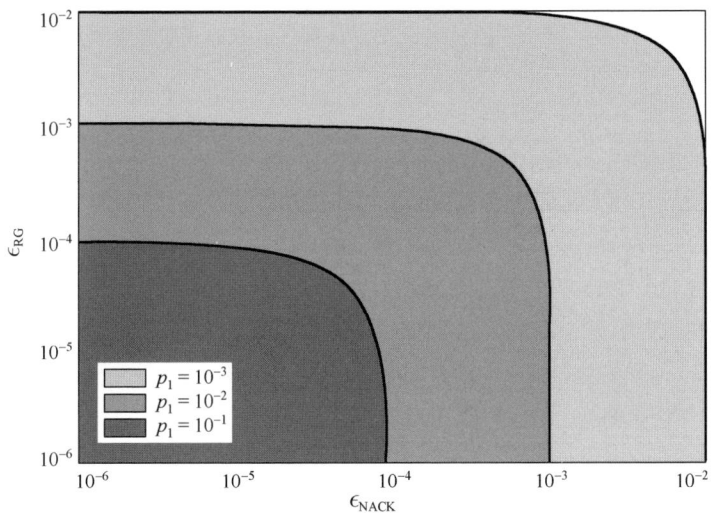

图 8-13　基于半静态调度机制的下行 URLLC 数据包传输性能

8.5　本章小结

本章介绍了 5G NR 系统应用于高速铁路无线通信并提供超可靠低时延业务时的三个重要方面，即①适合于 URLLC 数据包传输的帧结构，特别是灵活的时隙结构；②适合于 URLLC 数据包传输的控制信道设计及其需要考虑的因素，特别是结合一次重传以及信令流程的可靠性分析；③针对铁路场景下周期性 URLLC 业务特性的半静态调度机制，特别是半静态调度机制下数据包传输可靠性的刻画。

面向高速铁路的超可靠低时延业务需要充分地利用 5G NR 所定义的参数集以及对应的时隙结构，根据业务需求灵活地决定每个时隙中上下行 OFDM 符号的配置。在动态调度机制下，需要充分地利用 mini-slot 机制实现信令与数据传输的性能平衡。在半静态调度机制下，则需要充分地利用 URLLC 业务的周期特性，实现预留资源的利用效率与数据包传输可靠性的折中。

参 考 文 献

[1]　3GPP TS 38.104. Base station (BS) radio transmission and reception (V15.4.0), 2019.
[2]　Zaidi A A, Baldemair R, Moles-Cases V, et al. OFDM numerology design for 5G new radio to support IoT, eMBB, and MBSFN. IEEE Communications Standards Magazine, 2018, 2(2): 78-83.

[3] 刘留, 周涛, 陶成, 等. 高速铁路场景大尺度传播模型与时频色散特性研究. 铁道学报, 2017, 39(4): 54-61.

[4] Zhang B, Zhong Z, He R, et al. A measurement based wideband multi-link model for railway channels. IEEE Transactions on Intelligent Transportation Systems, 2019, 20(3): 985-999.

[5] 3GPP TS 38.213. Physical layer procedures for control (V15.4.0), 2019.

[6] Jeon J. NR wide bandwidth operations. IEEE Communications Magazine, 2018, 56(3): 42-46.

[7] 3GPP TS 38.300. Overall description. Stage-2 (V15.4.0), 2019.

[8] Shariatmadari H, Li Z, Iraji S, et al. Control channel enhancements for ultra-reliable low-latency communications. Proceedings of IEEE International Conference on Communications Workshops, Paris, 2017: 504-509.

第 9 章 高速铁路移动性网络技术

9.1 概 述

自 1964 年日本东海道新干线开通运营以来,世界高速铁路在近 50 年的演进后逐步形成了以日本新干线 N700 系与 E5 系、法国 TGV 和德国 ICE 为代表的列车技术系统。我国的高速铁路建设方案于 1990 年起步,到 20 世纪 90 年代末付诸实施。跨入 21 世纪以来,随着铁路跨越式发展战略的实施,以及 2004 年国家《中长期铁路网规划》的颁布,我国高速铁路在短短数年间取得了迅猛发展。2008 年 8 月 1 日京津城际列车通车运营,标志着中国铁路正式迈入高速铁路时代。截止到 2019 年 12 月,中国高速铁路总里程突破 3.5 万 km,其中营运时速可达 300km 的路线总里程超过 1 万 km,占世界 2/3 以上。中国 CRH 高速铁路技术谱系以崭新的面貌,汇入了世界高速铁路技术体系之列。

在高速铁路为代表的轨道交通系统所面临的众多技术挑战之中,保障控制数据高可靠、高效率传输的高速铁路无线通信网络在近些年已经引起了学界和工业界的共同关注。尽管无线通信技术经过最近 10~20 年的发展已经取得了巨大的成功,但业界对现有技术能否承载未来 10 年中可能出现的 1000 倍移动数据业务的增长并不乐观[1-3],此外现有技术在高速度、高密度的轨道交通运行场景中还面临着诸多更为严峻的挑战和新的应用需求。例如,高速铁路无线通信网络需要实时传输高清监控视频以保证铁路运行的安全;无线通信过程中要满足基于铁路通信系统形成的特殊铁路鉴权管理方式,随时保证提供高安全性、高可靠性的行车调度机制;此外,高速铁路场景还要求通信网络本身能够监控网络中发生的故障并及时地向管理人员提供相应通知等。针对包括这一系列应用场景在内的诸多挑战,工业界和学界已经启动了一系列大规模的科研项目(例如,欧盟的 METIS 和 5GNOW 等[2,4])。而考虑轨道交通场景中所提出的各类特殊需求,未来轨道交通通信系统也将形成满足高速铁路、重载铁路、高原铁路、西部铁路的列车运行控制和运行安全需求,"公铁"(公众网络与铁路专用网络)互补的一体化异构无线通信网络,包括:以无线资源受限、高移动性、高服务质量、高可靠性、可用性、可维护性、安全性和低数据速率为特征的高可信铁路专用移动通信系统和高数据速率为特征的铁路专用宽带移动通信系统。从而实时满足列车控制安全数据传输业务和安全监控数据业务需求,确保轨道交通通信系统满足可测性、可控性、可靠性、有效性、可维护性、安全性、保密性等需要,这些特性与 METIS 项目中所指出的未来无线通信系统的典型特性也完全符合[4]。未来轨道交通通信系统将提供更大的数据吞吐量,将比现有网络具有更高的通信效率,在车站枢纽等热点地区满足各种不同的业务需求[5-8]。

然而,考虑到无线信道资源的稀缺性、轨道交通环境所体现的特殊电波传播特性、下一代轨道交通异构无线通信网络中网络终端的多样化以及高密度特性(例如,用于进行语音通信的手持终端,进行设备控制信息交互的通信模块,进行检测数据采集的无线传感器节点、摄像头等),可以预见无线信道中所产生的干扰将是制约网络性能提高的主要因素之一。此外,虽然下一代无线通信系统已经开始考虑对于高速移动环境场景的重点支持,但轨道交通场景无线通信网络中所体现出的与传统通信网络截然不同的一系列独有特性(例如,网络节点的分布特性、业务需求的特殊性等)也需要更为有效地对有限的资源进行分配,实现轨道交通场景未来对高速率、低时延、强可靠等方面的需求,提升网络的整体性能,助力轨道交通行业的跨越式发展。

基于这一系列考量,本章提出移动性网络(moving network)的概念,将单(或若干)列车厢内的通信终端动态地组成一个小范围内的网络,从而在现有通信网络体系结构下形成新的层级式结构,降低移动性对于核心网、接入网所带来的各类负担,减少海量用户与路旁设备信令交互所带来的开销,提升对于各类通信和网络资源的利用有效性。在这一架构的基础上,我们将以动态网络环境下的数据迁移机制为例进行建模与分析,定义新的迁移效用函数,提出适用于高速铁路场景的数据迁移机制。

9.2 国内外研究现状概述

随着移动通信系统和高速铁路运营系统的不断发展,车载娱乐系统、车载视频会议以及车载交互式游戏等诸多以数据迁移为基础的车载网络应用不断涌现。预测表明,在以高速铁路为代表的移动网络环境中数据流量的需求预计将以每年超过 100%的速度持续增长[9]。移动网络中爆炸式的数据流量增长对数据迁移机制提出了更高的要求和挑战,动态变化场景下数据迁移机制仍然是一个未解决的问题。

现有的面向轨道交通高速铁路场景的数据迁移机制的研究大多是基于固定基础设施的,例如,预先布设的路边单元(road side unit,RSU)等。文献[10]设计了一个基于路边单 RSU 的数据迁移方案,从而有数据迁移需求的用户和车辆编组可以通过路边 RSU 进行数据迁移。文献[11]提出利用路边停车泊位上的车辆向经过它们通信范围的行驶车辆迁移数据,同时,对于越来越多的停放车辆,可以利用分簇的方法对车辆进行分组便于协同合作来为通过通信范围的车辆服务。这一设计思路可以天然地移植到高速铁路车辆编组站场景中。然而,高速铁路场景中由于车辆高速移动,网络拓扑结构复杂多变,从而极大地影响了通信链路的稳定性及链路持续时间。例如,假定车载通信终端的信号范围是 300m,通信链路的有效生命周期也仅为十几秒。此外,如果数据迁移需要多跳完成,有效传输时间也将进一步被缩短。所以,基于固定基础设施进行数据迁移无法高效地满足高速铁路场景中用户和各类车载通信设备的数据迁移需求。除了快速移动特性,高速铁路场景中的无线信道衰落也会影响链路持续时间的统计特性以及无线传输速率。在已有的针对高速铁路场景数据迁移技术的文献中,多数学者都基于大尺度衰落与阴影衰落模型展开研究,但很少有工作关注小尺度衰落对实际高速铁路场景下数据迁移性能的影响[12]。

此外,在多用户的网络环境中,数据迁移公平性问题是需要考虑的一个重要问题。从数据迁移的角度来看,公平性的首要目标是让各个用户都可以获得数据迁移的机会,避免出现仅满足了一部分用户的迁移需求,而其他用户无法得到数据迁移机会的现象。现有研究工作大多通过使用户具有相近的平均无线传输速率来实现迁移公平性[13]或者按照用户提出迁移请求的顺序为用户提供迁移服务[14]。然而,这些迁移机制可能会导致大量的用户无法获得所请求的数据量。因此,如何为多用户设计公平高效的迁移机制也一直是一个挑战。

9.3 系统模型与问题构建

9.3.1 系统模型

为描述高速铁路环境多轨道、多路段场景中的数据迁移系统,本章用 S 表示系统中路段的集合,$S = \{s_{x,y} | s_{x,y}$ 是从路口 I_x 到路口 I_y 的路段$\}$。我们假设轨道上的车辆可以分为两类:第一类是运动速度相对较慢的货运车辆编组 g,也称为用户车辆;第二类是进行乘客运输的高速列车编组 b,它们作为移动云服务器可以为周围的其他车辆提供数据迁移服务。其中,G 和 B 分别表示系统中用户车辆和移动云服务器的集合。每辆车厢都装载用于车间通信的设备,通信半径记为 R,即两车之间的距离小于 R 时,数据能够以较大概率传输成功。反之,当两车之间的距离超过 R 时,通信链路被认为是不可靠的。

我们假设移动云服务器 $b_p \in B$,随机选择一个速度 $v(b_p)$,$v(b_p) \sim N(\mu, \sigma^2)$ 沿着道路 $s_{i,j}$ 做匀速运动,运动时间记作 T_L。我们根据文献[15]的结论,将 T_L 构建为一个离散时间模型,将其划分为 t_L 个等长时隙,$t_L = [L/(v(b_p) \cdot \tau)]$,如图 9-1 所示。定义 $G_L(G_L \in G)$ 为与 b_p 连接的用户车辆的集合,$C_{g_x} = [x_s \ x_e]$ 定义为用户车辆 g_x 与移动云服务器 b_p 的链路持续时间,x_s 和 x_e 分别表示链路连接的开始时间和结束时间。其中 C_{g_x} 主要受到两个因素的影响:①用户车辆 g_x 和移动云服务器 b_p 之间的相对移动速度；②用户车辆 g_x 和移动云服务器 b_p 所行驶的路段之间的距离，用户车辆 g_x 和 g_y 是处于移动云服务器 b_p 通信范围内的用户车辆。当 $C_{g_x} \cap C_{g_y} \neq \phi$ 时，即用户车辆 g_x 和 g_y 与移动云服务器 b_p 的链路持续时间有重合部分。对于媒介访问控制（medium access control，MAC）协议，本章遵守带冲突避免的载波侦听多址访问（carrier sense multiple access with collision avoidance，CSMA/CA）。因此，当有多个用户车辆向移动云服务器发出数据迁移请求时，移动云服务器在同一时刻只能为一个用户车辆进行服务。这是因为 CSMA/CA 协议要求仅当用户观察到物理层信道在某一时隙没有进行任何通信时，用户才能访问信道进行通信。因此，设计合理高效的动态时隙分配策略对于车联网数据迁移具有非常重要的意义。

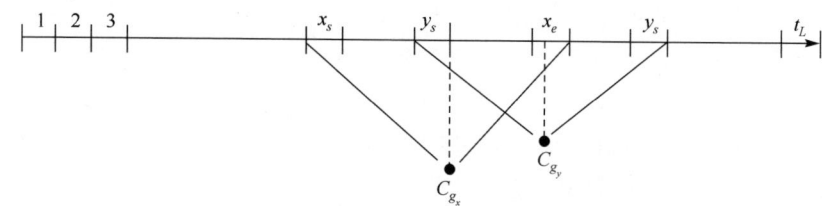

图 9-1　移动云服务器运动时间离散状态划分

在车载网络连通性能分析研究的相关文献中，针对实际高速铁路环境下的传播特性，文献[16]和[17]均提出了基于实地测试的双斜率路径损耗模型（dual-slope path loss model），可以更加实际地反映车辆之间的无线信道路径损耗特性。因此，本章也采用双斜率路径损耗模型来描述车间无线信道传播特性，该双斜率路径损耗模型可以表示为

$$P_r(d) = \begin{cases} P_r(d_0) + 10h_1 \lg(d/d_0) + X_{\sigma_0}, & d \leq d_b \\ P_r(d_0) + 10h_1 \lg(d_b/d_0) + 10h_2 \lg(d_b/d) + X_{\sigma_0}, & d > d_b \end{cases} \quad (9-1)$$

式中，d 表示用户车辆和移动云服务器之间的通信距离；$P_r(d)$ 是指在距离 d 处的路径损耗；$P_r(d_0)$ 表示在参考距离 d_0 处的参考路径损耗值；h_1 和 h_2 表示路径损耗常数。d_b 是临界距离（breakpoint distance），可以计算为 $d_b = 4\omega_i\omega_j / \lambda_w$，其中，$\omega_i$ 和 ω_j 分别表示车辆 i 和车辆 j 的天线高度，λ 则表示无线电波信号的波长。此外，X_{σ_0} 是一个服从均值为 0，标准差为 σ_0 的正态分布的随机变量。

同时，我们采用已经被广泛地用于描述小尺度衰落特性的 Nakagami 分布来准确地反映实际车联网场景的信道模型，并体现小尺度衰落特性以及多径衰落特性。因此，主信号功率 Z 是一个 Gamma 分布随机变量，其概率密度函数（probability density function，PDF）可以推导为

$$f_Z(z) = \frac{1}{\Gamma(m)} \left(\frac{m}{\overline{P_r(d)}} \right)^m z^{m-1} \exp\left(-\frac{mz}{\overline{P_r(d)}} \right) \quad (9-2)$$

式中，$\Gamma(m)$ 是 Gamma 函数，m 是衰落函数。当 $m=1$ 时，Nakagami 分布可以等效为 Rayleigh 分布，当 $m=(K+1)^2/(2K+1)$ 时，Nakagami 分布可以等效为带有 K 因子的 Ricean 分布。

基于参考文献[18]的分析，在大尺度衰落叠加 Nakagami 小尺度衰落的复合信道模型下我们求得接收功率 z 的累积分布函数，为

$$\Pr\{z \leqslant x\} = 1 - \frac{\Gamma\left(m, \dfrac{m}{\overline{P}_r(d)} x\right)}{\Gamma(\mu_0)} \tag{9-3}$$

式中，$\Gamma\left(m, \dfrac{m}{w} x\right) = \int_{\frac{m}{w}x}^{\infty} y^{y-1} \exp(-y) \mathrm{d}y$。根据式(9-3)，接收机侧信噪比的累积分布函数 CDF 可以表示为

$$\Pr\left\{\frac{z}{\delta} \leqslant x\right\} = 1 - \frac{\Gamma\left(m, \dfrac{m}{\overline{P}_r(d)} \delta x\right)}{\Gamma(\mu_0)} \tag{9-4}$$

式中，δ 表示高斯白噪声功率。车辆之间的无线传输速率有 e 个离散的值，可以表示为 $\Theta = \{q_1, q_2, \cdots, q_e\}$，其中 $q_1 < q_2 < \cdots < q_e$。无线传输速率与 SNR 的关系参见表 9-1。

表 9-1 无线传输速率与信噪比对应关系

信噪比/dB	5	6	8	11	15	20	25	N/A
传输速率/(Mbit/s)	3	4.5	6	9	12	18	24	27

由表 9-1 可以看出，车辆之间的无线传输速率 $q_j(1 \leqslant j \leqslant e)$ 是由 SNR 的取值 u_j 决定的。例如，当 SNR 大于 u_j 并小于 u_{j+1} 时，则车辆之间无线传输速率为 q_j。可知，接收机侧信噪比主要由车间距决定，因此可以得到 q_j 的概率

$$\Pr\{Q = q_j\} = \Pr\left\{u_j < \frac{z}{\delta} \leqslant u_{j+1}\right\} \tag{9-5}$$

根据时隙 t 内用户车辆和移动云服务器之间的车间距，结合车辆之间无线传输速率不同取值的概率，可以得到时隙 t 内车辆之间的数据平均传输速率

$$r(t) = \sum_{1}^{e} q_j \cdot \Pr\{Q(t) = q_j\} \tag{9-6}$$

式中，$1 \leqslant t \leqslant T_L$。

9.3.2 问题描述

首先，为了评价吞吐量，我们提出了用户车辆的吞吐量指数(throughput index)

I_{thro}。吞吐量指数 I_{thro} 表示用户车辆迁移数据量与请求数据量的比值。因此，我们的第一个目标是最大化用户车辆的吞吐量指数：

$$\max\left\{I_{\text{thro}} = \frac{\sum_{g_x \in G}\sum_{T_L \in T}\sum_{l \in T_L} a_{g_x,l}}{\sum_{g_x \in G} D_{g_x}}\right\} \quad (9-7)$$

式中，D_{g_x} 和 $a_{g_x,l}$ 分别表示用户车辆 g_x 请求迁移的数据量以及在时隙 l 实际迁移的数据量。

除了要最大化吞吐量指数，多用户的迁移公平性也是进行数据迁移方案所需要考虑的问题。为了定量地评价多用户之前的迁移公平性，我们引入了服务公平指数 (service fairness index) I_{fair}。因此，我们的第二个目标是保证迁移的公平性，

$$\max\left\{I_{\text{fair}} = \frac{\left(\sum_{g_x \in G} U_{g_x}\right)^2}{k \sum_{g_x \in G} U_{g_x}^2}\right\} \quad (9-8)$$

式中，U_{g_x} 表示用户车辆 g_x 实际迁移的数据总量；k 表示所观察路段中的用户车辆总数。前面所定义的吞吐量指数 I_{thro} 和服务公平指数 I_{fair} 的取值范围均在[0,1]。此外，我们通过引入权重因子 α，将两个指数可以合并在一起作为效用函数，本章的目标为最大化效用函数：

$$\max\left\{(1-\alpha)\frac{\sum_{g_x \in G}\sum_{T_L \in T}\sum_{l \in T_L} a_{g_x,l}}{\sum_{g_x \in G} D_{g_x}} + \alpha \frac{\left(\sum_{g_x \in G} U_{g_x}\right)^2}{k \sum_{g_x \in G} U_{g_x}^2}\right\} \quad (9-9)$$

我们发现，实现这样一个目标函数具有很大的挑战性，这主要是因为用户车辆和移动云服务器在不同时隙均处于不同的位置，从而使得用户车辆和移动云服务器之间的数据传输速率发生变化。由于不同用户车辆与移动云服务器之间的通信链路时间各不相同，如果移动云服务器仅考虑吞吐量最大化或者按照用户车辆提出数据迁移顺序来提供数据迁移服务，则会造成很多用户车辆在行驶路径中一直无法得到数据迁移服务。

为了解决上述问题，我们提出新的内容迁移算法来平衡吞吐量最大化和数据迁移公平性之间的关系。相应的限制条件包括，布尔变量 $A_{g_x,l}$ 表示移动云服务器在第 l 个时隙是否为用户车辆 g_x 提供数据迁移服务，即

$$A_{g_x,l} = \begin{cases} 1, & g_d^{(l)} = g_x, l \in T_L, x_s \leqslant l \leqslant x_e \\ 0, & \text{其他} \end{cases} \quad (9-10)$$

式中，$g^{(l)}$ 表示移动云服务器在第 l 个时隙所选择的用户车辆。当移动云服务器 b_p 在同一时隙收到多个用户车辆的数据迁移请求时，由于接入控制的限制，b_p 只能选择一个用户车辆提供数据迁移服务，即单播限制：

$$\sum_{g_x \in G_L} A_{g_x,l} \leqslant 1 \tag{9-11}$$

此外，用户车辆在 T_L 时间内的实际迁移的数据量不超过请求迁移的数据量，即迁移数据量限制：

$$0 \leqslant \sum_{l \in T_L} (A_{g_x,l} \cdot a_{g_x,l}) \leqslant D_{g_x} \tag{9-12}$$

9.4 基于移动网络的数据迁移机制设计

本节将对基于移动网络的数据迁移机制进行详细的阐述，其中包括了三个步骤：移动云服务器相遇预测阶段、无线传输速率估计阶段和动态时隙调度分配阶段。

9.4.1 移动云服务器相遇预测阶段

为了理论推导的可行性，我们假设用户车辆在时间 T 内所通过的路段是已知的。S_x 和 $\varPhi_x$ 表示用户车辆 g_x 通过的路段集合和路口集合，其中，$s_{i,j}=(I_i,I_j)$ $(s_{i,j} \subseteq S_x)$ 表示路段 $s_{i,j}$ 的两个路口分别是 I_i 和 I_j（其中 i,j 为图 9-2 中表示路口圆圈内的标识）。用户车辆 g_x 将会通过多个路段 $S_x=\{s_{1,4},s_{4,2},s_{2,3}\}$，并在不同路段可能与移动云服务器相遇，例如，$g_x$ 和移动云服务器 b_y 在路段 s_{14} 相遇。由于车载导航系统对于车辆在道路上行驶时间的估计准确性在不断提升，因此，用户车辆 g_x 可以获得未来通过各个路口的时间。此外，车载导航系统还可以通过网络获得移动云服务器到达各个路口 $I_i(I_i \in \varPhi_x)$ 的时间。

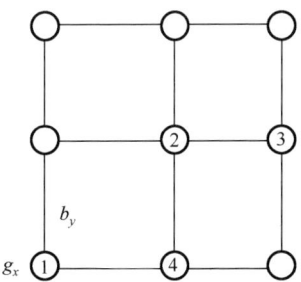

图 9-2 用户车辆 g_x 和移动云服务器 b_y 在路段 s_{14} 相遇

根据文献[19]的结论，假设车辆行驶通过一个路段的时间服从高斯分布。例如，车辆通过路段 $s_{i,j}$ 的时间 $t_{i,j}$ 服从高斯分布，即 $t_{i,j} \sim \varGamma(\beta,\lambda)$。其中，$1/\lambda$ 是表示分布的缩放参数，而 β 表示分布的形状参数。为了计算 β 和 λ，我们需要获取 $t_{i,j}$ 的均值和方差，而用户车辆和移动云服务器具有不同的 β 和 λ。如图 9-2 所示，用户车辆将会依次通过路口 I_1、I_4 以及 I_2，最后到达目的路口 I_3。定义 $t_{g_x,i}$ 和 $t_{g_x,j}$ 分别表示用户车辆 g_x 到达路口 I_i 和 I_j 的时间。同时，我们用 $t_{b_y,i}$ 和 $t_{b_y,j}$ 表示移动云服务器 b_y 到达路口 I_i 和 I_j 的时间。众所周知，用户车辆的平均速度远大于移动云服务器的平均速度，即 $v(g_x) \gg v(b_y)$ ($g_x \in G, b_y \in B$)。针对用户车辆在经过路段所相遇的移动云服务器，定义符号 N^{g_x} 和 B^{g_x} 分别表示用户车辆 g_x 在路段 $s_{i,j}$ 所相遇移动云服务器的数目和集合。如果 $b_y \in B^{g_x}$，可得

$$t_{b_y,i} \leq t_{g_x,i} \cap t_{g_x,j} \leq t_{b_y,j} \tag{9-13}$$

式中，$A \cap B$ 表示由所有属于集合 A 且属于集合 B 的元素所组成的集合。定义 t^{g_x} 和 t^{b_y} 分别表示用户车辆 g_x 和移动云服务器 b_y 行驶通过路段 $s_{i,j}$ 的时间，则 $t_{g,j}$ 和 $t_{b,j}$ 可以分别表示为 $t_{g,j} = t_{g,i} + t^{g_x}$，$t_{b,j} = t_{b,i} + t^{b_y}$。同时，我们可以得到关于 t^{b_y} 的限制条件

$$t_{g_x,i} + t_{i,j}^{g_x} - t_{i,j}^{b_y} \leq t_{b_y,i} \leq t_{g_x,i} \tag{9-14}$$

不难发现，如果用户车辆 g_x 要与移动云服务器 b_y 在路段 $s_{i,j}$ 相遇，则需要满足以下条件：

(1) 用户车辆 g_x 到达路口 I_i 的时间晚于移动云服务器 b_y 到达路口 I_i 的时间。

(2) 用户车辆 g_x 离开路口 I_i 的时间早于移动云服务器 b_y 到达路口 I_i 的时间。

因此，g_x 在未来经过路段所相遇的移动云服务器数量可以表示为

$$N^{g_x} = \sum_{s_{i,j} \in S_x} N_{i,j}^{g_x} \tag{9-15}$$

此外，在移动云服务器相遇预测（encounter buses prediction，EBP）阶段，每个用户车辆都会记录自己已经相遇过的移动云服务器的数量。

9.4.2 无线传输速率估计阶段

在无线传输速率估计（transmission rate estimation，TRE）阶段，用户车辆 g_x 将会预测其与移动云服务器 b_p 的链路持续时间长度 C_{g_x} 以及估计在 C_{g_x} 内每个时隙的无线数据传输速率。在本章所考虑的多车道场景中，影响 C_{g_x} 的主要因素两个：①用户车辆 g_x 和移动云服务器 b_p 之前的相对速度；②用户车辆 g_x 和移动云服务器 b_p 所行驶的路段之间的距离。本章所考虑的运动模型是被广泛采用的匀速模型。基于上述讨论，下面介绍用户车辆估计无线传输速率的过程。g_x 在行驶过程中将会以频率 f_t 一直广播数据迁移请求（offloading request，OR）。其中，数据迁移请求包括请求迁移的数据量 D_{g_x} 以及用户车辆 g_x 的速度。同时，g_x 会记录每次广播迁移请求的时间。当移动云服务 b_p 收到数据迁移请求时，它将会给用户车辆返回一个请求确认（acknowledgement，ACK），其中包括移动云服务器的速度 $v(b_p)$，收到迁移请求的

多普勒频移 f_d 以及收到迁移请求的时间。最后，收到迁移请求确认的用户车辆将会向移动云服务器发送迁移确认（offloading-acknowledgement，O-ACK），其中包括链路持续时间 C_{g_x}，任意时隙 l 的无线传输速率 $r_{g_x}(l)$。

如图 9-3 所示，用户车辆 g_x 在位置 A 广播了数据迁移请求，并在位置 B 收到了请求确认。同时，g_x 记录了位置 A 和 B 之间的行驶时间。由于用户车辆的速度远高于移动云服务器，它们之间的相对速度 $v(g_x \to b_p)$ 可以记作 $v(g_x \to b_p) = v(g_x) - v(b_p)$，因此 AB 的长度可以表示为 $\overline{AB} = v(g_x \to b_p) \cdot \varepsilon$，由于 $f_d = f_t \cdot v(g_x \to b_p) \cdot \cos\theta / c$，可知

$$\cos\theta = \frac{cf_d}{f_t \cdot v(g_x \to b_p)} \tag{9-16}$$

式中，c 表示光速。基于式 (9-16) 我们可以得到 $\overline{AC} = 2R\cos\theta$，并且可以推导得到用户车辆 g_x 和移动云服务器 b_p 之间的链路持续时间 C_{g_x} 为

$$C_{g_x} = \frac{\overline{AC} - \overline{AB}}{v(g_x \to b_p)} = \frac{2R\cos\theta - (v(g_x) - v(b_p))\varepsilon}{v(g_x) - v(b_p)} \tag{9-17}$$

依据系统模型中的设置，$C_{g_x} = [x_s x_e](x_s \geq 1, g_x \in G_L)$，$x_s$ 表示用户车辆 g_x 与移动云服务器建立通信链路的开始时间。x_s 和 x_e 的关系可以表示为 $x_e - x_s + 1 = C_{g_x}/\tau$，对于任意时隙 $l(x_s \leq l \leq x_e)$，用户车辆可以计算得到相应的 $\overline{AB_l} = \overline{AB} + \tau \cdot (l - x_s) \cdot v(g_x)$，根据上述讨论，可以计算得到第 l 个时隙用户车辆和移动云服务器之间的车间距 $d_{g_x,l}$

$$d_{g_x,l} = \begin{cases} \sqrt{R^2 + \overline{AB_l}^2 - 2R \cdot \overline{AB_l} \cdot \cos\theta}, & x_s \leq l \leq x_e \\ \infty, & \text{其他} \end{cases} \tag{9-18}$$

在计算得到 $d_{g_x,l}$ 之后，依照系统模型，用户 g_x 车辆可以获得在相应时隙与移动云服务器 b_p 之间的无线传输速率。随后，g_x 将向 b_p 发送迁移确认。

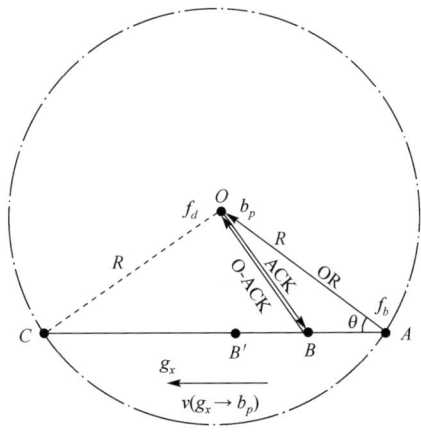

图 9-3 用户车辆预测链路持续时间及无线传输速率

9.4.3 动态时隙调度分配阶段

根据前两个阶段所获得的信息,本节主要介绍了移动云服务器 b_p 如何动态地为多个用户车辆分配时隙资源。首先,移动云服务器 b_p 针对每个用户车辆建立了相应的迁移数据收益矩阵,具体如式(9-19)所示。这是因为在每个时隙都会有新的用户车辆进入 b_p 的通信范围并提出数据迁移请求,也会有用户车辆驶离 b_p 的通信范围;此外,用户车辆与移动云服务器之间的无线传输速率也会随着车间距的变化而改变。因此,用户车辆的迁移数据收益在不同时隙可能会有所不同。

$$P_{g_x}^{(l)} = \begin{cases} r_{g_x}(l), & l \in [x_s, x_e], D_{g_x} - u_{g_x}(l) \geq r_{g_x}(l) \\ D_{g_x} - u_{g_x}(l), & l \in [x_s, x_e], 0 < D_{g_x} - u_{g_x}(l) \geq r_{g_x}(l) \\ 0, & \text{其他} \end{cases} \quad (9\text{-}19)$$

式中,$u_{g_x}(l)$ 表示用户车辆 g_x 在第 l 个时隙已经迁移的数据总量;$u_{g_x}(l) = \sum_{j=1}^{l} A_{g_x, j} \cdot a_{g_x, j}$。

当在同一时隙有多个用户车辆向移动云服务器发送迁移确认时,由于接入控制的限制,移动云服务器只能选择一个用户车辆提供数据迁移服务,移动云服务器将根据迁移确认和收益矩阵为用户车辆分配时隙资源,即设计迁移决策函数(offloading decision function)以帮助移动云服务器在任意时隙 l 做出迁移决策,选择所要服务的用户车辆 $g^{(l)}$

$$g_d^{(l)} = \max_{g_x \in G_L} \left\{ (1-\alpha) \frac{P_{g_x}^{(l)}}{r^{\text{ideal}}} + \alpha \frac{n^{g_x}}{N^{g_x}} \right\} \quad (9\text{-}20)$$

式中,$\alpha \in [0,1]$ 为权重因子;r^{ideal} 是根据香农定理得到的无线传输速率的理想值;n^{g_x} 是用户车辆 g_x 在历史路径中已经相遇的移动云服务器数量。式(9-20)所提出迁移决策函数综合考虑了迁移公平性和吞吐量的影响,第一项表示吞吐量的影响;第二项表示迁移公平性的影响。由于用户在未来路径中与其他移动云服务器相遇的可能性将会随着 n^{g_x}/N^{g_x} 的增大而降低,因此,n^{g_x}/N^{g_x} 越大,表明用户车辆的数据迁移请求越紧急。而迁移决策函数则会赋予紧急的数据迁移请求更高的优先级,以此来保证多用户之间的迁移公平性。

基于以上三个阶段的信息和推导,下面我们将介绍内容迁移机制的详细内容,伪代码见算法 9-1。移动云服务器相遇预测阶段和无线传输速率估计阶段主要由用户车辆完成,首先,用户车辆预测未来路径将会相遇的移动云服务器数量。其次,用户车辆执行算法中第 5~9 行以估计 C_{g_x} 和 $r_{g_x}(l)$。而动态时隙调度分配阶段主要由移动云服务器完成,移动云服务器执行算法中第 11~14 行实时地完成时隙资源分配。

算法 9-1：基于移动网络的内容迁移机制

(1) 输入：时隙数量 T_L，g_x 请求迁移的数据量 D_{g_x}。
(2) 阶段一：移动云服务器相遇预测阶段。
(3) 用户车辆预测未来将会相遇的移动云服务器的数量。
(4) 阶段二：无线传输速率估计阶段。
(5) 用户车辆广播 OR。
(6) 移动云服务器收到 OR 后向用户车辆返回 ACK。
(7) 用户车辆计算与移动云服务器的链路持续时间 C_{g_x}。
(8) 用户车辆计算任意时隙 l 的无线传输速率 $r_{g_x}(l)$。
(9) 用户车辆向移动云服务器发送 O-ACK。
(10) 阶段三：动态时隙调度分配阶段。
(11) For $l=1$：T_L do：
(12) 移动云服务器建立收益矩阵 $P_{g_x}^{(l)}$。
(13) 移动云服务器进行迁移决策，在第 l 个时隙为 $g^{(l)}$ 进行数据迁移服务。
(14) End For。
(15) 输出：动态数据迁移机制。

当移动云服务器 b_p 在路段 $s_{i,j}$ 行驶，利用该算法为用户车辆提供服务，服务器所迁移的数据总量 $W_{s_{i,j}}$ 可以表示为

$$W_{s_{i,j}} = \sum_{l=1}^{T_L} P_{g_d^{(l)}}^{(l)} \tag{9-21}$$

同时，迁移服务公平指数可以表示为

$$I_{\text{fairness}} = \frac{\left(\sum_{g_x \in G_L} \left(\frac{\sum_{j \in T_L} A_{g_x,j} \cdot a_{g_x,j}}{D_{g_x}} \right) \right)^2}{k \cdot \sum_{g_x \in G_L} \left(\frac{\sum_{j \in T_L} A_{g_x,j} \cdot a_{g_x,j}}{D_{g_x}} \right)^2} \tag{9-22}$$

9.5 仿真结果与分析

9.5.1 仿真设置

在仿真实验中假设车辆沿着由多路段组成的轨道行驶，每个路段具有多车道，

路段长为 L。道路的车辆密度 ρ 通过为每一车道分配特定比例数量的用户车辆及移动云服务器来实现。用户车辆和移动云服务器均以匀速在道路上行驶，行驶速度服从均值为 μ 的高斯分布。同时，本节基于 MATLAB 仿真平台建立了上述道路及运动模型。为体现本章所提出的内容迁移机制（moving network based content offloading，MNCO）的性能，本节还提出了两种比较方案。

（1）贪婪迁移机制（greedy-based offloading algorithm，GBOA）：GBOA 以最大化吞吐量作为目标，即移动云服务器在每个时隙选择具有最大无线传输速率的用户车辆作为服务对象。

（2）基于迁移请求顺序的迁移机制（sequence-based offloading algorithm，SBOA）：SBOA 按照收到用户车辆的数据迁移请求进行服务，即赋予先提出迁移请求的用户车辆更高的迁移优先级。

本节主要比较了三种方案在 T_L 时间内的吞吐量以及迁移公平性指数。

9.5.2 用户车辆密度对数据迁移性能的影响

图 9-4 和图 9-5 展示了不同比较方案的迁移公平性指数和吞吐量性能。由图 9-4 可以看出，本章所提出的 MNCO 机制在目标系统条件下得到了最大的迁移公平性指数，即更多的用户车辆获得了数据迁移的机会。对于其他两种方案，由于没有考虑迁移公平性的影响，公平性指数明显差于 MNCO 机制。而 MNCO 机制的迁移决

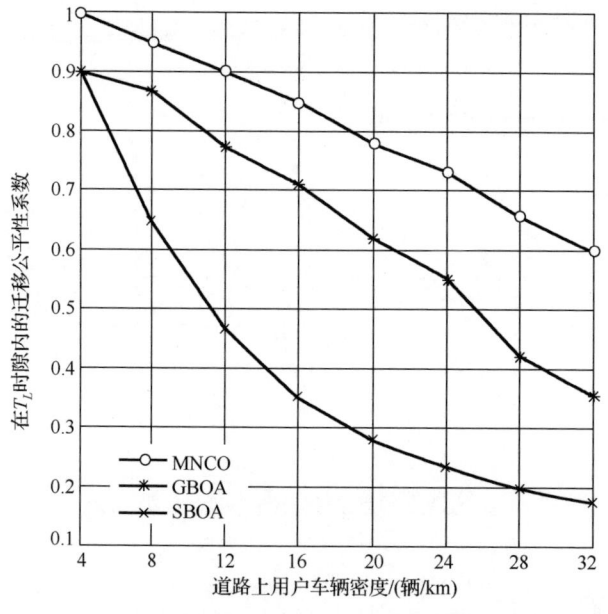

图 9-4 在 T_L 时隙内的迁移公平性系数比较图

策函数，考虑了每个用户车辆在未来路径遇到移动云服务器的可能性，并将这一影响因素量化，为紧急的数据迁移请求赋予更高的优先级。此外，随着车辆密度的提升，三种比较机制的公平性系数均不断下降，这是因为移动云服务器的时隙资源有限，即承载用户数量的能力有限。

图 9-5 比较了三种方案下的数据迁移吞吐量性能。由于 MNCO 机制同时考虑了迁移公平性和吞吐量的影响，因此，移动云服务器在每个时隙所选择的迁移服务器对象可能不具有最高传输速率，这可能会略微地牺牲吞吐量性能。如图 9-5 所示，MNCO 机制的吞吐量略低于 GBOA，差距非常小。而且，随着道路上用户车辆密度不断增加，MNCO 机制的吞吐量也越来越接近系统的吞吐量上限（system throughput limitation，STL）。系统的吞吐量上限是指在理想条件下，移动云服务器每次都选择具有最大传输速率的用户车辆进行服务。

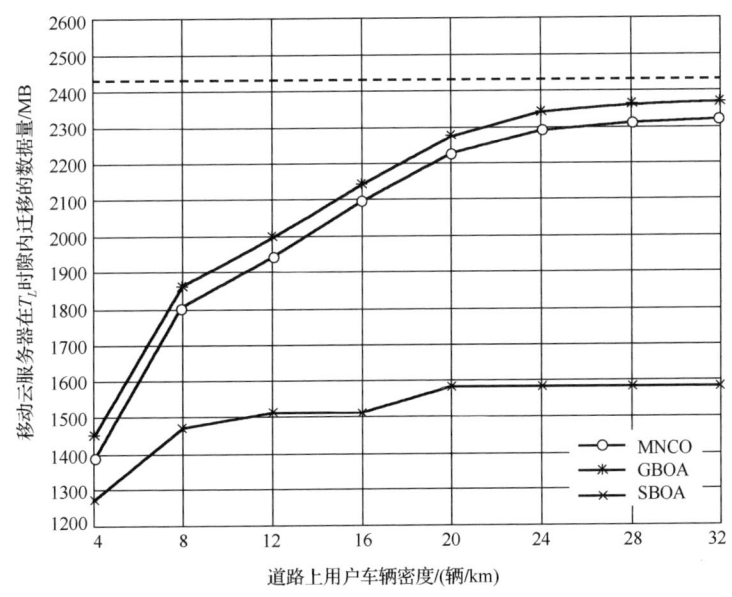

图 9-5　移动云服务器在 T_L 时隙内迁移的数据量比较图

9.5.3　权重因子对数据迁移性能的影响

图 9-6 展示了不同车辆密度以及不同权重因子对于迁移公平系数性能的影响。如图 9-6 所示，当 α 取值为 0.1～0.3 时，迁移公平系数随着 α 增大而增加，这也表明 MNCO 机制赋予具有紧急迁移请求的用户车辆较高的优先级并有助于提升迁移公平性系数。而当 α 取值大于 0.3 时，BBCO 机制则会侧重于迁移决策函数中的 n^{g_x}/N^{g_x} 的影响，导致赋予相应的用户车辆过高的优先级，从而迁移公平性指数表现出较差的性能。因此，权重因子的合理取值为 0.1～0.3。

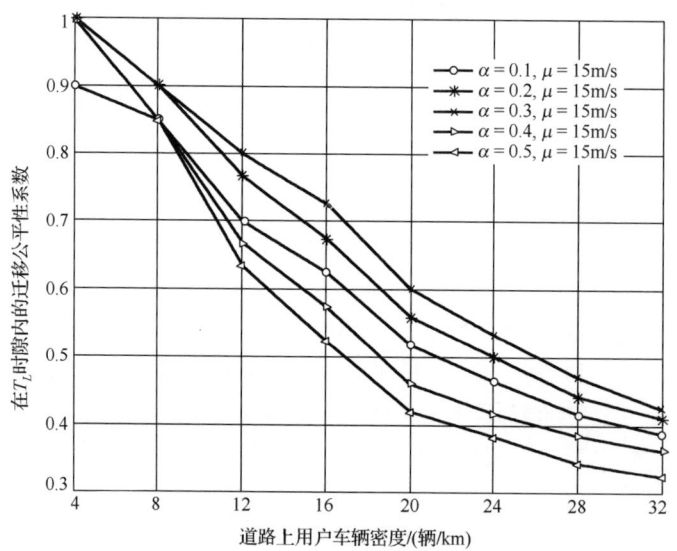

图 9-6　不同权重因子条件下迁移公平性系数比较图

图 9-7 比较了不同权重因子条件下的数据迁移吞吐量性能。如图 9-7 所示,当 α 较大时(大于 0.3),迁移吞吐量有了明显下降。此外,当道路车辆密度较低时,α 的取值并不影响迁移吞吐量性能。

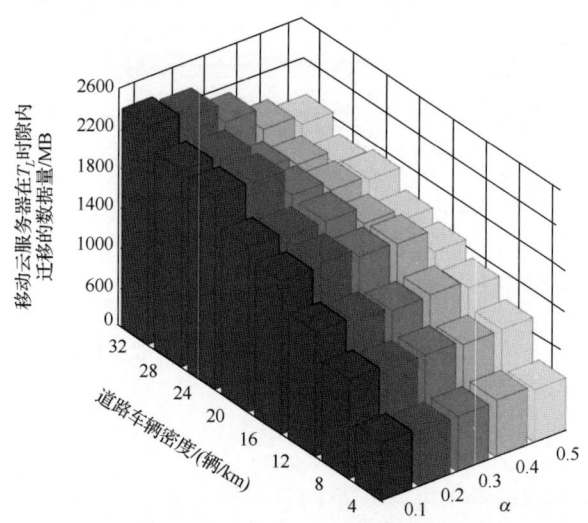

图 9-7　不同权重因子条件下移动云服务器的迁移数据量比较图

9.5.4　用户车辆平均速度对数据迁移性能的影响

图 9-8 展示了用户车辆平均行驶速度对迁移公平性系数的影响。当 μ 较低时,

MNCO 可以刚好地兼顾迁移公平性系数的性能。例如，在不同车辆密度条件下，$\mu=12m/s$ 对应的迁移公平性系数 $I_{fairness}$ 总是比其他较高平均速度时更大。这是因为当用户车辆以较低速度行驶时，与移动云服务器有更长的链路持续时间，这也说明用户车辆有更多的迁移机会。

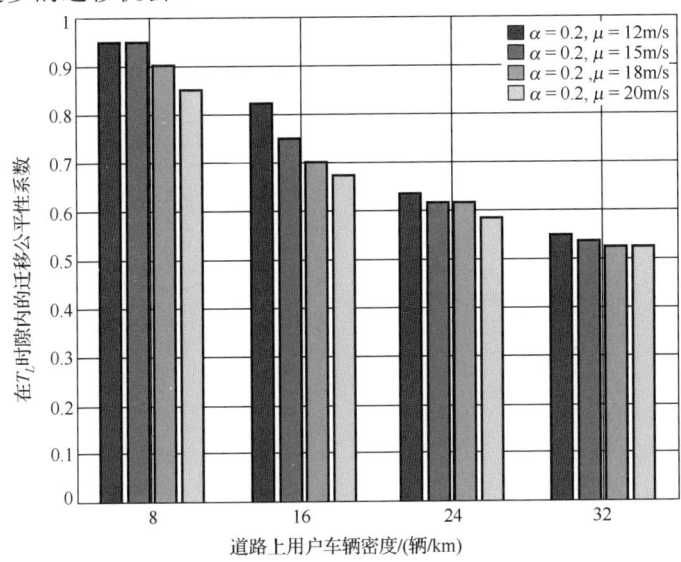

图 9-8　不同平均速度条件下迁移公平性系数比较图

图 9-9 展示了用户车辆平均行驶速度对迁移数据量的影响。从图 9-9 中我们可

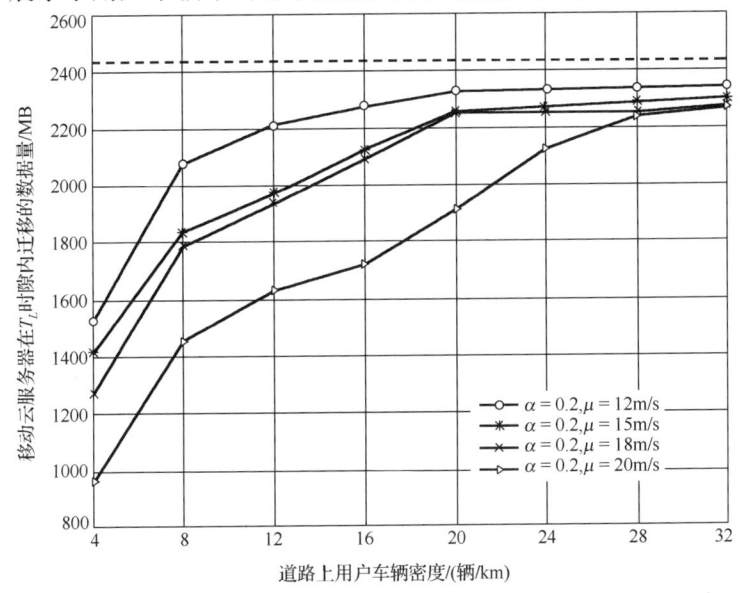

图 9-9　不同平均速度条件下移动云服务器的迁移数据量比较图

以看出,迁移数据量随着 μ 的增大不断降低,这是由于较高的速度行驶会导致用户车辆和移动云服务器之间较短的链路持续时间,迁移数据量也因此会受到影响。此外,当用户车辆以较低速度行驶时(μ=12m/s),迁移数据量更接近系统的吞吐量上限。

9.6 本章小结

本章研究了车联网场景中的数据迁移机制,综合均衡了吞吐量最大化和迁移公平性之间的影响,考虑了车辆移动特性和无线信道衰落对通信链路持续时间以及无线传输速率的影响,给出了预测未来路径相遇移动云服务器以及估计无线传输速率的方法,提出了基于移动云服务器的数据迁移机制 MNCO,保证在迁移公平性的前提下,最大化吞吐量性能。

(1)本章针对车联网场景中网络拓扑结构变化快,用户车辆与固定基础设施链路持续时间短的问题,采用了移动云服务器的方式,延长了用户车辆与服务器的链路持续时间。

(2)本章提出了联合考量吞吐量和迁移公平性影响的迁移机制,该机制分为三个阶段,给出了预测相遇服务器数量以及估计无线传输速率的方法,并量化了影响因素。仿真结果表明,该算法可以最大化迁移吞吐量,保证迁移机会公平性。

参 考 文 献

[1] Hwang I, Song B, Soliman S S. A holistic view on hyper-dense heterogeneous and small cell networks. IEEE Communications Magazine, 2013, 51(6): 20-27.

[2] Gaspar I S, Wunder G. 5G cellular communications scenarios and system requirements. Technical Report. [2014-10-01]. https: // www.5gnow.eu.

[3] Andrews J G, Buzzi S, Choi W, et al. What will 5G be?. IEEE Journal on Selected Areas in Communications, 2014, 32(6): 1065-1081.

[4] Popovski P. ICT-317669-METIS/ D1.1 Scenarios, requirements and KPIs for 5G mobile and wireless system. Technical Report. [2014-10-01]. https: //www.metis2020.com.

[5] 3GPP TR 36.836. Technical specification group radio access network: Mobile relay for evolved universal terrestrial radio access (E-UTRA). Technical Report. [2014-10-01]. http://www.3gpp.org.

[6] Phan V V, Horneman K, Yu L, et al. Providing enhanced cellular coverage in public transportation with smart relay systems. Proceedings of IEEE Vehicular Networking Conference (VTC), New Jersey, 2016.

[7] Sui Y, Vihrälä J, Papadogiannis A, et al. Moving cells: A promising solution to boost

performance for vehicular users. IEEE Communications Magazine, 2013, 51(6): 62-68.

[8] Aronsson D. D3.4 relay configurations. Technical Report. [2014-10-01]. https://ictartist4g.eu/projet/deliverables.

[9] Samdanis K, Taleb T. Traffic offload enhancements for EUTRAN. IEEE Communications Surveys and Tutorials, 2012, 14(3): 884-896.

[10] Liu K, Lee V. RSU-based real-time data access in dynamic vehicular networks. Proceedings of IEEE International Conference on Intelligent Transportation Systems (ITSC), Funchal, 2010: 1051-1056.

[11] Liu N, Liu M, Chen G, et al. The sharing at roadside: Vehicular content distribution using parked vehicles. Proceedings of IEEE International Conference on Computer Communications (INFOCOM), Orlando, 2012.

[12] 陈瑞凤. 车载网络系统性能分析与组网部署研究. 北京: 北京交通大学, 2016.

[13] Zhang R, Cheng X, Yang L, et al. A novel centralized TDMA-based scheduling protocol for vehicular networks. IEEE Transactions on Intelligent Transportation Systems, 2015, 16(1): 411-416.

[14] Hao Y, Tang J, Cheng Y, et al. Secure data downloading with privacy preservation in vehicular ad hoc networks. Proceedings of IEEE International Conference on Communications (ICC), Shanghai, 2010: 1-5.

[15] Ren X, Liang W, Xu W. Data collection maximization in renewable sensor networks via time-slot scheduling. IEEE Transactions on Computing, 2014, 64(7): 1870-1887.

[16] Cheng L, Henty B, Stancil D, et al. Mobile vehicle-to-vehicle narrow-band channel measurement and characterization of the 5.9GHz dedicated short range communication (DSRC) frequency band. IEEE Journal on Selected Areas in Communications, 2007, 25(8): 1501-1516.

[17] Abbas T, Sjoberg K, Karedal J, et al. A measurement based shadow fading model for vehicle-to-vehicle network simulations. International Journal of Antennas and Propagation, 2015: 1-12.

[18] Luan T, Shen X, Bai F. Integrity-oriented content transmission in highway vehicular ad hoc networks. Proceedings of IEEE International Conference on Computer Communications (INFOCOM), Turin, 2013: 2562-2570.

[19] Xu F, Guo S, Jeong J. Utilizing shared vehicle trajectories for data forwarding in vehicular networks. Proceedings of IEEE International Conference on Computer Communications (INFOCOM), Shanghai, 2011: 441-445.

第 10 章 总结与展望

未来的高速铁路将向着智能化、智慧化方向发展。在未来的铁路场景中,成功部署 5G 网络和提供服务之前,仍然存在许多挑战。这些铁路场景包括设备到设备、天地空一体化网络、物联网、安全和人工智能等[1,2]。

10.1 智能铁路 D2D

当基站和列车之间的无线链路发生故障时,运营商可以将直接 D2D 通信视为紧急通信工具,该工具是整个无线接入解决方案的集成部分。使用直接 D2D 通信可以被视为将覆盖范围扩展到传统基础设施(基于设备的中继)范围之外的手段。D2D 还可以在列车车厢内提供基础设施的故障警报和监控。

将 D2D 应用于铁路场景的挑战反映在以下几个方面。首先,在覆盖网络不可用的情况下,依然可以进行 D2D 通信。因此,必须有 D2D 链路才能建立无网络控制/协助。此外,由于列车的高移动性,D2D 链路是不稳定的。

协作设备具有高数据速率设备间通信,为运营商提供了在多个设备之间联合传输和/或接收的手段;因此,它们提供了与网络设备连接进行更有效通信的机会。注意,这可以看作一种协调的发送/接收;但是,这将在设备端而不是在网络端。

关键是要将 D2D 通信视为整体无线接入解决方案的一个良好集成部分。因此,应该从 5G 定义的开始就考虑 D2D 通信,而不是将其作为后来引入的附加选项。

10.2 智能铁路空天地一体化网络

在铁路场景中使用卫星、飞艇、无人驾驶飞行器和其他空中平台具有许多优点。例如,它可以为数据提供有效的 E2E 传输服务,并为智能铁路网络检测数据、早期预警信息和远程决策。然而,在空、天、地和铁路设备中实现综合信息传输和处理对于 5G-R 来说是一项挑战。

首先,应建立高数据速率的无线连接,以支持空天地一体化网络产生的大量数据。其次,空天地一体化网络中平流层飞艇和无人驾驶飞行器不能在强降雨或强风条件下使用。为解决这些问题,设计人员应在统一控制下提供有效的数据分发和资源共享方案。

10.3 智能铁路物联网

除了实时查询和跟踪列车位置以及其货物的整个过程,还可以开发铁路物联网,整合铁路基础设施的传感信息,包括桥梁、高架桥、隧道、漏水供料器、铁路缝隙、冻土和护坡。这可以通过安装各种传感设备来完成,例如,红外线、声音传感器和温度传感器。

近年来,物联网技术逐渐引起了全球铁路部门、行业和研究机构的关注。发展铁路物联网,建立基于物联网的铁路安全信息保障体系,是铁路信息与工业化深度融合的重要方向。

然而,研究人员应进一步地探索物联网中的移动通信问题,然后对高速复杂多天线场景、高速中继通信和认知无线通信关键技术的无线电传播信道建模进行了相应研究。同样,还应进一步地研究评估和优化铁路无线网络资源管理机制。设计人员还需要开发和构建铁路设备与设施安全监控系统的闭环管理,收集移动设备和固定设施的实时信息,分析配置,确保安全运行。此外,需要建立自然灾害(例如,风、雨、雪和地震)以及异物侵入的监测系统,以满足监测铁路运营的高安全需求。

10.4 智能铁路移动网络

移动网络(moving network,MN)技术是用于部署基于列车天线系统的常用方法,以避免由金属列车外壳引起的穿透损失。同样,MN 技术可以适用于处理分布在列车车厢内甚至整个列车上的移动终端。这个简单的方法有利于改进和实现上述协议/方案的高效物理层设计。首先,通过将所有终端作为整体处理,轨道侧基础设施(例如,BS)处理高移动性产生的信令负担将显著减少。以这种方式,BS 可以分配更多资源用于执行更复杂的处理算法,以便在其自身与 MN 实体之间保持更好的性能。其次,MN 架构可以用作自然结构,以应用最新的云或边缘云服务,并满足来自乘客或列车监控系统的大量以数据为中心的应用。最后,MN 架构还为通信服务提供商提供了一个新的角度,为通信服务提供商创建新的服务或增加其收入提供了可能。

10.5 智能铁路安全

5G-R 系统的运营商应该能够安全地收集信息,这些信息可以通过数据分析增强用户和服务体验(例如,速度、位置)。安全性是运营商应该为其客户提供的基本功能之一,尤其是列车运营控制系统。5G-R 将支持广泛的应用和环境,涵盖基于人的通信和基于机器的通信。因此，相应的技术应该能够处理大量需要保护的敏感数据，以防止未经授权的访问、使用、中断、修改、检查、攻击等。提供这样的一整套功能以保证高安全性是 5G-R 系统的核心需求。因此，5G-R 应该被设计为提供更多选项，超越当今移动系统中可用的节点到节点和端到端安全性。因此，这种设计将保护用户的数据并防止或减轻任何可能的网络安全攻击。

另外，运营商应该保护铁路通信和信号免受电磁攻击，他可以识别易受攻击的场景和设备。同样，研究人员和开发人员应该对攻击情景进行风险分析，提出响应，开发检测电磁攻击的解决方案，并设计合适的架构以对抗此类攻击。

10.6 智能铁路人工智能

最近，由于人工智能(artificial intelligence，AI)在计算机视觉、自然语言处理、自动语音识别和无线通信方面取得了巨大成功，其已经在计算机领域中变得非常流行。未来的智能铁路认为 AI 是 5G-R 网络的重要方向；AI 将使网络能够处理大量数据，动态识别和适应复杂场景，并满足高速和实时信号处理能力的要求。

请注意，目前存在的 AI 方法是数据驱动的。他们使用标准的神经网络结构作为黑盒子，然后通过大量数据进行训练。通过将 AI 集成到物理层和其上层，智能铁路通信系统将能够自动地适应信号和传播场景的属性，从而获得有效的部署。然而，目前用于通信网络的 AI 方案的设计很简单。为了提高网络性能，我们应该采用专门的 AI 架构进行 5G-R 通信，该架构需要考虑铁路场景的特殊性和严格的指标。

最重要的是，随着先进通信技术的发展，铁路将变得更加智能。

参 考 文 献

[1] 易芝玲, 艾渤, 王森, 等. 高速铁路中的5G关键技术及解决方案. FuTURE论坛白皮书, 2017.
[2] 中国移动集团, 华为, 北京交通大学. 中国移动智慧车站白皮书. [2018-08-01]. https://www.sohu.com/a/249242923_120921.

索　引

5G-R，36
5G-R 业务分类，51
C-RAN，64
D2D，68
Nakagami 分布，176
半静态调度(SPS)，169
保护间隔，161
场景划分，27
超可靠低时延通信(URLLC)，42
串联扩频多址技术(TSMA)，141
串行干扰消除(SIC)，129
大尺度衰落，175
大规模机器通信系统(mMTC)，141
带宽分块(BWP)，162
低密度扩频(LDS)，133
第三代合作伙伴计划(3GPP)，35
动车组，2
动态时隙调度分配，179
多普勒扩展，156
多普勒频移，33
多用户共享接入技术(MUSA)，140
多址干扰(MAI)，128
非连续传输(DTX)，166
非正交多址接入(NOMA)，128
分布式天线系统，61
概率密度函数，176
高速铁路，1
海量机器类通信(eMTC)，42
毫米波(mmWave)，58
基于通信的列车控制(CBTC)，24

快速混合自动重传请求，154
里德-所罗门(GRS)，143
列控关键(mission-critical)业务，153
路边单元(RSU)，174
路损因子，83
免调度随机接入，146
内容迁移机制(MNCO)，182
人工智能，190
软件定义网络，63
瑞利信道，74
时延扩展，156
探测参考信号(SRS)，165
铁路通信异构网络，61
铁路物联网(IOT-R)，65
铁路专用宽带移动通信(LTE-R)，25
铁路专用通信系统，23
铁路综合数字移动通信系统(GSM-R)，24
通用分组无线业务(GPRS)，31
同步信道，155
图样分割多址技术(PDMA)，138
吞吐量，177
网络功能虚拟化，63
网络切片，65
无线传输速率估计，179
稀疏码分多址技术(SCMA)，133
先进的信息与通信技术(ICT)，40
消息传递算法(MPA)，134

信道测量，74
信道建模，74
虚拟架构管理器，65
循环前缀，154
移动性网络，173
移动云服务器，177
载波频率偏移（CFO），148

载波侦听多址访问（CSMA/CA），176
增强型广播/多播（eMBMSs），155
增强移动宽带（eMBB），42
正交扩频序列，141
智能化高速铁路，19
最大距离可分离（MDS），143

彩　　图

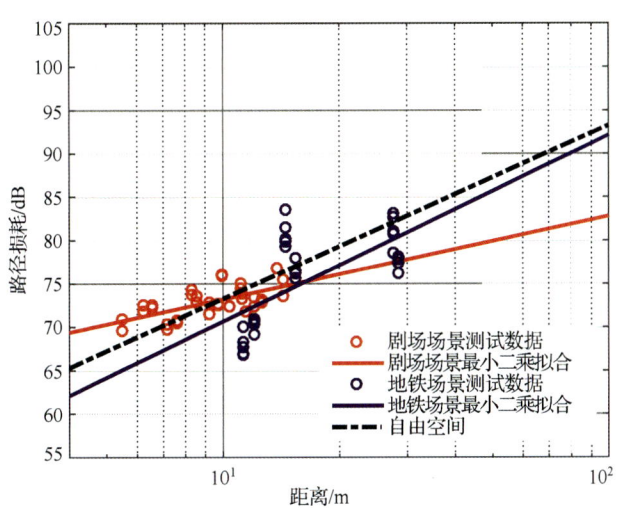

图 5-10　剧场场景及地铁站场景 11GHz LOS 成分路径损耗随距离变化

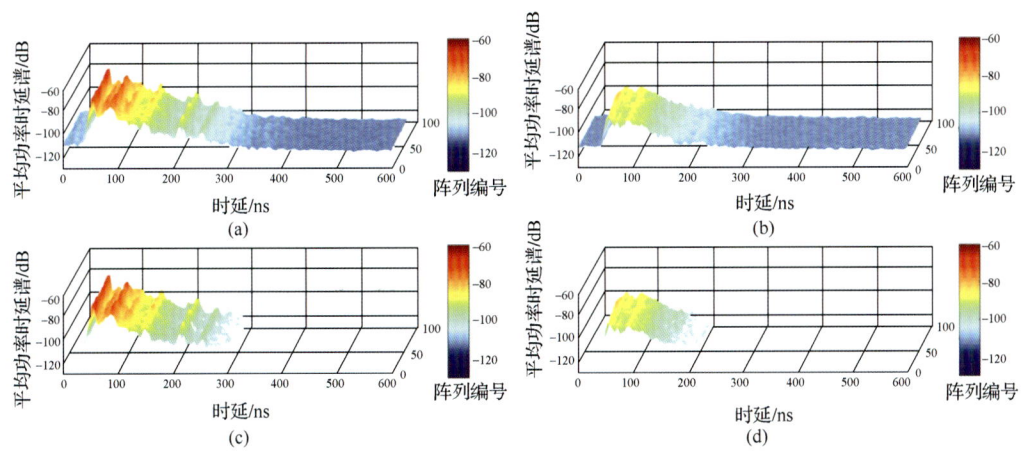

图 5-11　报告厅 LOS/NLOS 场景 Massive MIMO APDP 示例

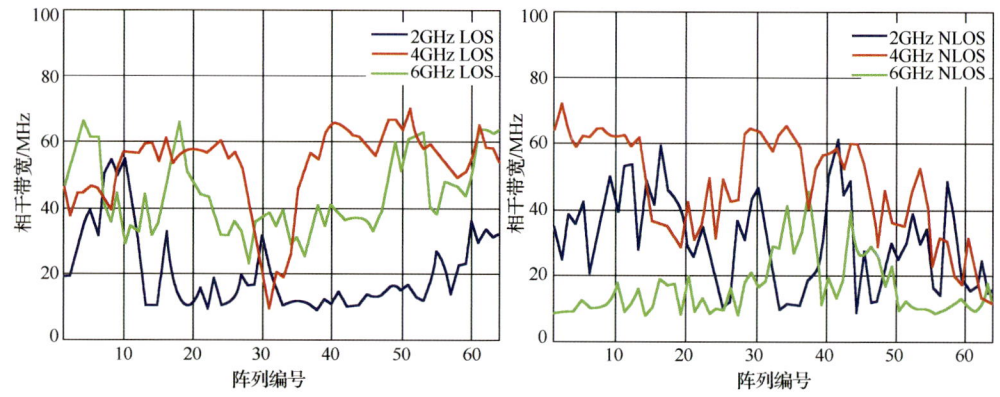

图 5-17 封闭空间 LOS/NLOS 场景 Massive MIMO 相干带宽分析示例

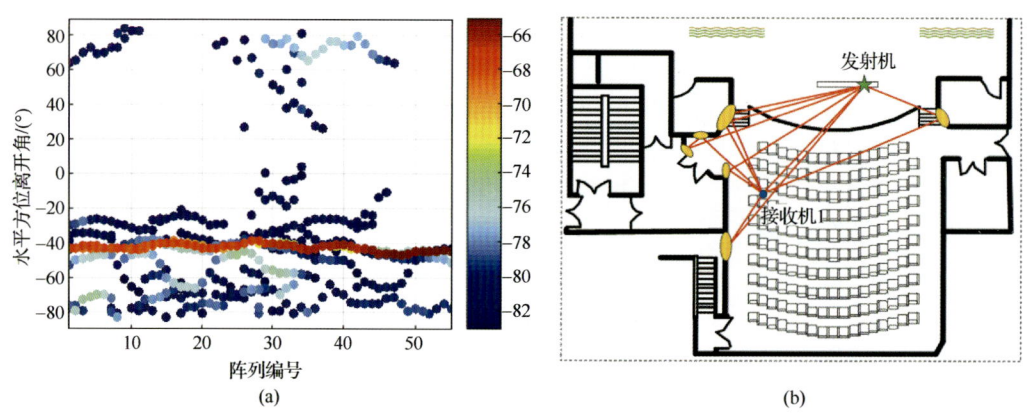

图 5-19 剧场场景 11GHz 下 SAGE 多径估计及反散射体定位示例 1

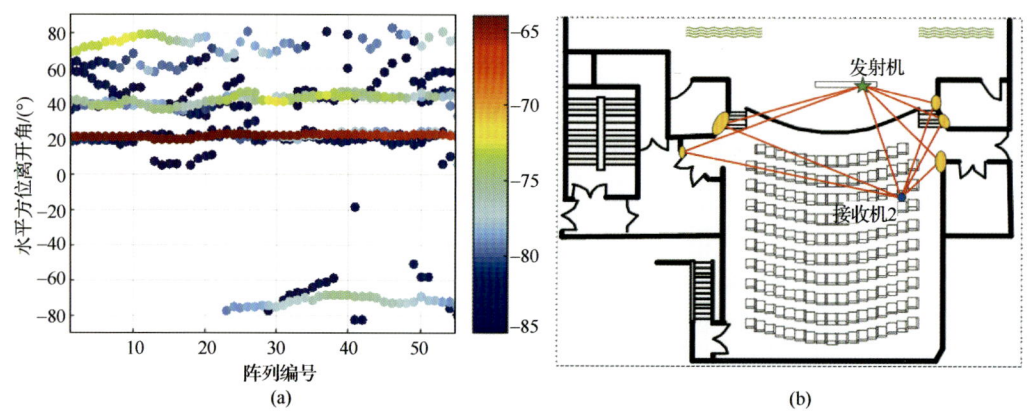

图 5-20 剧场场景 11GHz 下 SAGE 多径估计及反散射体定位示例 2

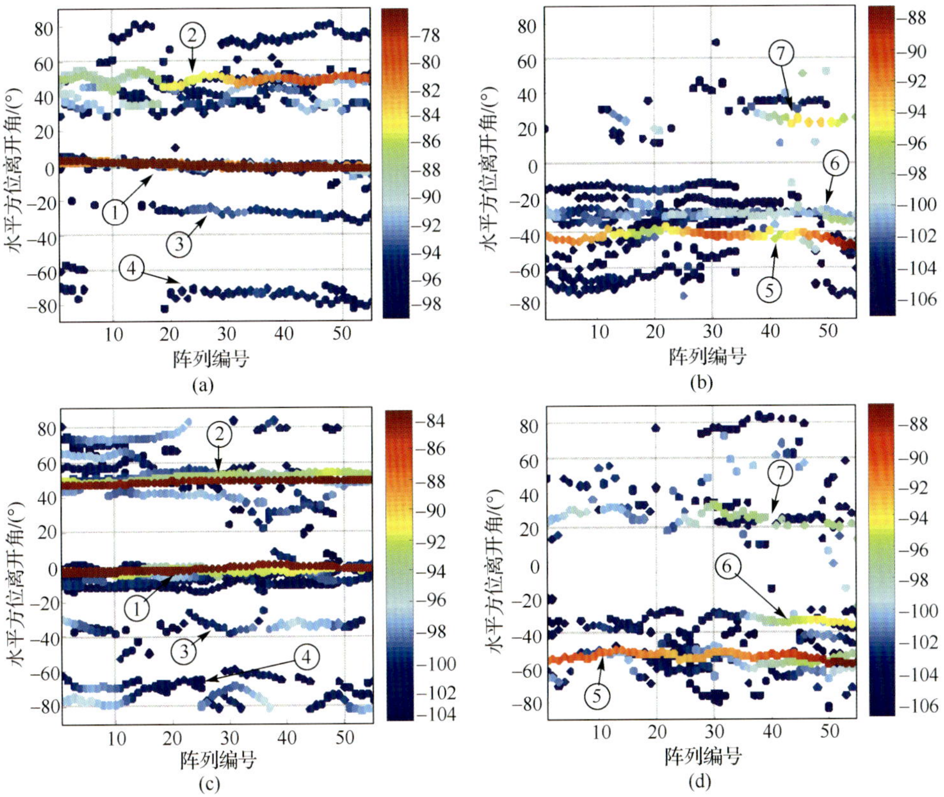

图 5-24 办公楼大厅 11GHz Massive MIMO 信道多径估计结果

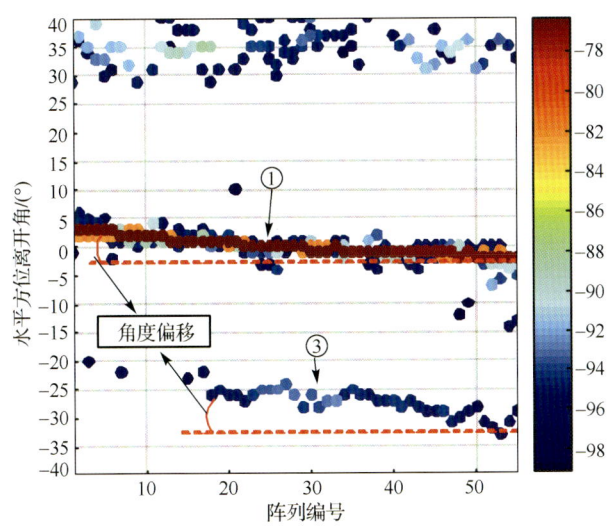

图 5-25 办公楼大厅 11GHz Massive MIMO 信道球面波传播示意图

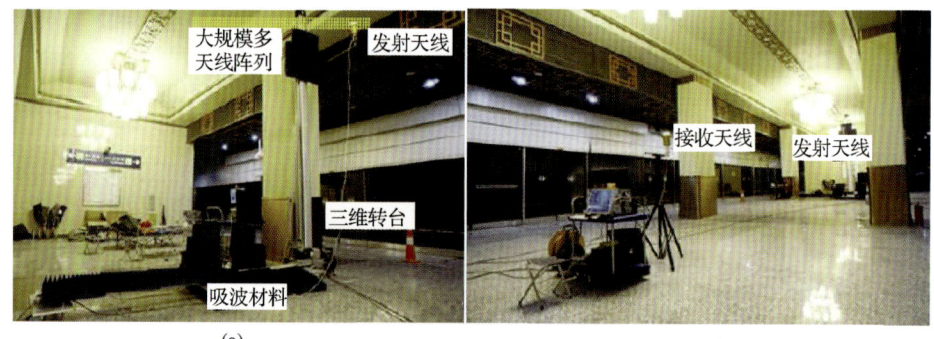

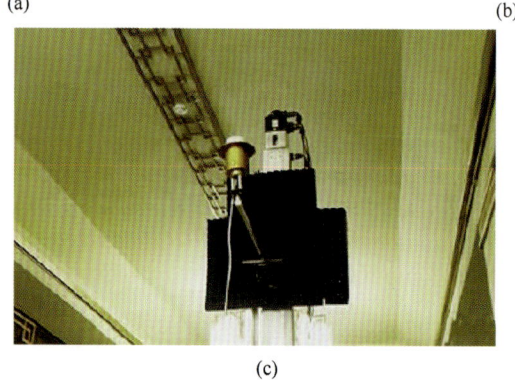

图 6-2 测试系统与环境示意图

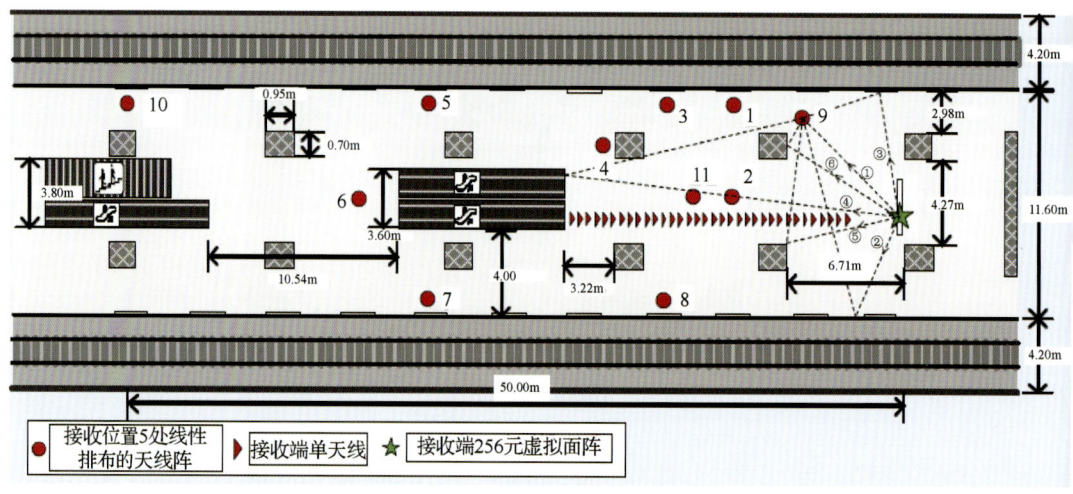

图 6-3 地铁车站测量场景示意图

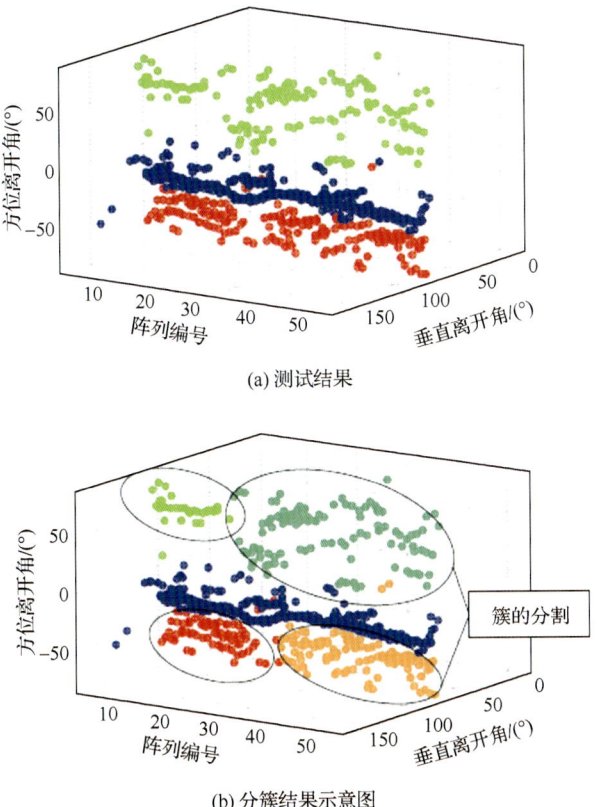

(a) 测试结果

(b) 分簇结果示意图

图 6-8 接收位置 1 处多径分簇结果示意图